UMA MAGIA MAIS ESCURA

Título original: *A Darker Shade of Magic*
Autor: V. E. Schwab

Copyright © 2015 Victoria Schwab
Todos os direitos reservados.
Publicado por acordo com o autor, mediante a Baror International Inc.,
Armonk, Nova Iorque, E.U.A.

Tradução: José Loja
Revisão: Inês Fraga
Paginação: João Jegundo
Capa de FBA sobre *design* de Will Staehle

Biblioteca Nacional de Portugal – Catalogação na Publicação

SCHWAB, V. E.

Uma magia mais escura
ISBN 978-989-99785-7-7

CDU 821.111(73)-312-9"20"

Depósito Legal n.º 424324/17

Impressão e acabamento:
Papelmunde
para
Minotauro
em
abril de 2017

Esta obra está protegida pela lei. Não pode ser reproduzida,
no todo ou em parte, qualquer que seja o modo utilizado,
incluindo fotocópia e xerocópia, sem prévia autorização do Editor.
Qualquer transgressão à lei dos Direitos de Autor será passível
de procedimento judicial.

V. E. SCHWAB
UMA MAGIA MAIS ESCURA

MINOTAURO

Para aqueles que sonham com os mundos mais estranhos.

A magia não é uma questão de força, mas de equilíbrio. Eis o dilema: com pouco poder, tornamo-nos fracos; com demasiado, transformamo-nos noutra coisa completamente diferente.

TIEREN SERENSE,
Sumo Sacerdote do Santuário de Londres

UM

O VIAJANTE

Kell vestia um casaco muito peculiar.

Não tinha um lado, o que seria convencional, nem dois, o que seria inesperado, mas *vários*, o que era, naturalmente, impossível.

Ao passar de uma Londres para outra, a primeira coisa que fazia era tirar o casaco e virá-lo uma, duas (ou até três) vezes até encontrar o lado de que precisava. Nem *todos* eles eram elegantes, mas cada um servia um propósito. Havia os que se misturavam com o mundo, os que se destacavam e um que não servia nenhum propósito, mas do qual gostava particularmente.

Por isso, quando Kell atravessou a parede do palácio e entrou na antecâmara, parou por uns instantes para se recompor: viajar entre mundos causa algumas mazelas. De seguida, despiu o casaco vermelho de colarinho alto, virou-o do avesso da direita para a esquerda, até que se transformou numa simples jaqueta preta. Bom, uma simples jaqueta preta elegantemente revestida com linha prateada e adornada com duas colunas brilhantes de botões prateados. Lá porque adotara uma paleta mais modesta no estrangeiro (não desejando ofender a realeza local ou chamar muito a atenção), não significava que tivesse de sacrificar o estilo.

Oh, pelos reis, pensou Kell enquanto abotoava o casaco. Estava a começar a pensar como Rhy.

Na parede atrás de si, mal conseguia ver o vestígio do símbolo deixado pela sua passagem. Como uma pegada a dissipar-se na areia.

Nunca se preocupara em marcar a porta a partir *deste* lado, simplesmente porque nunca regressava pelo mesmo caminho. A distância entre Windsor e Londres era muitíssimo inconveniente, tendo em conta que, enquanto viajava entre mundos, Kell só conseguia mover-se entre um ponto de um e o *exato* mesmo ponto de outro. O que era um problema porque não havia qualquer Castelo de Windsor a um dia de viagem da Londres *Vermelha*. De facto, Kell tinha acabado de atravessar a parede de pedra de um pátio que pertencia a um cavalheiro abastado de uma vila chamada Disan. Só por si, Disan era um lugar bastante agradável. Windsor, não. Impressionante, sem dúvida. Mas não agradável. Um balcão de mármore estendia-se pela parede e, em cima, como sempre acontecia, encontrava-se uma bacia com água à sua espera. Lavou a mão ensanguentada, bem como a moeda prateada que usara para a passagem, e passou pela cabeça o fio ao qual ela estava presa, guardando-a novamente dentro da gola. No corredor em frente, conseguia ouvir pés a arrastarem-se, o murmúrio de criados e guardas. Escolhera a antecâmara precisamente para os evitar. Sabia muito bem quanto a sua presença ali desagradava ao príncipe regente, e a última coisa que Kell queria era um público, um aglomerado de ouvidos, olhos e bocas que iriam reportar ao soberano os pormenores da sua visita.

Por cima do balcão e da bacia, pendia um espelho numa moldura dourada. Kell examinou rapidamente o seu reflexo. O cabelo, castanho-arruivado, caía-lhe por cima de um olho, mas não o compôs, embora tenha alisado os ombros do casaco antes de transpor umas portas que levavam ao seu anfitrião.

O calor naquele quarto era asfixiante – as janelas estavam trancadas apesar de ser um maravilhoso dia de outubro – e um fogo ardia opressivo na lareira.

George III encontrava-se sentado junto dela, um manto mirrando-lhe o corpo murcho e um tabuleiro com chá intocado diante dos joelhos. Quando Kell entrou, o rei agarrou-se à cadeira.

– Quem vem lá? – perguntou sem se voltar. – Ladrões? Fantasmas?

– Não creio que os fantasmas lhe respondessem, Vossa Majestade – comentou Kell, anunciando-se.

O rei enfermo soltou um sorriso apodrecido.

– Mestre Kell – disse –, tardaste em vir.

– Não mais de um mês – corrigiu, avançando. O rei George cerrou os olhos cegos.

– Foi há mais tempo, tenho a certeza.

– Prometo-vos que não.

– Talvez não para *ti* – comentou o rei. – Mas o tempo não passa da mesma maneira para os loucos e os cegos.

Kell sorriu. O rei estava em boa forma hoje. Nem sempre assim era. Nunca sabia ao certo em que estado o encontraria. Talvez lhe parecesse mais do que um mês porque da última vez que Kell o visitara, o rei estava de mau humor, e Kell mal conseguira acalmar-lhe os nervos o suficiente para lhe entregar a sua mensagem.

– Talvez tenha sido o ano a mudar – continuou o rei. – E não o mês.

– Ah, mas garanto-vos que o ano é o mesmo.

– E que ano é esse?

O sobrolho de Kell franziu-se.

– Mil oitocentos e dezanove – disse.

O rosto do rei George cerrou-se. Depois, limitou-se a abanar a cabeça, dizendo «*O tempo...*», como que se essa única palavra pudesse ter a culpa de tudo.

– Senta-te, senta-te – acrescentou, gesticulando. – Deve haver outra cadeira por aqui, algures.

Não havia. O quarto era escandalosamente espartano, e Kell tinha a certeza de que as portas estavam trancadas por fora e não por dentro.

O rei ergueu uma mão rugosa. Tinham-lhe tirado os anéis, para impedir que se magoasse, e as unhas haviam sido cortadas até ao sabugo.

– A minha carta – pediu e, por um instante, Kell vislumbrou o George de antigamente. Régio.

O visitante apalpou os bolsos e apercebeu-se de que se esquecera de retirar a carta antes da mudança. Despiu o casaco e virou-o até que se transformasse no vermelho, mergulhando a mão nos bolsos para encontrar o envelope. Quando o depositou na mão do rei, ele afagou-o, acariciou o lacre, o emblema do trono vermelho, um cálice com um sol nascente, e levou-o ao nariz, inalando.

– Rosas – suspirou, melancolicamente.

Referia-se à magia. Kell nunca tinha reparado no ligeiro perfume aromático da Londres Vermelha que se lhe colava às roupas, mas, sempre que viajava, alguém acabava por lhe dizer que cheirava a flores recém-colhidas. Alguns afiançavam ser túlipas. Outros, lírios orientais. Crisântemos. Peónias. Para o rei de Inglaterra, eram sempre rosas.

Kell ficava feliz por se tratar de um odor agradável, mesmo que não o conseguisse sentir. Conseguia cheirar a Londres Cinzenta (era fumo) e a Londres Branca (era sangue), mas, para ele, a Londres Vermelha tinha tão-só o aroma a casa.

– Abre-a – instruiu o rei. – Mas não estragues o lacre.

Kell obedeceu e retirou o conteúdo. Pela primeira vez, sentiu-se grato por o rei não conseguir ver, pois, assim, não saberia quão breve a carta era. Três curtas linhas. Uma cortesia feita a um chefe nominal enfermo e nada mais.

– É da minha rainha – explicou Kell.

O rei anuiu.

– Continua – ordenou, o semblante majestoso em conflito com o seu aspeto frágil e voz vacilante. – *Continua*.

Kell engoliu em seco.

– «Cumprimentos a sua Majestade, rei George III» – leu – «, de um trono vizinho.»

A rainha não se lhe referia como trono *vermelho* nem enviava cumprimentos da Londres *Vermelha* (apesar de a cidade ser, de facto, carmesim, graças à luz do rio, rica e penetrante), porque não pensava nela assim. A seu ver, e para qualquer outra pessoa que habitasse apenas uma Londres, existia muito pouca necessidade de as diferenciar. Quando os governantes de uma conversavam com os de outra, limitavam-se a chamá-los *outros*, ou *vizinhos*, ou, em algumas ocasiões (em particular, em relação à Londres Branca), usando termos menos lisonjeiros.

Só quem conseguia mover-se através das várias Londres precisava de uma forma de as identificar. Ora, fora por isso que, inspirado na cidade perdida conhecida por todos como a Londres Negra, Kell dera uma cor a cada capital remanescente.

Cinzento para a cidade sem magia.

Vermelho para o império saudável.

Branco para o mundo faminto.

Na verdade, as cidades em si tinham poucas semelhanças (e os países em volta e mais além, ainda menos). O facto de todas se chamarem *Londres* era um mistério, apesar de a teoria prevalente ser a de que uma das cidades ganhara esse nome há muito tempo, antes de as portas terem sido todas fechadas e só puderem ser trocadas cartas entre reis e rainhas.

Quanto a qual fora a primeira a reclamar o nome para si, ninguém chegava a consenso.

– «Esperamos encontrá-lo de boa saúde» – continuou a carta da rainha – «e que a estação na vossa cidade seja tão amena como a nossa.»

Kell deteve-se. Não havia mais, além de uma assinatura. O rei George torceu as mãos.

– É só isso que diz? – perguntou.

Kell hesitou.

– Não – retorquiu, dobrando a carta. – É apenas o começo.

Aclarou a voz e começou a andar de um lado para o outro enquanto punha as ideias em ordem e lhes dava o tom da rainha.

– Obrigada por perguntar pela nossa família, diz ela. O rei e eu encontramo-nos bem. Já o príncipe Rhy, esse, continua a impressionar-nos e enfurecer-nos em igual medida, mas ao menos passou o mês sem partir o pescoço ou encontrar uma noiva inadequada. Louvado seja Kell por impedi-lo de fazer uma dessas coisas ou ambas.

Kell estava disposto a deixar que a rainha continuasse a elogiar as suas virtudes, mas, nesse instante, o relógio de parede bateu as cinco horas. Praguejou em silêncio. Estava atrasado.

– Até à minha próxima carta – terminou, apressado –, mantenha-se feliz e de boa saúde. Com apreço, A Sua Majestade Emira, rainha de Arnes.

Kell esperou que o rei dissesse algo, mas os seus olhos cegos tinham uma expressão fixa e distante. Receou tê-lo perdido. Colocou a carta dobrada no tabuleiro de chá e já se encontrava a meio caminho da parede quando o rei falou.

– Não tenho uma carta para ela – murmurou.

– Não faz mal – retorquiu Kell delicadamente.

O rei já não era capaz de escrever havia anos. Em alguns meses tentava, arrastando a pena ao acaso sobre o pergaminho; noutros, insistia que Kell transcrevesse as suas palavras, mas, na maior parte, limitava-se a transmitir-lhe a mensagem, e Kell prometia lembrar-se.

– Sabes, não tive tempo – acrescentou, tentando salvar uma ponta da sua dignidade. Kell concedeu-lhe isso.

– Compreendo – disse. – Transmitirei os vossos cumprimentos à família real.

Fez novamente menção de partir, e uma vez mais o rei o chamou.

– Espera, espera – disse. – Volta.

Kell deteve-se. Os olhos passaram pelo relógio. Era tarde e entardecia a cada segundo. Imaginou o príncipe regente, sentado à mesa em St. James, agarrado à cadeira numa fúria silenciosa. O pensamento levou-lhe um sorriso aos lábios, pelo que voltou a aproximar-se do rei enquanto este tirava desajeitadamente algo do manto.

Era uma moeda.

– Está a desvanecer – disse o rei, envolvendo-a com as mãos cansadas como se fosse preciosa e frágil. – Já não lhe sinto a magia. Já não a consigo cheirar.

– Uma moeda é uma moeda, Vossa Majestade.

– Não é assim, e tu bem sabes – resmungou o velho rei. – Revira os bolsos.

Kell suspirou.

– Vou meter-me em apuros

– Vá, vá – insistiu o rei. – É um segredo nosso.

Kell mergulhou a mão no bolso. Da primeira vez que visitara o rei de Inglaterra, dera-lhe uma moeda como prova de quem era e de onde vinha. A história acerca das outras Londres era confiada à coroa e passada de herdeiro em herdeiro, mas há anos que um viajante ali ia. O rei George deparara-se com um rapazito frágil, olhara-o de soslaio e esticara-lhe a mão grossa; Kell pousara-lhe a moeda na palma. Era um simples lin, muito parecido com o xelim cinzento, mas com uma estrela vermelha ao invés do semblante real. O rei fechara o punho e levara-o ao nariz, inalando aquele aroma. Depois, sorrira, guardara a moeda no casaco e convidara Kell a entrar.

Desde então, sempre que Kell o visitava, o rei insistia que a moeda perdera a magia e pedia-lhe que a trocasse por outra, nova e quentinha. Kell insistia sempre que era proibido (e era-o, expressamente) e o rei retorquia sempre que aquilo seria o seu o segredo. Kell suspirava, retirando do casaco um novo pedaço de metal.

Agora, retirava o velho lin da palma do rei e substituía-o por um novo, dobrando gentilmente os dedos rugosos de George num punho.

– Sim, sim – arrulhou o monarca enfermo para a moeda que lhe repousava na mão.

– Trate bem de si – disse Kell, girando sobre os calcanhares.

– Sim, sim – retorquiu o rei, imergindo nos seus pensamentos até ficar perdido para o mundo e para o seu convidado.

No canto do quarto, as cortinas juntavam-se. Kell afastou o tecido pesado, expondo uma marca no papel de parede estampado. Um simples círculo, dividido ao meio por uma linha, desenhada a sangue um mês antes. Uma outra parede, num outro quarto, num outro palácio, ostentava aquela mesma marca. Eram os puxadores dos dois lados de uma mesma porta.

O sangue de Kell, quando aliado à insígnia, permitia-lhe mover-se *entre* mundos. Não precisava de especificar um lugar porque, estivesse onde estivesse, era nesse mesmo lugar que iria parar. Mas, para criar uma porta *dentro* de um mundo, ambos os lados tinham de estar marcados com exatamente o mesmo símbolo.

Quase igual não era suficiente. Kell descobrira-o da pior maneira.

O símbolo na parede ainda estava nítido da sua última visita, as orlas tão-só ligeiramente manchadas, mas isso pouco importava. Tinha de ser refeito.

Arregaçou a manga e tirou a faca que trazia presa à parte de dentro do antebraço. Era um objeto belo, aquela faca, uma obra de arte, prateada da ponta ao cabo e com as letras *K* e *L* em monograma.

A única lembrança de uma vida passada. Uma vida que desconhecia. Ou da qual, pelo menos, não se lembrava.

Kell levou a lâmina às costas do antebraço. Já cortara uma linha naquele mesmo dia, para a porta que o trouxera até ali. Agora, talhou uma segunda. O sangue, de um vermelho-rubi vivo, corria. Guardou a faca na bainha, tocou com os dedos no corte e, depois, na parede, redesenhando o círculo e a linha que o atravessava. Tapou a ferida com a manga (trataria dos cortes mal regressasse a casa) e voltou a deitar um olhar para trás, para o rei balbuciante, antes de pressionar a palma da mão aberta de encontro à marca na parede.

Zunia com magia.

– *As Tascen* – disse. – *Transferir.*

O papel estampado ondulou, amoleceu e cedeu ante o toque de Kell, que deu um passo em frente e o atravessou.

II

Em dois passos, a desoladora Windsor metamorfoseou-se na elegan-te St. James. A cela abafada deu lugar a tapeçarias lustrosas e a prata polida. Os queixumes do rei louco foram substituídos por uma calma pesada e um homem sentado à cabeceira de uma mesa ornamentada, segurando num cálice de vinho com uma expressão claramente irritada.

— Estás atrasado — observou o príncipe regente.

— As minhas desculpas — retorquiu Kell com uma vénia demasiado curta. — Tinha outra incumbência.

O príncipe regente pousou o cálice.

— Pensei que *eu* era a tua incumbência, Mestre Kell.

Kell endireitou-se.

— As minhas ordens, Vossa Majestade, foram para atender primeiro ao *rei*.

— Gostava que não o incentivasses — retorquiu o príncipe regente com um gesto da mão que denotava desinteresse. Também se chamava George. Kell achava aquele hábito de os filhos tomarem os nomes dos pais, típico da Londres Cinzenta, redundante e confuso. — Deixa-o demasiado excitado.

— E isso é mau? — perguntou Kell.

– Para ele, sim. Mais tarde, vai andar num frenesim, a dançar em cima das mesas e falar de magia e de outras Londres. Que truque lhe fizeste desta vez? Convenceste-o de que consegue voar?

Kell só cometera semelhante erro uma vez. Soubera na sua visita seguinte que o rei de Inglaterra por pouco não saltara de uma janela. Do terceiro andar.

– Asseguro-vos de que não fiz quaisquer demonstrações.

O príncipe George apertou a cana do nariz.

– Ele já não consegue conter-se como dantes. É por isso que está confinado aos seus aposentos.

– Aprisionado, quer dizer?

O príncipe George passou a mão pela orla dourada da mesa.

– Windsor é um lugar perfeitamente respeitável para se ser mantido.

Uma prisão respeitável não deixa de ser uma prisão, pensou Kell, retirando uma segunda carta do bolso do casaco.

– A vossa correspondência.

O príncipe obrigou-o a ficar ali em pé enquanto lia a missiva (nunca mencionava o seu odor a flores) e depois retirava do bolso interior do casaco uma resposta semielaborada e a terminava. Estava claramente a levar o seu tempo para irritar Kell, mas ele não se importava. Distraiu-se tamborilando os dedos na extremidade da mesa dourada. Sempre que completava uma volta entre mindinho e indicador, uma das muitas velas da divisão apagava-se.

– Deve ser uma aragem – comentou, despreocupado, enquanto a mão do príncipe regente se cerrava com cada vez mais força em redor da pena. Quando chegou ao fim da carta, havia partido dois bicos e estava de mau humor. Já Kell, esse, sentia-se radiante.

Estendeu a mão para receber a missiva, mas o príncipe regente não lha entregou. Em vez disso, levantou-se da mesa.

– Estou dorido de ter ficado tanto tempo sentado. Caminha comigo.

Kell não era grande fã da ideia. Porém, como não podia regressar sem uma resposta, viu-se forçado a fazer-lhe o obséquio, mas não sem antes meter ao bolso a última pena do príncipe, ainda intacta, que repousava em cima da mesa.

– Regressas de imediato? – perguntou o príncipe enquanto conduzia Kell por um corredor e até uma porta discreta semiencoberta por uma cortina.

– Em breve – disse Kell, acompanhando-o. Dois membros da guarda real haviam-se-lhes juntado no corredor e seguiam-nos furtivos lembrando sombras. Kell sentia-lhes o olhar e ponderou no que saberiam eles acerca do seu convidado. Os membros da realeza encontravam-se sempre a par das suas visitas, estando a cargo de cada um escolher se queria partilhar informações com os seus serviçais.

– Pensei que os teus deveres se cingiam a mim – disse o príncipe.

– Sou grande admirador da vossa cidade – respondeu Kell com ligeireza. – E a minha ocupação é desgastante. Passearei um pouco para apanhar ar e depois regressarei.

A boca do príncipe era uma linha fina e sombria.

– Temo que o ar aqui, na cidade, não seja tão refrescante como no campo. Qual é mesmo o nome que nos dás... Londres Cinzenta? Nos tempos que correm, é demasiado adequado. Fica para jantar.

Quase todas as frases do príncipe eram declarativas. Até mesmo as perguntas. Já Rhy fazia o mesmo. Kell julgava ser consequência de nunca lhes ter sido dito um não.

– Ficarás melhor aqui – pressionou o príncipe. – Deixa-me animar-te com vinho e companhia.

Parecia uma oferta bastante generosa, mas o príncipe regente não era generoso.

–Não posso ficar – disse Kell.

– Insisto. A mesa já está posta.

E quem virá?, questionou-se Kell. Que quereria o príncipe? Exibi-lo? Kell suspeitara em inúmeras ocasiões de que ele adoraria fazê-lo, quanto mais não fosse porque o jovem George achava os segredos incómodos, preferindo o espetáculo. Porém, apesar de todas as falhas, o príncipe não era estúpido. Ora, só alguém de parca inteligência daria a Kell a oportunidade de se destacar. A Londres Cinzenta esquecera há muito a magia. Não seria Kell quem viria reavivar-lhes a memória.

– Uma gentileza excessiva, Vossa Majestade, mas sou mais útil como espetro do que como espetáculo.

Kell inclinou a cabeça o suficiente para que o cabelo acobreado se afastasse dos olhos, não apenas do esquerdo, de um azul cristalino, mas também do direito, de um negro denso. Um preto que ia de uma ponta à outra, enchendo córnea e íris. Não havia nada de humano nele. Era magia pura. A marca de um mago de sangue. De um *Antari*.

Sentiu-se satisfeito com o que viu nos olhos do príncipe regente quando tentaram fazer frente aos seus. Cautela, desconforto... e medo.

– Sabe por que motivo são os nossos mundos mantidos separados, Vossa Majestade? – Não esperou pela resposta do príncipe. – É para manter o vosso a salvo. É que um tempo houve, um muito distante, em que não estavam separados. Em que se abriam as portas entre o vosso mundo, o meu e até outros e qualquer um com uma nesga de poder as podia atravessar. Até a própria magia.

– Mas o curioso acerca da magia – acrescentou Kell – é que se alimenta dos teimosos e fracos. Ora, um dos mundos não se conseguiu controlar. As pessoas alimentaram-se da magia, e a magia, delas até lhes ter devorado os corpos, as mentes e, depois, as almas.

– Londres Negra – murmurou o príncipe regente.

Kell aquiesceu. Não fora ele a dar a cor à cidade. Todos, pelo menos na Londres Vermelha e na Branca, assim como uns quantos na Cinzenta, conheciam a lenda da Londres Negra. Era uma história de embalar. Um conto de fadas. Um *aviso*. Sobre a cidade, sobre o mundo, que já não existia.

– Sabe o que a Londres Negra e a vossa têm em comum, Vossa Majestade? – Os olhos do príncipe regente estreitaram-se, mas não o interrompeu. – Ambas carecem de moderação – explicou Kell. – Ambas cobiçam o poder. A vossa Londres só existe porque foi afastada da magia. Aprendeu a esquecer. Não quererá que se relembre.

O que Kell não disse foi que nas veias da Londres Negra corria uma magia abundante e que na Londres Cinzenta mal havia um vestígio. Queria marcar uma posição. E, aparentemente, conseguira-o. Desta vez, quando estendeu a mão para recolher a missiva, o príncipe não recusou, nem sequer resistiu. Kell guardou o pergaminho no bolso, junto à pena que tinha roubado.

– Como sempre, muito obrigado pela vossa hospitalidade – despediu--se, esboçando uma vénia exagerada.

Com um estalar de dedos, o príncipe regente chamou um guarda.

– Certifica-te de que o Mestre Kell sabe por onde ir.

Depois, sem mais não, virou-lhe costas e afastou-se.

Os guardas reais deixaram Kell na orla do parque. O Palácio de St. James erguia-se atrás dele. À sua frente, a Londres Cinzenta. Inspirou e sentiu o aroma a fumo no ar. Por muito que ansiasse voltar a casa, tinha assuntos a tratar e, depois de lidar com as enfermidades do rei e a atitude do príncipe, bem precisava de uma bebida. Limpou as mangas, endireitou a gola e partiu rumo ao coração da cidade.

Os pés levavam-no pelo St. James Park, por um trilho de terra junto ao rio. O sol punha-se e o ar estava fresco, embora não limpo, uma brisa outonal fazendo esvoaçar as abas do casaco negro. Deparou com uma ponte pedonal de madeira que atravessava o lago. O som das suas botas era suave ao atravessá-la. Deteve-se a meio, a Buckingham House, atrás de si, iluminada por lanternas, e o Tamisa à sua frente. A água marulhava suavemente sob as ripas de madeira. Pousou os cotovelos no parapeito e olhou para baixo. No momento em que dobrou os dedos, meio ausente, a corrente parou, a água detendo-se, lisa como vidro.

Analisou o seu reflexo.

Não és assim tão bem-parecido, dizia Rhy sempre que o apanhava a olhar para um espelho.

Não me farto de olhar para mim, respondia-lhe Kell, apesar de nunca estar a olhar para si – não para si enquanto *todo*. Apenas para o olho. O direito. Até mesmo na Londres Vermelha, onde a magia prosperava, ele o destacava. Marcava-o sempre como *outro*.

À direita, ecoou uma risada tilintante, seguida por um grunhido e outros barulhos menos distintos. Kell soltou a mão, as águas movendo-se novamente. Seguiu caminho até que o parque cedeu lugar às ruas de Londres e, de seguida, à possante Westminster. Kell nutria um carinho especial pela abadia, fazendo-lhe um cumprimento da cabeça, como quem avista um velho amigo. Apesar da fuligem e do pó, da balbúrdia e da pobreza, esta Londres tinha algo que faltava à Londres Vermelha: uma resistência à mudança. Um apreço pelo duradouro e pelo esforço necessário para que assim permanecesse.

Quantos anos haviam sido necessários para construir a abadia? Quantos mais permaneceria erigida? Na Londres Vermelha, os gostos mudavam tão depressa como as estações e, com eles, os edifícios eram construídos e deitados abaixo, sendo refeitos em moldes distintos. A magia simplificava tudo. *Por vezes*, pensou Kell, até *demasiado*.

Noites houve, na sua terra, em que se sentiu adormecer num lugar e acordar noutro diferente. Mas aqui, a Abadia de Westminster perdurava, sempre à espera de o cumprimentar.

Kell avançou para lá da gigantesca estrutura de pedra, pelas ruas apinhadas de carruagens, seguindo por uma rua estreita que abraçava o jardim do decano, murado por paredes musgosas. A rua, já de si estreita, estreitou ainda mais até que terminou frente a uma taverna.

Kell deteve-se aí também, despindo o casaco. Virou-o uma vez mais da direita para a esquerda, trocando aquela vestimenta negra com botões prateados por um visual mais modesto, mais urbano: um casaco castanho de colarinho alto com bainhas desgastadas e cotovelos coçados. Bateu ao de leve nos bolsos e, satisfeito por estar pronto, entrou.

III

O Stone's Throw era uma taverna bastante peculiar.

As paredes estavam desbotadas, o chão sujo, e Kell tinha a certeza de que o dono, Barron, deitava água nas bebidas. Ainda assim, regressava sempre.

Aquele lugar fascinava-o, porque, apesar do seu aspeto miserável e de uma clientela ainda mais deplorável, acontecia, por sorte ou desígnio superior, estar sempre ali. O nome mudava, é claro, assim como as bebidas, mas naquele preciso lugar nas Londres Cinzenta, Vermelha e Branca encontrava-se sempre uma taverna. Não se tratava de uma *fonte*, por si só, não como o Tamisa ou Stonehenge ou dezenas de outros pontos de magia menos conhecidos no mundo, mas era *algo*. Um fenómeno. Um ponto fixo.

Ora, visto que Kell tratava dos seus negócios na taverna (quer o letreiro rezasse Stone's Throw, Setting Sun ou Scorched Bone), também ele constituía uma espécie de ponto fixo.

Poucas pessoas apreciariam a poesia daquilo. Talvez Holland. Se fosse capaz de apreciar o que quer que fosse.

Porém, poesias à parte, a taverna era o local perfeito para negociar. Os raros crentes da Londres Cinzenta – uns quantos excêntricos que se agarravam à ideia de magia, que haviam escutado um rumor ou suspeita –

gravitavam para ali, atraídos pela sensação de algo diferente, de algo mais. Kell também o sentia. A diferença era que *ele* sabia o que os atraía a todos.

É claro que os clientes do Stone's Throw mais propensos à magia não se sentiam atraídos apenas por um chamamento subtil e íntimo, ou pela promessa de algo diferente, de algo mais. Não. Também se sentiam atraídos por *ele*. Ou, pelo menos, pelos rumores da sua presença. O passa-palavra constituía uma espécie de magia e, ali, no Stone's Throw, a palavra *mago* passava pelos lábios dos clientes com a mesma frequência que a cerveja diluída.

Kell estudou o líquido cor de âmbar no copo.

– Boa tarde, Kell – cumprimentou-o Barron, detendo-se por instantes para o voltar a servir.

– Boa tarde, Barron – retorquiu Kell.

Nunca trocavam mais palavras do que aquelas.

O dono do Stone's Throw lembrava uma parede de tijolos (isto se uma parede de tijolos decidisse deixar crescer barba): alto, largo e impressionantemente firme. Decerto Barron vira muitas coisas estranhas, mas nada o parecia perturbar. Ou, se o perturbava, sabia bem como não o transparecer.

Um relógio de parede atrás do balcão bateu as sete horas, e Kell tirou um pequeno objeto do casaco castanho. Tratava-se de uma caixa de madeira, do tamanho da palma da sua mão e fechada com um gancho de metal. Quando soltou o gancho e abriu a tampa com o polegar, a caixa desdobrou-se, transfigurando-se num tabuleiro de jogos com cinco ranhuras, cada uma contendo um elemento.

Na primeira ranhura, um bocado de terra.

Na segunda, o equivalente a uma colher de água.

Na terceira, em vez de ar, encontrava-se um punhado de areia.

Na quarta, uma gota de petróleo, altamente inflamável.

Na quinta e última ranhura, um pedaço de osso.

No mundo de Kell, a caixa e os seus conteúdos não eram apenas um brinquedo, mas também um teste, uma forma de as crianças descobrirem quais os elementos por que se sentiam atraídas e quais eram, por seu turno, atraídos por elas.

Grande parte delas rapidamente achava o jogo infantil, seguindo para os feitiços ou para versões maiores e mais complicadas daquele, à medida que iam polindo as suas aptidões.

Por ser tão comum e limitado, o conjunto de elementos encontrava-se em quase todos os lares da Londres Vermelha e talvez até nas vilas mais recônditas (embora Kell não pudesse ter a certeza). Contudo, ali, numa cidade sem magia, era realmente raro, pelo que Kell tinha a certeza de que o seu cliente iria gostar. Afinal de contas, o homem era um Colecionador.

Na Londres Cinzenta, apenas dois tipos de pessoa procuravam Kell: os Colecionadores e os Entusiastas.

Os Colecionadores eram gente rica e aborrecida, por norma, sem qualquer interesse pela magia em si (não saberiam a diferença entre uma runa de regeneração e um feitiço de compulsão). Kell adorava o mecenato.

Os Entusiastas eram mais problemáticos. Acreditavam ser verdadeiros magos e queriam comprar aqueles objetos não pelo prazer de os ter ou pelo luxo de os exibir, mas para os *utilizar*. Kell não gostava de Entusiastas – por um lado, porque achava as suas aspirações um desperdício e, por outro, porque dar-lhes asas parecia-lhe estar muito perto de traição. Eis porque ficou bastante maldisposto, quando, levantando o olhar a um jovem que se aproximava, ao invés do Colecionador, deparou com um Entusiasta desconhecido.

– O lugar está livre? – perguntou o Entusiasta, embora se tenha sentado de imediato.

– Vá-se embora – pediu-lhe Kell, calmamente.

No entanto, o Entusiasta não se foi embora.

Kell sabia que o homem era um Entusiasta. Era escanzelado e desajeitado, o casaco ligeiramente pequeno para a sua constituição. Quando pousou os braços no balcão e o tecido subiu, conseguiu ver-lhe os cantos de uma tatuagem. Uma runa de poder muito mal desenhada, que tinha como objetivo prender a magia no corpo.

– É verdade, aquilo que dizem? – insistiu o Entusiasta.

– Depende de quem o diz – disse Kell, fechando a caixa, tampa e fecho. – E do que está a ser dito.

Já tivera aquela conversa centenas de vezes. Pelo canto do olho azul, assistiu aos lábios do homem coreografar as palavras seguintes. Se fosse um Colecionador, Kell poderia ter-lhe dado corda, mas homens que se lançam a águas que afirmam poder navegar não deveriam precisar de ajuda.

– Que traz *coisas* – explicou o Entusiasta, os olhos perscrutando toda a taverna. – *Coisas* de outros sítios.

Kell deu um gole. O Entusiasta assumiu aquele silêncio como assentimento.

– Suponho que deva apresentar-me – continuou o homem. – Edward Archibald Tuttle, o terceiro. Mas tratam-me por Ned.

Kell ergueu uma sobrancelha. O jovem Entusiasta estava claramente à espera de que ele se apresentasse também, mas, como o homem já tinha uma clara noção de quem ele era, Kell ignorou as formalidades e indagou:

– Que pretende?

Edward Archibald, ou seja, Ned, contorceu-se no assento e inclinou-se, conspirativo.

– Ando à procura de um pedaço de terra.

Kell inclinou o copo na direção da porta.

– Procure no parque.

O jovem rapaz conseguiu soltar uma risadinha baixa e desconfortável. Kell terminou a bebida. *Um pedaço de terra.* Parecia um pedido trivial. Não era. Grande parte dos Entusiastas sabia que o seu mundo continha pouco poder, mas muitos acreditavam que um pedaço de *outro* mundo lhes permitiria aceder à sua magia.

E tempos houve em que fora verdade; um tempo em que as portas estavam abertas nas fontes, o poder fluía entre os mundos e qualquer pessoa com um pouco de magia nas veias e um objeto de um outro mundo podia não só aceder a esse poder, mas mover-se com ele, caminhar de uma Londres até outra.

Todavia, esse tempo desaparecera.

As portas haviam deixado de existir. Destruídas centenas de anos antes, quando a Londres Negra caíra e arrastara consigo o resto do seu mundo, deixando tão-só histórias na sua esteira. Agora, apenas os *Antari* detinham poder suficiente para fazer novas portas e, ainda assim, apenas eles as conseguiam transpor. Sempre haviam sido raros, mas ninguém sabia o quanto até as portas se fecharam e os seus números começarem a diminuir. A origem do poder dos *Antari* sempre fora um mistério (não seguia qualquer genealogia), mas uma coisa era certa: quanto mais tempo os mundos eram mantidos afastados, menos *Antari* surgiam.

Agora, Kell e Holland pareciam ser os últimos de uma espécie em vias de extinção.

– Então? – pressionou Ned. – Vai trazer-me a terra ou não?

Os olhos de Kell pousaram na tatuagem no pulso do Entusiasta. O que tantos daqueles habitantes do mundo cinzento pareciam não compreender era que o feitiço só tem a força de quem lança. Quão forte seria este?

Com um sorriso no canto do lábio, Kell aproximou a caixa de jogo do homem.

– Sabe o que isto é?

Ned levantou o jogo com cuidado, quase como se se fosse incendiar a qualquer momento (Kell ponderou por instantes deitar-lhe fogo, mas controlou-se). Remexeu na caixa até que os dedos encontraram o gancho e o tabuleiro se abriu no balcão. Os elementos brilharam à luz bruxuleante da taverna.

– Façamos o seguinte – propôs Kell. – Escolha um elemento. Retire-o da ranhura, sem lhe tocar, é claro, e eu trago-lhe a terra.

Ned franziu o sobrolho. Ponderou as opções e depois apontou para a água.

– Aquele.

Pelo menos não é louco o suficiente para tentar o osso, pensou Kell.

O ar, a terra e a água eram os mais fáceis de controlar, e até Rhy, que não mostrava qualquer afinidade, conseguia despertar os três. O fogo afigurava-se mais complicado. Contudo, de longe, a peça mais difícil de ser movida era o osso. E por uma boa razão. Quem fosse capaz de mover ossos conseguia mover corpos. Tratava-se de uma magia poderosa, até na Londres Vermelha.

Kell contemplou a mão de Ned pairar por cima do tabuleiro.

Ned começou a sussurrar à água, bem baixinho, num idioma que bem poderia ser latim, ou uma algaraviada, mas certamente não era inglês correto. A boca de Kell contorceu-se. Os elementos não tinham idioma, ou, melhor, compreendiam qualquer idioma. As palavras em si eram menos importantes do que a concentração de quem as proferia, a ligação que ajudavam a formar, o *poder* a que acediam. Resumidamente, o idioma não tinha importância; a intenção, sim. O Entusiasta podia ter falado num inglês simples (o que de pouco o ajudaria) e, ainda assim, continuava a sussurrar num idioma inventado. Ao fazê-lo, moveu a mão por cima do pequeno tabuleiro, no sentido dos ponteiros do relógio.

Kell suspirou, pousou o cotovelo no balcão e apoiou a cabeça na mão enquanto Ned se debatia, a cara cada vez mais vermelha do esforço.

Depois de um longo momento, a água ondulou uma vez (podia ter sido por causa do bocejo de Kell ou porque o homem agarrou o balcão) e depois ficou inerte.

Ned olhou atentamente para o tabuleiro, as veias salientes. A mão fechou-se num punho e, por instantes, Kell receou que ele partisse o pequeno jogo, mas os nós dos dedos caíram com força ao lado.

– Que pena – disse Kell.

– O jogo está viciado – rosnou Ned.

Kell levantou a cabeça da mão.

– Está? – perguntou. Dobrou ligeiramente os dedos, e o pedaço de terra ergueu-se da ranhura e pairou despreocupadamente até à palma da sua mão. – Tem a certeza? – acrescentou enquanto uma pequena rajada de vento apanhava a areia e a fazia rodopiar no ar, em volta do seu pulso. – Se calhar está... – A água fundiu-se numa gota e transformou-se em gelo na palma da sua mão. – Ou talvez não... – O petróleo irrompeu em chamas. – *Se calhar...* – O pedaço de osso elevou-se no ar... – Se calhar o senhor é que não tem qualquer réstia de poder.

Ned olhava-o boquiaberto enquanto os cinco elementos dançavam em volta dos dedos de Kell, que quase ouvia Rhy a repreendê-lo: *exibicionista*. Então, tão descontraidamente como elevara as peças, deixou-as cair. A terra e o gelo embateram nas ranhuras com um baque e um tinido enquanto a areia assentou silenciosamente no devido compartimento e a chama que dançava no petróleo morreu. Só restava o osso pairando entre eles. Kell estudou-o, ao mesmo tempo que sentia o peso do olhar fixo e esfomeado do Entusiasta.

– Quanto quer por ele? – exigiu.

– Não está à venda – respondeu Kell, corrigindo-se de seguida: – Não para si.

Ned levantou-se e girou sobre os calcanhares, mas o *Antari* ainda não dera por terminada aquela conversa.

– Se lhe trouxesse a terra – disse –, que me daria por ela?

Viu o Entusiasta estacar.

– Diga-me o seu preço.

– O meu preço?

Kell não contrabandeava objetos entre mundos pelo *dinheiro*. O dinheiro era diferente. O que faria ele com xelins na Londres Vermelha? E libras? Teria mais sorte a queimá-las do que a tentar comprar algo com elas nas ruelas da Londres Branca. Sempre podia gastar o dinheiro ali, mas em *quê?* Não, Kell jogava um jogo diferente.

– Não quero o seu dinheiro – retorquiu. – Quero algo que seja importante. Algo que não queira perder.

Ned anuiu apressadamente.

– Muito bem. Fique aqui e eu...

– Esta noite, não – disse Kell.

– Então, quando?

Kell encolheu os ombros.

– Dentro de um mês.

– Espera que eu fique aqui sentado à *espera?*

– Não *espero* que faça o que quer que seja – retorquiu Kell com um encolher de ombros. Era cruel, bem o sabia, mas queria ver até onde o Entusiasta estava disposto a ir. E se a determinação se mostrasse firme e estivesse ali dentro de um mês, decidiu Kell, traria ao homem um saco de terra. – Agora, toca a andar.

A boca de Ned abriu e fechou, após que ele bufou e se afastou, quase colidindo com um homem pequeno e de óculos à saída.

Kell apanhou o pedaço de osso e voltou a colocá-lo no devido compartimento enquanto o homem de óculos se aproximava do assento agora vazio.

– O que foi aquilo? – perguntou, sentando-se.

– Nada de importante – retorquiu Kell.

– Isso é para mim? – quis o homem saber, fazendo um gesto da cabeça na direção da caixa.

Kell anuiu e ofereceu-a ao Colecionador, que lhe pegou gentilmente. Deixou que o cavalheiro mexesse nela, mostrando-lhe de seguida como funcionava. Os olhos do Colecionador esbugalharam-se.

– Esplêndido, esplêndido.

Então, o homem levou a mão ao bolso e retirou de lá um lenço dobrado. Ouviu-se um baque quando o pousou no balcão. Kell desembrulhou o objeto, deparando-se com uma bruxuleante caixa prateada com uma minúscula manivela de lado.

Uma *caixa* de música. Kell sorriu de si para consigo.

Havia música na Londres Vermelha e até caixas de música, mas grande parte delas funcionava por encantamento e não engrenagens; Kell sentia-se encantado com o esforço depositado nas pequenas máquinas. Tanta coisa naquele mundo Cinzento era desajeitada, mas, de quando em quando, a ausência de magia dava azo ao engenho. Bastava olhar para as caixas de música. Um estilo complexo, mas elegante. Tantas partes, tanto trabalho, tudo para criar uma pequena melodia.

– Precisa que lhe explique como funciona? – perguntou o Colecionador.

Kell abanou a cabeça.

– Não – disse suavemente. – Tenho várias.

O homem franziu o sobrolho.

– Servirá na mesma?

Kell anuiu e voltou a embrulhar o objeto para o manter seguro.

– Não a quer ouvir?

Kell queria, mas não ali, naquela pequena taverna lúgubre, onde não poderia saborear o som. Mais a mais, eram horas de regressar a casa.

Deixou o Colecionador ao balcão – brincando com o jogo de crianças, maravilhado com a forma como nem o gelo derretido nem a areia escorriam para fora das ranhuras, por mais que abanasse a caixa – e entrou na noite. Kell seguiu em direção ao Tamisa, ouvindo os sons da cidade em volta, as carroças por perto e os gritos distantes, uns de súplica, outros de dor (apesar de em nada se compararem aos que atravessavam a Londres Branca). Não tardou a vislumbrar o rio, uma faixa negra na noite ao som dos sinos da igreja que ressoavam na distância, oito no total.

Era hora de ir.

Aproximou-se da parede de tijolo de uma loja voltada para a água e deteve-se na sua sombra, levantando a manga. Começara a sentir dores no braço devido aos dois primeiros cortes, mas retirou a faca e traçou um terceiro, tocando com os dedos primeiro no sangue e depois na parede.

De um dos fios que trazia em volta do pescoço pendia um lin vermelho, como aquele que o Rei George lhe devolvera nessa tarde; Kell pegou na moeda e pressionou-a contra o sangue nos tijolos.

– Muito bem – disse. – Vamos para casa.

Era comum dar consigo a falar com a magia. Não se tratavam de ordens, tão-só de uma simples conversa. A magia era algo vivo, isso todos sabiam, mas para Kell parecia ser mais... como um amigo, família. Bem vistas as coisas, fazia parte dele (muito mais do que dos outros) e não podia deixar de sentir que ela compreendia aquilo que lhe estava a dizer, aquilo que ele sentia, não apenas quando a invocava, mas sempre, entre cada batida de coração ou respiração.

Afinal, ele era *Antari*.

E os *Antari* falavam com o sangue. Com a vida. Com a própria magia. O primeiro e último elemento, aquele que em todos vivia e a ninguém pertencia.

Conseguia sentir a magia vibrar de encontro à palma da sua mão, a parede de tijolo a aquecer e a esfriar em simultâneo com a vibração. Kell hesitou, esperando para ver se ela responderia sem que lhe fosse pedido.

Mas manteve-se, esperando que ele desse voz à sua ordem. A magia dos elementos podia falar qualquer idioma, mas a magia dos *Antari,* a verdadeira magia, a magia de sangue, falava um e só um. Kell dobrou os dedos na parede.

– *As Travars* – disse. – *Atravessar*.

Desta vez, a magia ouviu e obedeceu. O mundo ondulou, e Kell transpôs a porta, entrando na escuridão, despindo a Londres Cinzenta como quem despe um casaco.

DOIS

UMA LEALDADE VERMELHA

I

– Sanct! – anunciou Gen, atirando para o monte uma carta virada para cima. Na face, uma figura encapuçada de cabeça inclinada segurava uma runa como se fora um cálice. Gen, na sua cadeira, sorriu triunfalmente.

Parrish fez um trejeito e atirou as suas cartas para a mesa, voltadas para baixo. Podia acusar Gen de ter feito batota, mas não valia a pena. Ele próprio estivera a fazer batota durante uma boa hora e ainda não ganhara uma única mão. Resmungou enquanto empurrava as moedas na mesa estreita até à enorme pilha do outro guarda. Gen recolheu os seus ganhos e começou a baralhar as cartas.

– Jogamos outra vez? – perguntou.

– Fica para a próxima – respondeu Parrish, levantando-se. Um manto, com grandes retângulos de vermelho e dourado que brilhavam como raios de sol, tombou-lhe por cima dos ombros armadurados ao levantar-se, as placas de metal no peito e nas pernas tilintando ao regressar à posição.

– *Ir chas era* – disse Gen, passando de inglês para arnesiano. A língua comum.

– Não estou ressentido – resmungou Parrish. – Estou é sem dinheiro.

– Vá lá – provocou Gen. – À terceira é que é de vez.

– Tenho de mijar – disse Parrish, reajustando a sua espada curta.

– Então, vai mijar.

Parrish hesitou, inspecionando o corredor, não fosse haver problemas. Constatou que não os havia (nem qualquer outra atividade), embora se encontrasse repleto de coisas bonitas: retratos reais, troféus, mesas (como aquela em que tinham estado a jogar). No fundo, duas portas ornamentadas, de cerejeira, ostentavam o emblema real de Arnes, o cálice e o sol nascente, as ranhuras cobertas de ouro derretido e, por cima do emblema, as linhas de um brilho metálico desenhavam um R na madeira polida.

As portas davam para os aposentos do príncipe Rhy, sendo que Gen e Parrish, como parte da sua guarda privada, haviam sido colocados à entrada.

Parrish gostava do príncipe. Era mimado, sem dúvida, como qualquer membro da realeza – pelo menos, nisso acreditava Parrish embora só tivesse servido um –, mas também era bondoso e extremamente brando no que tocava à sua guarda (diabo, fora ele quem oferecera a Parrish o baralho de cartas, aquelas coisas tão belas e com orlas douradas). Por vezes, depois de uma noite de muita bebida, despojava-se do seu inglês pretensioso, conversando com eles na língua comum, num arnesiano impecável. Quando muito, Rhy parecia sentir-se culpado da presença contínua dos guardas, como se fosse claro que eles tinham algo melhor a fazer com o seu tempo do que estar ali postados à porta em vigília (e, na verdade, na maioria das noites tratava-se mais de uma questão de discrição do que de vigilância).

As melhores noites eram aquelas em que o príncipe Rhy e o Mestre Kell iam até à cidade. Nessas, ele e Gen tinham permissão para o seguir a alguma distância ou eram dispensados por completo do serviço, ficando como companhia e não para proteção. Todos sabiam que com Kell o príncipe estava mais seguro do que com qualquer um dos seus guardas. Porém, Kell ainda se encontrava fora, um facto que deixava Rhy, já de si inquieto, de mau humor. Por isso, o príncipe retirara-se cedo para os seus aposentos. Parrish e Gen haviam iniciado a sua vigia, durante a qual Gen roubara a Parrish grande parte do dinheiro que trazia consigo.

Parrish agarrou no capacete que estava em cima da mesa e dirigiu-se aos banhos, deixando atrás de si Gen a contar moedas. Levou o seu tempo, achando-se nesse direito depois de ter perdido tantos lin. Quando finalmente regressou ao corredor, sentiu-se nervoso por o encontrar vazio. Gen não estava em parte alguma. Parrish franziu o sobrolho. Havia limites para a brandura. Jogos de azar era uma coisa, mas, se os aposentos do príncipe fossem encontrados sem guarda, o capitão ficaria furioso.

As cartas ainda estavam na mesa e Parrish começou a arrumá-las quando ouviu uma voz masculina vinda dos aposentos do príncipe. Parou. Por si só, aquilo não era estranho. Rhy gostava de entreter outras pessoas e não guardava quaisquer segredos acerca dos seus gostos variados, não estando Parrish em posição de questionar as suas inclinações.

Porém, reconheceu a voz de imediato. Não provinha de nenhum dos interesses de Rhy. As palavras eram em inglês, mas com sotaque, as arestas mais ríspidas do que no idioma arnesiano.

Lembrava uma sombra num bosque à noite. Calma, obscura e fria.

Era de Holland. O *Antari* que vinha de longe.

Parrish empalideceu. Venerava o Mestre Kell (algo com que Gen o importunava diariamente), mas Holland aterrorizava-o. Não sabia se era da monotonia do seu tom, daquela estranha aparência desbotada ou dos seus olhos assombrados: um deles preto, naturalmente, e o outro de um verde-esbranquiçado. Ou talvez fosse porque parecia ser feito mais de água e pedra do que de carne, sangue e alma. Fosse qual fosse a razão, o *Antari* estrangeiro sempre lhe provocara arrepios.

Alguns dos guardas apodavam-no de Oco pelas costas, mas Parrish nunca se atrevera.

– O quê? – troçava Gen. – Não é que ele consiga ouvir-te pela parede entre os mundos.

– Não podes ter a certeza disso – sussurrava Parrish em resposta. – Talvez consiga fazê-lo.

E agora Holland estava no quarto de Rhy. Era suposto ali estar? Quem o teria deixado entrar?

Onde estará Gen?, indagou Parrish de si para consigo enquanto se postava novamente em posição. Não pretendia ouvir a conversa, mas havia uma brecha estreita entre os lados esquerdo e direito da porta e, quando virava ligeiramente a cabeça, as vozes chegavam-lhe através da abertura.

– Perdoe a minha intrusão – ouviu Holland dizer num tom firme e baixo.

– Não é intrusão – respondeu Rhy despreocupadamente. – Mas que assunto te traz até aqui e não ao meu pai?

– Já tratei de negócios com vosso pai – retorquiu Holland. – Venho ter consigo por outro motivo.

Parrish enrubesceu ante o tom sedutor do *Antari*. Se calhar era preferível abandonar o seu posto a ouvir conversa, mas manteve-se firme. Percebeu que Rhy se deixava cair num assento almofadado.

– E que motivo é esse? – perguntou o príncipe, mimando aquela tentativa de sedução.

– O vosso aniversário aproxima-se, não é verdade?

– Sim – respondeu Rhy. – Devias estar presente nas celebrações, se o teu rei e a tua rainha te puderem dispensar.

– Temo que não possam fazê-lo – replicou Holland. – Mas são eles o motivo da minha vinda. Incumbiram-me de lhe entregar um presente.

Parrish conseguiu ouvir Rhy hesitar.

– Holland – replicou, ajeitando-se nas almofadas. – Conhece a lei. Não posso aceitar...

– Conheço a lei, jovem príncipe – tranquilizou Holland. – Quanto ao presente, escolhi-o aqui mesmo, na sua cidade, de acordo com as indicações dos meus mestres.

Houve uma longa pausa, seguida pelo som de Rhy a levantar-se.

– Muito bem – disse ele.

Parrish ouviu o ruído de um pacote a ser passado e aberto.

– Para que serve? – perguntou o príncipe depois de um longo silêncio.

Holland emitiu um som, a meio caminho entre o sorriso e uma risada, duas coisas que Parrish nunca testemunhara nele.

– Para lhe dar força – explicou.

Rhy ia falar de outra coisa, mas, nesse preciso instante, uma série de relógios ressoaram pelo palácio, marcando a hora e ocultando as palavras trocadas entre o *Antari* e o príncipe. Os sinos ainda ecoavam pelo corredor quando a porta se abriu e Holland a transpôs, os olhos bicolores pousando de imediato em Parrish.

Holland fechou a porta e contemplou o guarda real com um suspiro resignado. Passou uma mão pelo cabelo cor de carvão.

– Manda-se um guarda embora – murmurou de si para consigo – e logo outro surge no seu lugar.

Antes que Parrish conseguisse pensar numa resposta, o *Antari* meteu a mão ao bolso e tirou de lá uma moeda, que lançou ao ar na direção dele.

– Não estive aqui – disse Holland enquanto a moeda subia e descia. Quando aterrou na mão de Parrish, já ele se encontrava sozinho no corredor, os olhos postos naquele disco, perguntando-se como chegara ali e certo de que se estava a esquecer de algo. Segurou na moeda como se conseguisse apanhar a memória que lhe fugia entre os dedos e mantê-la.

Mas ela já partira.

II

Mesmo durante a noite, o rio brilhava vermelho.

Mal Kell passou da margem de uma Londres para a margem de outra, a maré negra do Tamisa foi substituída pelo brilho quente e constante do Isle. Cintilava como uma joia, iluminada por dentro, uma faixa de luz incessante que se estendia pela Londres Vermelha. Uma fonte.

Uma veia de poder. Uma artéria.

Alguns pensavam que a magia vinha da mente; outros, da alma, do coração ou da vontade.

Mas Kell sabia que vinha do sangue.

O sangue era magia tornada visível. Era nele que ela prosperava. E nele se envenenava. Kell vira o que acontecia quando o poder guerreava com o corpo, assistira ao escurecer das veias dos homens corrompidos, o sangue carmesim que se tornava negro. Se o vermelho era a cor de uma magia equilibrada, da harmonia entre poder e humanidade, então, o negro era a cor da magia desequilibrada, sem ordem, nem restrições.

Como *Antari*, Kell era feito de ambos: equilíbrio e caos. O sangue que lhe corria nas veias, tal como o Isle da Londres Vermelha, brilhava num carmesim saudável, embora o olho direito fosse da cor de tinta derramada, um negro reluzente.

Queria acreditar que a sua força lhe advinha apenas do sangue, mas não podia ignorar a assinatura da magia negra que lhe marcava a face. Devolvia-lhe o olhar em todos os espelhos e em cada par de olhos comuns que se esbugalhavam de pasmo ou temor. Zumbia-lhe na cabeça sempre que ele invocava poder.

Mas o seu sangue nunca escurecera. Corria honesto e vermelho. Tal como o Isle.

Arqueado sobre o rio, numa ponte de vidro, bronze e pedra, estendia-se o palácio real. Era conhecido como Soner Rast. O «Coração Pulsante» da cidade. Os seus pináculos curvos cintilavam lembrando contas de luz.

As pessoas afluíam ao palácio dia e noite, algumas para expor problemas ao rei ou à rainha, mas muitas tão-só para estarem perto do Isle que corria por baixo. Estudiosos aproximavam-se da margem do rio para estudar a fonte e magos ali afluíam na esperança de aceder à sua força; já os visitantes das regiões Arnesianas mais rurais desejavam apenas contemplar o palácio e o rio, deitando flores (desde lírios a dodecáginos, de azáleas a gotas-de-lua) nas suas margens.

Kell deteve-se na sombra de uma loja do outro lado da rua e olhou para o palácio, um eterno sol nascente sobre a cidade; por um instante, viu-o tal qual os visitantes o viam. Com espanto.

Depois, uma súbita dor atravessou-lhe o braço e ele voltou a si. Estremeceu, guardou a moeda de viagem novamente em volta do pescoço e abriu caminho rumo ao Isle, cujas margens fervilhavam de vida.

O Mercado Noturno estava em plena atividade.

Vendedores em tendas coloridas expunham os seus produtos à luz de lanternas, do rio e da lua; uns, comida, outros bugigangas, tanto objetos mágicos quanto mundanos, para conterrâneos e peregrinos. Uma jovem mulher segurava um ramo de flores de borragem para visitantes pousarem nos degraus do palácio. Do braço de um idoso pendiam inúmeros colares, cada um adornado com um seixo polido, objetos que supostamente amplificariam o controlo sobre um elemento.

O odor subtil a flores perdia-se entre o aroma da carne a ser cozinhada e da fruta recém-cortada, especiarias fortes e vinho aquecido. Um homem de vestes negras oferecia ameixas cristalizadas ao lado de uma mulher que vendia pedras divinatórias. Um vendedor vertia chá fumegante em pequenas taças de vidro diante de uma banca vibrante com máscaras e uma terceira que oferecia pequenos frascos com água extraída do Isle, ainda a brilhar tenuemente. Todas as noites do ano, o mercado vivia, respirava e prosperava. As bancas eram sempre diferentes, mas a energia permanecia imutável, tão intrínseca à cidade como o rio de que ela se alimentava. Kell atravessou a margem, ziguezagueando pela feira noturna e saboreando o aroma do ar, o som dos risos e da música, o vibrar da magia.

Um mago de rua estava a fazer truques com fogo para um grupo de crianças e, quando as chamas lhe irromperam das mãos metamorfoseando-se num dragão, um rapazinho deu um passo atrás, surpreso, e desequilibrou-se, mesmo diante de Kell, que o agarrou pela manga antes que caísse nas pedras da rua e o pôs de pé.

O rapaz estava a murmurar um «obrigadopeçodesculpa» entredentes quando olhou para cima e reparou no olho negro de Kell, oculto pelo cabelo. Os olhos do rapaz, ambos castanhos, esbugalharam-se.

– Mathieu – ralhou uma mulher enquanto o miúdo se libertava da mão de Kell e se escondia atrás da sua túnica.

– Peço desculpa, senhor – disse ela em arnesiano, abanando a cabeça. – Não sei o que lhe ia na...

Foi então que olhou para Kell e as palavras morreram. Teve a decência de não virar costas e fugir como o filho, mas fez algo muito pior: esboçou uma vénia tão acentuada que Kell julgou que ela ia cair.

– *Aven*, Kell – disse, sem fôlego.

Kell, sentindo-se fisicamente incomodado, pegou-lhe no braço, esperando conseguir que se erguesse antes de que outros reparassem no gesto, mas ainda não ia a meio do movimento e já era tarde demais.

– Ele n-não... estava a olhar – balbuciou ela, tentando encontrar as palavras em inglês, a língua real, o que só fez com que Kell se retraísse ainda mais.

– A culpa foi minha – disse gentilmente em arnesiano, pegando-lhe no cotovelo e insistindo para que se erguesse.

– Ele apenas... ele apenas... não o reconheceu – explicou ela, claramente agradecida por poder falar na língua comum. – Assim vestido.

Kell olhou para si. Ainda trazia o casaco castanho e desgastado que usara em Stone's Throw, em vez do seu uniforme. Não se esquecera; quisera simplesmente apreciar a feira, nem que apenas por uns minutos, como se fosse um dos peregrinos ou locais. Mas o ardil estava a terminar. Conseguia sentir a novidade ondular pela multidão, o humor mudando qual maré mal os clientes do Mercado Noturno se aperceberam de quem estava entre eles.

Quando finalmente largou o braço da mulher, a multidão já lhe abria caminho, os risos e os gritos reduzidos a sussurros reverentes. Rhy sabia lidar com aqueles momentos, dar-lhes a volta, conquistá-los.

Kell só queria desaparecer.

Tentou sorrir, mas sabia que o seu sorriso decerto se assemelharia a uma careta; por isso, desejou uma boa noite à mulher e ao filho e estugou o passo ao longo da margem do rio, perseguido pelos murmúrios dos vendedores e clientes. Não olhou para trás, mas as vozes acompanharam-no até aos degraus repletos de flores do palácio real.

Os guardas não se mexeram dos seus postos, reconhecendo-o apenas com um ligeiro inclinar das cabeças à medida subia as escadas. Kell sentia-se grato por grande parte não lhe fazer uma vénia, apenas Parrish, um dos guardas de Rhy, parecia incapaz de resistir, mas, pelo menos, tinha a decência de ser discreto. Enquanto subia os degraus, despiu o casaco e virou-o do avesso da direita para a esquerda.

Quando voltou a enfiar os braços nas mangas, já não estavam esfarrapadas e cobertas de fuligem, mas deslumbrantes, lustrosas, do mesmo vermelho brilhante que o Isle que corria sob o palácio.

Um vermelho reservado à realeza.

Kell parou no último degrau, apertou os botões de ouro brilhantes, e entrou.

III

Encontrou-os no pátio, a beber um chá tardio numa noite sem nuvens sob a abóbada das árvores de outono.

O rei e a rainha estavam sentados a uma mesa enquanto Rhy se espojava num sofá, divagando de novo sobre o seu aniversário e a miríade de atividades que era suposto serem levadas a cabo.

– É um dia de anos – repreendeu o rei Maxim, um homem altíssimo, de ombros largos, barba e olhos negros, sem levantar o olhar de uma pilha de papéis que estava a ler. – Não são dias de anos e certamente não é uma semana.

– Vinte anos! – ripostou Rhy, agitando a chávena de chá vazia. – Vinte! Uns quantos dias de celebração não me parecem nada excessivos. – Os seus olhos cor de âmbar brilhavam com traquinice. – Além disso, metade deles é para o povo. Quem sou eu para lhes negar isso?

– E a outra metade? – perguntou a rainha Emira, o longo cabelo negro atravessado por uma faixa dourada e apanhado numa densa trança que lhe caía pelas costas.

Rhy exibia um sorriso vencedor.

– Tu é que estás determinada em encontrar-me um bom partido, mãe.

– Sim – retorquiu ela, ajeitando o serviço de chá despreocupadamente. – Mas preferia que, para isso, não transformasses o palácio num bordel.

– Não será um bordel! – exclamou Rhy, passando os dedos pelo denso cabelo negro e remexendo no aro de ouro que nele descansava. – Apenas uma forma eficiente de avaliar os muitos atributos necessários das... Ah, Kell! O Kell apoiar-me-á.

– Acho que é uma ideia terrível – disse Kell, aproximando-se deles.

– Traidor! – exclamou Rhy, fingindo-se afrontado.

– No entanto – acrescentou, aproximando-se da mesa –, ele irá fazê--lo de qualquer forma. É preferível que a festa seja aqui no palácio, onde podemos todos mantê-lo são e salvo. Ou, pelo menos, minimizar os riscos de perigo.

Rhy sorria abertamente.

– Bem pensado, bem pensado – disse, imitando a voz profunda do pai.

O rei colocou de lado o papel que segurava e olhou para Kell.

– Como foi a tua viagem?

– Mais longa do que gostaria – replicou Kell, procurando entre os casacos e bolsos até encontrar a carta do príncipe regente.

– Estávamos a começar a ficar preocupados – disse a rainha Emira.

– O rei não se encontra bem e o príncipe estava ainda pior – expli-cou Kell, entregando a missiva. O rei Maxim pegou nela e colocou-a de lado, por ler.

– Senta-te – insistiu a rainha. – Pareces pálido.

– Estás bem? – perguntou o rei.

– Bastante, senhor – disse Kell, afundando-se agradecidamente numa cadeira junto da mesa. – Apenas cansado.

A rainha aproximou-se e levou uma mão ao rosto de Kell. A tez dela era mais escura do que a dele. A família real ostentava um belo bron-zeado, que, juntamente com os olhos cor de mel e os cabelos negros, lhes dava um ar de madeira polida.

Com uma pele clara e cabelo arruivado, ele sentia-se sempre des-locado. A rainha afastou uma mancheia de cabelo da testa de Kell. Procurava sempre a verdade no olho direito, como que se de um tabu-leiro divinatório se tratasse, algo que se podia perscrutar, ver mais além. Mas nunca partilhava o que nele via. Kell segurou-lhe a mão e beijou-a.

– Estou bem, Vossa Majestade. – Ela olhou-o com um ar enfadado e ele corrigiu-se. – Mãe.

Surgiu um criado com um chá doce e com um ligeiro travo a menta. Kell deu um longo gole e deixou que a família conversasse, a mente divagando no conforto daquele som.

Quando já mal conseguia manter os olhos abertos, pediu licença para se retirar. Rhy levantou-se nesse preciso momento. Kell não ficou surpreendido. Sentira o olhar do príncipe pousado nele desde que chegara. Depois de ambos desejarem uma boa noite aos pais, Rhy seguiu Kell até ao átrio, remexendo no aro de ouro aninhado entre os seus caracóis negros.

– O que é que perdi? – perguntou Kell.

– Nada de mais – disse Rhy. – O Holland veio fazer-me uma visita. Acabou de sair.

Kell franziu o sobrolho. As Londres Vermelha e Branca mantinham um contacto muito mais próximo do que a Vermelha e a Cinzenta, mas as comunicações, ainda assim, seguiam uma série de protocolos. Holland tinha-se adiantado quase uma semana.

– O que trouxeste esta noite? – perguntou Rhy.

– Uma dor de cabeça – retorquiu Kell, esfregando os olhos.

–Tu sabes o que quero dizer – ripostou o príncipe. – Que trouxeste por aquela porta?

– Só uns quantos lins. – Kell estendeu os braços. – Examina-me se quiseres – acrescentou com um sorriso afetado.

Rhy nunca conseguira compreender o casaco de Kell e os seus muitos lados. Kell já estava a virar costas, considerando o assunto terminado, quando Rhy o surpreendeu, não por lhe remexer nos bolsos, mas por lhe pegar nos ombros e o empurrar contra a parede. Com força. Um dos quadros dos reis que pendia ali perto, estremeceu, mas não caiu. Os guardas que pontilhavam o átrio olharam para cima, mas não se mexeram.

Kell era um ano mais velho do que Rhy, mas tinha uma constituição fragilíssima, alta e esguia, ao passo que o segundo se assemelhava a uma estátua, com uma força equiparável.

– Não mintas – avisou Rhy. – Não, a mim.

A boca de Kell afilou-se. Rhy apanhara-o, dois anos antes. Não *em flagrante*, é claro, mas de outra maneira, muito mais desonesta. Através da confiança. Os dois haviam estado a beber numa das muitas varandas do palácio numa noite de verão, o brilho do Isle a seus pés, o céu em cima. E a verdade viera simplesmente à tona. Kell contou ao irmão dos negócios que fazia na Londres Cinzenta e na Branca e até, por vezes, na Vermelha, falou-lhe das várias coisas que tinha passado de um mundo para o outro. Rhy olhara para ele atentamente, ouvindo tudo e só depois falando, mas não para lhe dar um sermão acerca do que havia de errado ou ilegal naquilo. Falou só para lhe perguntar o motivo.

– Não sei – retorquira Kell, e fora a verdade.

Rhy levantara-se, os olhos turvos da bebida.

– Não te damos o suficiente? – perguntou, visivelmente abalado. – Falta-te alguma coisa?

– Não – respondera Kell, e isso fora verdade e mentira ao mesmo tempo.

– Não és amado? – sussurrou Rhy. – Não te sentes bem-vindo como membro da família?

– Mas *não* sou família, Rhy – dissera Kell. – Não sou realmente um Maresh, por mais que o rei e a rainha me tenham oferecido tal nome. Sinto-me mais propriedade do que príncipe.

Naquele instante, Rhy desferira-lhe um murro na cara.

Durante a semana seguinte, Kell andou com os dois olhos negros em vez de um e nunca mais voltou a tocar no assunto, embora o mal estivesse feito. Esperara que Rhy se encontrasse demasiado bêbedo para se lembrar da conversa, mas ele recordava-se de tudo. Não contara ao rei e à rainha, pelo que Kell se sentia em dívida, mas agora, sempre que viajava, tinha de aguentar as perguntas de Rhy e, consequentemente, a lembrança de que o que fazia era insensato e errado.

Rhy largou Kell.

– Porque insistes em manter estas atividades?

– Entretêm-me – retorquiu Kell, ajeitando-se.

Rhy abanou a cabeça.

– Ouve, já há algum tempo que finjo não ver esta tua rebelião infantil, mas aquelas portas foram fechadas por um motivo – avisou. – A transferência é *traição*.

– São apenas bugigangas – disse Kell, caminhando pelo corredor. – Não há qualquer perigo.

– Há, e não é pouco – afiançou Rhy, acompanhando-o. – Como o perigo que te espera se os nossos pais alguma vez...

– Vais contar-lhes? – perguntou Kell.

Rhy suspirou. Kell ouviu-o balbuciar por diversas vezes antes de finalmente dizer:

– Não existe nada que não te desse.

Kell sentiu uma pontada no coração.

– Eu sei.

– És o meu irmão. O meu melhor amigo.

– Eu sei.

– Então põe um ponto final nesta loucura, antes que eu o faça por ti.

Kell conseguiu esboçar um ligeiro sorriso cansado.

– Tem cuidado, Rhy – disse. – Estás a começar a falar como um rei.

A boca de Rhy contorceu-se num esgar.

– E um dia sê-lo-ei. E preciso de ti ao meu lado.

Kell sorriu de volta.

– Acredita, não iria querer estar noutro lugar.

Era verdade.

Rhy deu-lhe uma palmada no ombro e dirigiu-se para os seus aposentos. Kell enfiou as mãos nos bolsos e ficou a vê-lo afastar-se. As pessoas de Londres (e do resto do país) adoravam o seu príncipe. E porque não o adorariam? Era jovem, esbelto e bondoso. Talvez fingisse ser libertino vezes de mais e demasiado bem, mas por detrás daquele sorriso carismático e do seu ar sedutor havia uma mente arguta e boas intenções, um desejo de fazer com que todos à sua volta estivessem felizes. Não tinha grande aptidão para a magia, e ainda menos concentração para tal, mas compensava em charme o que lhe faltava em poder. Além disso, se havia coisa que Kell aprendera nas suas viagens à Londres Branca, fora que a magia só fazia dos líderes seres piores e não melhores.

Seguiu caminho até aos seus aposentos, onde duas negras portas de carvalho se abriam para um amplo quarto. O brilho vermelho do Isle derramava-se pelas portas abertas de uma varanda privada, a tapeçaria ondulando e mergulhando do teto alto em nuvens de tecido. Uma luxuosa cama de dossel, com colchão de penas e lençóis seda, esperava por ele. Chamando-o. Kell precisou de toda a sua força de vontade para não sucumbir nela. Em vez disso, atravessou o quarto e entrou numa segunda divisão, mais pequena, repleta de livros (diversos tomos de magia, incluindo tudo o que encontrara sobre os *Antari* e os seus comandos de sangue, a maior parte destruída por medo na purga da Londres Negra), e fechou a porta atrás de si.

Estalou os dedos distraidamente, e uma vela que descansava na orla de uma prateleira ganhou vida. À sua luz, conseguia distinguir um conjunto de marcas na parte de trás da porta. Um triângulo invertido, uma série de linhas, um círculo, marcas simples, fáceis de recriar, mas específicas o suficiente para serem diferenciadas. Portas para diferentes sítios na Londres Vermelha. Os seus olhos fixaram-se na do centro. Era constituída por duas linhas cruzadas. *O X marca o lugar*, pensou de si para consigo, pressionando o corte mais recente, onde o sangue ainda estava húmido, e desenhando a marca.

– *As Tascen* – disse, cansado.

A parede cedeu ante o seu toque, e a biblioteca privada deu lugar a um quarto pequeno e atafulhado, a tranquilidade luxuosa dos seus aposentos reais substituída pelo alvoroço da taverna em baixo e da cidade além, agora muito mais perto do que um mero momento antes.

Is Kir Ayes, os Ruby Fields, eis o nome que oscilava na placa acima da porta da taverna. O sítio era gerido por uma velha mulher chamada Fauna. Tinha o corpo de uma avozinha, a língua de um marinheiro e o temperamento de um bêbedo. Kell fizera com ela um negócio em novo (já então, ela era velha, sempre velha), e o quarto no cimo das escadas passara a ser dele.

O aposento em si era rústico, degradado e minúsculo, mas pertencia-lhe. Um encantamento (não propriamente legal) marcava a janela e a porta, para que mais ninguém encontrasse o quarto ou sequer se apercebesse de que ali estava.

À primeira vista, parecia bastante vazio, mas uma inspeção mais pormenorizada revelaria as caixas no espaço por baixo da cama e as gavetas na cómoda cheias, onde repousavam os tesouros de todas as Londres.

Kell supunha que também *ele* fosse um Colecionador.

Os únicos itens em exposição eram um livro de poemas, uma bola de vidro cheia de areia negra e um conjunto de mapas. Os poemas eram de um homem chamado Blake e haviam-lhe sido oferecidos por um Colecionador na Londres Cinzenta um ano antes, a lombada já completamente deteriorada. A bola de vidro viera da Londres Branca e diziam que mostrava nas areias os sonhos de quem nela tocava, mas Kell ainda não a experimentara.

Os mapas eram uma lembrança.

As três telas estavam colocadas lado a lado, a única decoração nas paredes. De longe, poderiam passar por um *mesmo* mapa – o mesmo contorno do mesmo país insular –, mas, de perto, só a palavra *Londres* poderia ser encontrada nos três. Londres Cinzenta. Londres Vermelha. Londres Branca. O mapa da esquerda era da Grã-Bretanha, desde o Canal da Mancha até às extremidades da Escócia, cada faceta executada ao pormenor. Em contrapartida, o mapa da direita mal tinha lugares assinalados. Makt era o nome dado ao país cuja capital estava sob o controlo dos implacáveis gémeos Dane, embora o território além estivesse em constante mutação. O mapa no centro era o que Kell melhor conhecia, pois tratava-se do seu lar. Arnes. O nome do país estava escrito numa letra elegante, ao longo da extensão da ilha, embora, na verdade, as terras onde se encontrava Londres fossem apenas a ponta do império real.

Três Londres muito diferentes, em três países muito diferentes, e Kell era um dos poucos seres vivos que as conhecera a todas. A grande ironia era a de que ele nunca vira os mundos *para lá* dessas cidades. Vinculado ao serviço do rei e da coroa e mantido constantemente por perto, nunca estivera a mais de um dia de viagem de uma ou outra Londres.

A fadiga devorava-o quando despiu o casaco. Esquadrinhou os bolsos até encontrar o objeto do Colecionador, que pousou cuidadosamente na cama, desembrulhando-o cheio de cautelas. A pequena caixa de música prateada surgiu. As lanternas do quarto brilharam mais intensamente quando ergueu o objeto, contemplando-o à luz. A dor no braço fê-lo retrair-se, pelo que pousou a caixa de música e voltou a sua atenção para a cómoda.

Uma bacia com água e um conjunto de boiões encontravam-se ali. Kell arregaçou a manga da túnica negra e começou a tratar do antebraço. Trabalhava com mãos experientes e em poucos minutos limpara a pele e aplicara a salva. Havia uma ordem de sangue para regenerar – *As Hasari* –, mas o propósito não era que um *Antari* a usasse em si, especialmente em feridas pequenas, uma vez que exigia mais energia do que a saúde que proporcionava. De qualquer forma, os cortes que tinha no braço já começavam a sarar. Os *Antari* regeneravam depressa, graças à quantidade de magia que lhes corria nas veias; pela manhã, as marcas superficiais já teriam desaparecido, devolvendo-lhe a pele suave. Estava prestes a baixar a manga quando uma pequena cicatriz reluzente lhe chamou a atenção. Acontecia sempre. Mesmo por baixo da curva do cotovelo, as linhas tão esbatidas que o símbolo era quase irreconhecível.

Quase.

Kell vivia no palácio desde os seus cinco anos. Reparara pela primeira vez na marca aos doze. Passara semanas à procura da runa nas bibliotecas do palácio. *Memória.*

Passou o polegar pela cicatriz. Ao contrário do que o seu nome levaria a crer, o símbolo não tinha o propósito de ajudar alguém a lembrar-se. Servia precisamente para que esquecesse.

Esquecesse um momento. Um dia. Uma vida. Porém, a magia que subjugava o corpo ou a mente não só era proibida como considerada crime capital. Os acusados e condenados eram despojados do seu poder, um destino que alguns consideravam pior do que a morte num mundo regido por magia. Ainda assim, Kell ostentava a marca de tal feitiço. Pior ainda, suspeitava de que o próprio rei e rainha o tinham sancionado.

K.L.

As iniciais na sua faca. Havia tantas coisas que não compreendia, que nunca iria compreender, sobre a arma, o seu monograma e a vida que vinha com tudo aquilo. (Estariam as letras em inglês? Ou em arne-siano? Surgiam em ambos os alfabetos. O que significava o L? Ou o K, já agora? Nada sabia acerca das letras que lhe haviam dado o nome. K.L. tornara-se *Kay-Ell,* e *Kay-Ell* metamorfoseara-se em *Kell.*) Era apenas uma criança quando fora levado para o palácio. Teria a faca sido sempre sua? Ou fora do pai? Uma lembrança, algo que o acompanhasse, algo que o ajudasse a recordar quem fora? Quem teria ele sido? A ausência da memória corroía-o. Era habitual dar consigo a olhar para o mapa do meio na parede, questionando-se de onde viera. *De quem* viera.

Fossem quem fossem, não eram *Antari*. A magia vive no sangue, mas não na linhagem. Não era passada de pai para filho. Escolhia o seu próprio caminho. Escolhia a forma como se apresentava. Por vezes, os fortes davam à luz fracos, ou vice-versa. Os que comandavam o fogo muitas vezes nasciam de magos de água. Os que moviam a terra, de regeneradores.

O poder não podia ser cultivado, destilado através de gerações. Se se pudesse, os *Antari* seriam semeados e colhidos. Eram recetáculos ideais, capazes de controlar qualquer elemento, de invocar qualquer feitiço, de usar o próprio sangue para comandar o mundo à sua volta. Tratavam-se de ferramentas e, nas mãos erradas, de armas. Talvez a falta de sucessão fosse a maneira de a natureza equilibrar as coisas, de manter a ordem.

Na verdade, ninguém sabia o que levava ao nascimento de um *Antari*. Alguns acreditavam ser aleatório, um lançamento de dados afortunado. Outros defendiam que os *Antari* eram divinos, destinados à grandeza. Certos estudiosos, como Tieren, acreditavam que eles eram o resultado da transferência entre mundos, de diferentes magias entrelaçadas, e que era por isso que estavam a desaparecer. Porém, independentemente da teoria sobre a sua origem, a maior parte acreditava que os *Antari* eram sagrados. Escolhidos pela magia ou quiçá abençoados por ela. Decerto, *marcados* por ela.

Kell levou distraidamente os dedos ao olho direito.

Qualquer que fosse a crença por que se optasse, era inegável que os *Antari* se haviam tornado cada vez mais raros e, consequentemente, mais preciosos. O seu talento sempre fizera deles alvo de cobiça, mas, agora, a raridade levava-os a serem recolhidos, guardados e mantidos. Possuídos. E quer Rhy o quisesse ou não admitir, Kell pertencia à coleção real.

Pegou na caixa de música prateada, girando a pequena manivela de metal.

Um *objeto valioso*, pensou, *mas, ainda assim, um objeto*. A música começou a tocar, fazendo-lhe cócegas na mão como se de um pássaro se tratasse, mas não pousou a caixa. Em vez disso, segurou-a com força, as notas sussurrando pelo quarto enquanto ele se deixava cair na cama rija e contemplava aquela pequena e bela engenhoca.

Como acabara ele naquela situação? Que teria acontecido quando o seu olho se tornou negro? Teria nascido assim e fora escondido ou será que a marca de magia se manifestara? Cinco anos. Cinco anos em que fora filho de outras pessoas. Teriam ficado tristes por ter de o abandonar? Ou estariam gratas por poder oferecê-lo à realeza?

O rei e a rainha recusavam-se a falar-lhe do seu passado, e ele aprendera a deixar de dar voz às questões, mas a fadiga desmoronava-lhe os muros que havia criado para si, e as perguntas chegavam a ele.

Que vida esquecera?

A mão de Kell abandonou a cara enquanto se repreendia.

Que haveria uma criança de cinco anos de se lembrar? Quem quer que tivesse sido antes de ser levada para o palácio, essa pessoa já não importava.

Essa pessoa já não existia.

A música fraquejou e cessou. Kell voltou a girar a manivela e fechou os olhos, deixando que a melodia da Londres Cinzenta e o ar da Londres Vermelha o transportassem para o sono.

TRÊS

UMA LADRA CINZENTA

I

Lila Bard vivia de acordo com uma regra simples: se algo era bom para se ter, era bom para ser roubado.

Segurou no relógio de bolso prateado sob a débil claridade do candeeiro de rua, admirando o brilho polido do metal e pensando no que significariam as iniciais inscritas na parte de trás: LLE. Roubara-o a um cavalheiro, numa colisão desajeitada numa curva cheia de gente, seguida de um rápido pedido de desculpas, uma mão no ombro para desviar a atenção da mão no casaco. Os dedos de Lila não eram só rápidos. Eram leves. Um toque na cartola, o agradável desejo de boas-noites, e eis que orgulhosamente ficara na posse de um relógio. O homem, esse, seguiu caminho, ignorando tudo.

Lila não se interessava pelo objeto em si, interessava-se, e muito, por aquilo que lhe comprava: liberdade. Tratava-se de uma desculpa esfarrapada, é verdade, mas sempre era melhor do que uma prisão ou uma casa pobre. Passou um polegar enluvado pelo mostrador de cristal.

— Tem horas? — perguntou um homem ao seu lado.

Os olhos de Lila dispararam para cima. Era um polícia.

A mão dirigiu-se até à aba da cartola (roubada havia uma semana a um motorista adormecido). Lila esperou que o gesto passasse por uma saudação e não por uma tentativa de ocultar o rosto.

– Nove e trinta – murmurou profundamente, enfiando, com todo o cuidado, o relógio no bolso do colete que tinha por baixo da capa, para que o polícia não reparasse nas várias armas que ali cintilavam.

Lila era alta e esguia, com uma constituição arrapazada que a ajudava a passar por um homem novo, embora apenas à distância. Um olhar mais próximo, e a ilusão caía por terra.

Lila sabia que deveria girar sobre os calcanhares e afastar-se o mais depressa possível, mas, quando o polícia procurou por algo para acender o cachimbo e não encontrou, deu consigo a pegar numa lasca de madeira que estava no chão. Levou uma bota à base do candeeiro de rua e içou-se agilmente para acender o galho nas chamas. A luz banhou-lhe o queixo, os lábios, os malares, expondo-lhe os contornos do rosto sob a cartola. Uma deliciosa adrenalina atravessou-lhe o peito, instigada pela proximidade do perigo, e Lila questionou-se, não pela primeira vez, se haveria algo de errado consigo. Barron dizia que sim, mas Barron era um chato.

Andas à procura de problemas, diria ele. *Só vais descansar quando os encontrares.*

Os problemas é que nos procuram, responderia ela. *Não descansam até nos encontrar. Mais vale encontrá-los primeiro.*

Porque queres morrer?

Não quero, diria ela. *Só quero viver.*

Lila desceu do candeeiro, a cara mergulhando uma vez mais na sombra do chapéu enquanto passava ao polícia o pedaço de madeira em chamas. Ele agradeceu-lhe entredentes, acendeu o cachimbo, puxou umas quantas fumaças e parecia prestes a partir quando se deteve. O coração de Lila acelerou nervosamente enquanto ele a contemplava de novo, desta vez com mais atenção.

– Devia ter algum cuidado, senhor – disse, por fim. – Sozinho à noite. Ainda lhe roubam alguma coisa.

– Ladrões? – perguntou Lila, lutando para manter a voz baixa. – Não em Eaton, certamente.

– Assim parece. – O polícia anuiu e tirou do casaco uma folha de papel dobrada. Lila pegou nela, apesar de ter compreendido logo do que se tratava. Um cartaz de PROCURADO. Contemplou o esboço, que não era mais do que uma silhueta obscura com uma máscara, um pedaço de tecido a cobrir-lhe os olhos, e um chapéu de aba larga. – Tem estado a roubar pessoas. Roubou à vista de todos uns quantos cavalheiros e uma senhora. É de esperar, essa escumalha, claro, mas não por estes lados. Um patife verdadeiramente ousado, este.

Lila controlou um sorriso. Era verdade. Roubar uns trocos no South Bank era uma coisa, roubar prata e ouro àqueles que esperam uma carruagem em Mayfair, outra completamente diferente, mas só os loucos ficavam nos bairros degradados. Os pobres estavam sempre de guarda. Os ricos pavoneavam-se de um lado para o outro, pensando estar seguros desde que se mantivessem nas zonas boas da cidade. Porém, Lila sabia que não existiam zonas boas. Apenas zonas espertas e zonas estúpidas, e rapidamente percebeu em quais deveria apostar.

Devolveu o papel e deu um toque na cartola roubada.

– Terei cuidado, então.

– Tenha – pediu o polícia. – Já nada é como dantes. Já nada...

Afastou-se vagarosamente, puxando fumaças do cachimbo e resmungando sobre como o mundo se estava a desmoronar ou algo assim. Lila não conseguiu ouvir o resto, tal a batida do seu coração.

No momento em que ele desapareceu de vista, ela suspirou e encostou-se contra o candeeiro, estonteada de alívio. Tirou a cartola e contemplou a máscara e o chapéu de aba larga que se encontravam escondidos lá dentro. Sorriu de si para consigo. Depois, voltou a meter a cartola, afastou-se do poste e abriu caminho até às docas, assobiando.

II

O *Sea King* não era nem de longe nem de perto tão impressionante como o nome sugeria.

O navio encostava-se, pesado, à doca, a pintura descascada pelo sal, o casco de madeira semiapodrecido em algumas partes e completamente noutras. Todo ele parecia estar a afundar-se muito, muito devagar no Tamisa.

A única coisa que aparentava mantê-lo à tona era a própria doca, cujo estado não se encontrava muito melhor. Lila pensou que, um dia, o costado do navio e as tábuas da doca ainda apodreceriam juntos ou ruiriam no cais lamacento.

Powell defendia que o *Sea King* se encontrava tão robusto como sempre. *Ainda capaz de navegar em alto mar*, jurou. Lila pensou que mal aguentaria a oscilação das ondas do porto de Londres.

Pousou um pé na rampa e as tábuas rangeram. O som provocou uma ondulação crescente até que todo o navio protestou. Protesto que ela ignorou enquanto subia a bordo, afrouxando o nó do manto junto do pescoço.

O corpo de Lila implorava-lhe sono, mas ela levou a cabo o seu ritual noturno, encaminhando-se até à proa do navio e enrolando os dedos em volta do timão. A madeira fria, o oscilar gentil do convés sob os seus pés; tudo lhe parecia *certo*. Lila Bard sabia, no seu íntimo, que nascera para

ser pirata. Só precisava de um navio em condições. E, mal tivesse um...
Uma brisa apanhou-lhe o casaco e, por instantes, viu-se longe do porto
de Londres, longe de qualquer terra, rasgando os altos mares. Fechou os
olhos e tentou imaginar a sensação da brisa marinha nas mangas puídas.
O pulsar do oceano de encontro aos costados do navio. A sensação da
liberdade, de uma verdadeira liberdade, e da aventura. Lançou o pescoço
para trás enquanto um borrifo imaginário de água salgada lhe encharcava
o queixo. Inspirou fundo e sorriu ante o sabor da maresia. Quando abriu
os olhos, ficou surpreendida por encontrar o *Sea King* no mesmo sítio.
Ancorado e morto.

Lila afastou-se da amurada, atravessou o convés e, pela primeira
vez naquela noite, enquanto as botas ecoavam na madeira, sentiu algo
parecido com segurança. Sabia que *não era* segurança, que não havia
tal coisa naquela cidade. Não numa carruagem luxuosa em Mayfair e
certamente não num navio meio apodrecido num canto duvidoso das
docas, mas o sentimento era similar. Um sentimento familiar... seria
possível? Ou, então, tratava-se tão-só do conforto que lhe proporcionava
o facto de estar escondida. Estar escondido era o que mais próximo havia
de se estar seguro. Nenhuns olhos a haviam visto atravessar o convés.
Ninguém a vira descer os degraus íngremes que levavam às entranhas
do navio. Ninguém a seguira ao longo daquele pequeno corredor húmido
ou quando entrara no camarote ao fundo.

O nó junto ao pescoço soltou-se por fim, e Lila arrancou a capa de
cima dos ombros, atirando-a para uma cama encostada a uma das paredes
onde caiu esvoaçante, seguida da cartola, que entornou, qual tesouro, o
seu disfarce sobre o tecido negro. Num canto encontrava-se um pequeno
fogão a carvão, as brasas dificilmente suficientes para aquecer o cama-
rote. Lila agitou-as e usou a vara para acender algumas velas de sebo.
De seguida, despiu as luvas e lançou-as para junto da roupa em cima
da cama. Por fim, tirou o cinto, libertando o coldre e o punhal da tira
de couro. É claro que não se tratavam das únicas armas que tinha, mas
eram as únicas que se dava ao trabalho de tirar. A faca não era nada de
especial, apenas terrivelmente afiada, e atirou-a para a cama com o resto
dos pertences descartados. Porém, a pistola, essa, era uma preciosidade,
uma pistola de pederneira que tombara das mãos de um morto abastado
e pousara nas dela um ano antes. *Caster* (todas as boas armas mereciam

um nome) era uma beleza de pistola, pelo que ela a guardou suavemente, quase com reverência, na gaveta da secretária.

A emoção da noite esmorecera com o passeio até às docas, o entusiasmo reduzido a cinza, e Lila deu consigo a cair, mole, numa cadeira, que protestou tanto quanto tudo o resto no navio, gemendo alto enquanto a rapariga levava as botas até à secretária, cuja superfície de madeira gasta estava repleta de mapas, grande parte enrolados, exceto um, que se encontrava esticado e fixado com pedras ou bugigangas roubadas. Aquele era o seu mapa preferido, porque nenhum dos locais estava identificado. Decerto alguém saberia o que era e até onde levava, mas não Lila. Para ela, tratava-se de um mapa para nenhures.

Um grande espelho repousava apoiado na secretária, inclinado contra a parede do convés, as extremidades nubladas e a escurecer. Lila encontrou nele o seu olhar e estremeceu. Passou os dedos pelo cabelo. Estava despenteado, negro e roçava-lhe no maxilar.

Ela tinha dezanove anos.

Dezanove, e cada um desses anos parecia estar-lhe tatuado no corpo. Tocou nos papos por debaixo dos olhos, apalpou os malares, passou um dedo pelos lábios. Havia muito, muito tempo que ninguém lhe dizia que era bonita.

Não que Lila quisesse ser bonita. Isso não a iria ajudar em nada. E toda a gente sabia que ela não invejava as *senhoras* com os seus espartilhos e saias de armação, as gargalhadas em falsete e a forma ridícula como as soltavam. O modo como desfaleciam e se apoiavam nos homens, fingindo fraqueza só para lhes saborear a força.

Porque haveria alguém de *fingir* fraqueza, era coisa que a pasmava.

Lila tentou imaginar-se como uma das senhoras que roubara naquela noite e sorriu. Era tão fácil ficar-se emaranhada no meio de todo aquele tecido, tão fácil tropeçar e ser-se apanhada. Quantas senhoras teriam tentado seduzi-*la*? Quantas teriam desfalecido só para se encostarem a *ela* e fingirem maravilhar-se com a sua força?

Sentiu o peso do lucro da noite no bolso.

Fora o bastante.

Era bem feito, por se fazerem passar por fracas. Talvez agora não desfalecessem tão depressa mal avistassem uma cartola ou segurassem qualquer mão que se esticasse em jeito de ajuda.

Lila apoiou a cabeça contra o encosto da cadeira. Conseguia ouvir Powell nos seus aposentos, levando a cabo a sua rotina noturna de beber, praguejar e murmurar histórias às entranhas do navio a apodrecer. Histórias de terras que nunca visitara. De donzelas que nunca encantara. De tesouros que nunca pilhara. Era um mentiroso, um bêbedo e um louco – já o vira ser os três todas as noites no Barren Tide –, mas tinha um camarote a mais e ela precisava de um, pelo que haviam chegado a acordo. Lila perdia uma parte dos lucros da noite pela sua hospitalidade; ele, por seu turno, esquecia-se de que estava a alugar um quarto a uma criminosa procurada, quanto mais a uma rapariga.

Powell continuou a resmungar. Fê-lo durante horas, mas ela estava tão habituada ao barulho que depressa se dissipou por entre os outros gemidos, lamentos e murmúrios do velho *Sea King*.

Lila começara a cabecear quando alguém bateu à porta três vezes. Bom, duas, mas estava claramente demasiado bêbedo para terminar a terceira, arrastando a mão pela madeira. As botas da rapariga abandonaram a secretária e caíram, pesadas, no chão.

– Que foi? – gritou, levantando-se mal a porta se abriu. Powell permaneceu ali, oscilando ao sabor da bebida e do gentil balançar do barco.

– Liiiila – cantou o nome dela. – Liiiiilaaaaaa.

– Que foi?

Uma garrafa marulhava-lhe numa das mãos. Esticou a outra, a palma voltada para cima.

– A minha parte.

Lila levou a mão ao bolso e tirou um punhado de moedas. Grande parte estava desbotada, mas alguns pedaços de prata brilharam. Pegou nelas e deixou-as cair na palma de Powell, que fechou o punho e as fez tilintar.

– Não é suficiente – retorquiu ele, enquanto ela guardava de novo as moedas no bolso. Lila sentiu o relógio prateado no colete, quente de encontro às suas costelas, mas não o tirou. Não estava certa do motivo. Se calhar, afinal de contas, afeiçoara-se a ele. Ou talvez receasse que, se começasse a oferecer coisas tão caras, Powell se pusesse a exigi-las.

– Foi uma noite fraca – declarou ela, cruzando os braços. – Amanhã compenso-te.

– Só me dás problemas – disse Powell num tom arrastado.

– Bem verdade – replicou ela, sorrindo abertamente. O tom era doce, mas os dentes, afiados.

– Talvez mais problemas do que aquilo que vales – continuou ele. – Certamente mais do que me deste nesta noite.

– Compenso amanhã – insistiu ela, baixando os braços. – Estás bêbedo. Vai para a cama.

Fez menção de dar meia-volta, mas Powell agarrou-a pelo cotovelo.

– Pagas-me hoje – disse ele com um sorriso escarninho.

– Já disse que não...

A garrafa tombou-lhe de uma mão enquanto ele a encostava à secretária, prendendo-a com as ancas.

– Não tem de ser em moedas – sussurrou, baixando o olhar para o peito dela. – Deve haver um corpo de rapariga por aí, algures. – As suas mãos começaram a deambular. Lila enfiou-lhe um joelho no estômago, e ele caiu para trás.

– Não devias ter feito isso – rosnou Powell, a cara rubra de raiva. Levou os dedos à fivela do cinto. Lila não hesitou. Procurou a pistola que estava na gaveta, mas a cabeça de Powell ergueu-se; segundos depois, lançou-se sobre ela, agarrando-lhe o pulso e puxando-a para si. Arremessou-a para a cama, onde caiu em cima da cartola, das luvas, da capa e da faca.

Mal Powell avançou, Lila precipitou-se para o punhal. Ele agarrou-lhe no joelho mesmo no momento em que os dedos dela se enrolavam em volta da bainha de couro. Puxou-a para si quando ela libertou a lâmina, mas, mal Powell lhe agarrou na outra mão, ela usou a força dele para se levantar e lhe enterrar a faca na barriga.

Num segundo, toda aquela contenda desapareceu no pequeno quarto apinhado.

Powell olhava para a lâmina saliente na barriga, os olhos esbugalhados de pasmo; por instantes, pareceu que iria continuar a lutar apesar daquilo, mas Lila sabia usar uma faca, sabia como magoar e como matar.

O aperto de Powell tornara-se mais forte. Depois afrouxou. O homem balouçou, fez um esgar e caiu de joelhos.

– Não devias ter feito isso – ecoou ela, libertando a faca com um puxão antes que ele caísse sobre ela.

O corpo de Powell bateu no chão e ali ficou. Lila olhou-o por uns momentos, espantada com a quietude, o silêncio interrompido apenas pelo pulsar do seu coração e pelo murmúrio da água de encontro ao casco do navio. Tocou no homem com a bota.

Morto.

Morto... e a sujar tudo.

O sangue espalhava-se pelas tábuas, enchendo as fendas e pingando as partes inferiores do navio. Lila tinha de fazer alguma coisa. *Naquele momento.*

Agachou-se, limpou a lâmina na camisa do homem e retirou-lhe a prata do bolso. Depois, passou por cima do corpo, pegou no revólver e vestiu-se. Com o cinto de novo à cintura e a capa em volta dos ombros, pegou na garrafa de uísque que tombara ao chão. Não se partira. Arrancou a rolha com os dentes e regou Powell, embora ele tivesse álcool suficiente no sangue para arder sem aquilo.

Agarrou numa vela e estava prestes a pousá-la no chão quando se lembrou do mapa. Aquele que levava a nenhures. Retirou-o da secretária e guardou-sob a capa. De seguida, com um último olhar, pegou fogo ao homem morto e ao barco.

Deixou-se ficar na doca a ver o *Sea King* arder.

Contemplava-o de frente, a cara aquecida pelo fogo que lhe dançava no queixo e nas faces, tal como acontecera à luz da lâmpada diante do polícia. *É uma pena*, pensou. Até gostava do navio apodrecido. Mas não era dela. Não, o dela seria muito melhor.

O *Sea King* gemia enquanto as chamas lhe comiam a pele e os ossos; Lila admirou o navio morto começar a afundar-se. Ali se deixou ficar até conseguir ouvir gritos ao longe e o som de botas, que vinham, é claro, demasiado tarde, mas que ainda assim vinham.

De seguida, suspirou e partiu em busca de outro lugar onde passar a noite.

III

Barron encontrava-se no cimo dos degraus à entrada do Stone's Throw, o olhar ausente na direção das docas, quando Lila se aproximou, a cartola e o mapa enfiados debaixo do braço. Seguindo-lhe o olhar, conseguiu distinguir uma réstia de fogo por cima dos telhados, um fumo fantasmagórico na noite nublada.

Barron começou por fingir não reparar nela. Não o podia culpar. Da última vez que a vira, quase um ano antes, expulsara-a por roubar (não a ele, é claro, mas a um cliente), e ela saíra numa explosão de insultos contra ele e a pequena taverna.

– E para onde vais agora? – ribombara Barron atrás dela qual trovão. Nunca estivera tão perto de gritar.

– Encontrar uma aventura – exclamara ela sem olhar para trás.

Agora, arrastava as botas pelas pedras da calçada. Ele fumava um charuto.

– Já de regresso? – perguntou, sem a olhar. Ela subiu os degraus, encostando-se à porta da taverna. – Já encontraste uma aventura? Ou foi ela que te encontrou?

Lila não respondeu. Conseguia ouvir o tilintar dos copos lá dentro e a tagarelice de homens bêbedos a embriagarem-se ainda mais. Odiava aquele barulho, odiava quase todas as tavernas, mas não o Stone's Throw.

Todas as outras lhe provocavam repulsa, a *repeliam*, mas aquele lugar puxava-a como a gravidade, uma atração ligeira e constante. Mesmo quando não era sua intenção, parecia acabar sempre ali. Quantas vezes no último ano não a tinham os seus pés trazido de regresso àqueles degraus? Quantas vezes por pouco não entrara? Não que Barron precisasse de o saber. Lila contemplou-o enquanto ele levantava a cabeça e olhava para os céus como se conseguisse ver para além das nuvens.

– Que aconteceu ao *Sea King*? – perguntou.

– Ardeu. – Uma sensação desafiadora de orgulho encheu-lhe o peito quando os olhos dele, surpresos, se abriram ligeiramente. Lila gostava de surpreender Barron. Não era coisa fácil.

– Não me digas? – retorquiu ele, com ligeireza.

– Sabes como é – disse Lila, encolhendo os ombros –, a madeira velha queima com facilidade.

Barron olhou-a durante longos momentos, depois exalou uma fumaça.

– O Powell devia ter tido mais cuidado com o seu brigue.

– Pois é – disse Lila, brincando com a aba da cartola.

– Cheiras a fumo.

– Preciso de alugar um quarto. – As palavras prenderam-se-lhe na garganta.

– É engraçado – disse Barron, puxando novamente uma fumaça. – Lembro-me claramente de teres sugerido que eu pegasse na minha taverna e em todos os seus muitos e modestos quartos e os enfiasse um a um no meu...

– As coisas mudam – retorquiu ela, arrancando-lhe o charuto da boca e dando uma passa.

Ele estudou-a à luz da lamparina.

– Estás bem?

Lila admirou o fumo que lhe saía dos lábios.

– Estou sempre bem.

Devolveu-lhe o charuto e tirou o relógio prateado do bolso do colete. Estava quente, era liso e ela não sabia porque gostava tanto dele, mas gostava. Talvez porque havia sido uma escolha. Roubá-lo fora uma escolha. Mantê-lo, também. Talvez a escolha tivesse, de início, sido aleatória, mas havia algo mais. Talvez tenha ficado com ele por algum motivo. E talvez o motivo fosse exatamente aquele. Mostrou o relógio a Barron.

– Isto paga-me algumas noites?

O dono do Stone's Throw analisou o relógio na mão de Lila, antes de a fechar num punho.

– Fica com ele – disse, despreocupadamente. – Sei que não me deixas mal com dinheiro.

Lila voltou a guardar o objeto no bolso, grata pelo seu peso enquanto se apercebia de que voltara à estaca zero. Bom, talvez não tivesse perdido tudo. Tinha a cartola, o mapa para nenhures (ou para qualquer lado), umas quantas facas, um revólver, algumas moedas e um relógio de prata.

Barron abriu a porta, mas, no momento em que ela fez menção de entrar, barrou-lhe o caminho.

– Ninguém aqui é um alvo. Percebes?

Lila anuiu.

– Não vou ficar muito tempo – disse ela. – Só até as coisas acalmarem.

O som de vidro a partir-se chegou-lhes por detrás da porta. Barron suspirou e entrou na taverna, exclamando por cima do ombro:

– Bem-vinda de volta.

Lila encolheu os ombros e olhou para cima, não para o céu, mas para as janelas daquela pequena taverna lúgubre. Nada tinha de um navio pirata, um lugar de liberdade e aventura.

Só até as coisas acalmarem, ecoou de si para consigo.

Talvez até nem fosse assim tão mau. Afinal, não regressara ao Stone's Throw com o rabo entre as pernas. Estava a esconder-se. Era um homem procurado. Sorriu ante a ironia daquele termo.

Um pedaço de papel agitou-se num poste ao lado da porta. Era o aviso que o polícia lhe mostrara. Sorriu para a figura de chapéu de aba larga e máscara que a olhava por baixo da palavra PROCURADO. O Ladrão das Sombras, eis como a apodavam. Tinham-na desenhado ainda mais alta e esguia do que realmente era, qual espetro, negro e assustador. Saído de um conto de fadas. E de lendas.

Lila piscou o olhou à sombra antes de entrar.

QUATRO

UM TRONO BRANCO

I

– Talvez devesse ser um baile de máscaras.
– Concentra-te.
–Algo com brilho.
– Vá lá, Rhy. Presta atenção.

O príncipe estava sentado numa cadeira de costas altas, as botas com fivela de ouro em cima da mesa, um globo de vidro nas mãos. O orbe fazia parte de uma versão maior e mais complexa do jogo que Kell trocara no Stone's Throw. Em vez de pedras, poças ou montículos de areia dentro de um pequeno tabuleiro, havia cinco esferas de vidro, cada uma contendo um elemento. Quatro delas ainda se encontravam no baú de madeira escura em cima da mesa, o interior forrado a seda e as extremidades revestidas a ouro. Aquela que Rhy segurava continha um punhado de terra, que balançava de um lado para o outro com o movimento dos seus dedos.

– Trajes em camadas, que possam ser tiradas... – continuou.

Kell suspirou.

– Podemos começar a noite completamente vestidos e terminá-la...

– Nem estás a tentar.

Rhy resmungou. As botas bateram no chão com um baque, e ele endireitou-se, segurando o globo de vidro entre eles.

– Ora bem – disse –, observa os meus magníficos poderes mágicos.

Rhy semicerrou os olhos, contemplando a terra contida no globo. Na tentativa de se concentrar, dirigiu-se-lhe entredentes num inglês murmurado. Porém, a terra não se moveu. Kell reparou que uma ruga se vincava entre os olhos de Rhy enquanto este se concentrava, murmurava, esperava e ficava cada vez mais irritado. Por fim, a terra lá se mexeu – embora muito pouco.

– Consegui! – exclamou Rhy.

– Abanaste isso – disse Kell.

– Não faria tal coisa!

– Tenta outra vez.

Rhy gemeu com desânimo e afundou-se na cadeira.

– Sanct, Kell. Que terei eu de errado?

– Não há nada de errado contigo – insistiu o *Antari*.

– Falo onze línguas – disse Rhy. – Algumas de países que nunca vi nem visitarei e não consigo convencer um pedaço de terra a mexer-se ou uma gota de água a erguer-se de uma poça. – Exaltou-se. – É de loucos! – rosnou. – Porque será a língua da magia tão difícil para mim de dominar?

– Porque não podes vencer os elementos com o teu charme, sorriso ou estatuto – disse Kell.

– Eles desrespeitam-me – replicou Rhy com um sorriso amarelo.

– A terra por baixo dos teus pés não quer saber se um dia serás rei. Nem a água que tens no copo. Ou o ar que respiras. Tens de lhes falar como seu igual ou, melhor ainda, como suplicante.

Rhy suspirou e esfregou os olhos.

– Eu sei. Eu sei. Só gostava que... – deixou a frase morrer.

Kell franziu o sobrolho. Rhy parecia genuinamente perturbado.

– Gostavas de quê?

O olhar de Rhy pousou no de Kell, o dourado pálido brilhando mesmo quando um muro se erguia entre eles.

– O que não dava por uma bebida – disse, enterrando o assunto. Levantou-se da cadeira e atravessou o quarto para se servir de uma num aparador encostado à parede. – Eu estou mesmo a tentar, Kell. Quero ser bom ou, pelo menos, melhor. Mas nem todos podemos... – Rhy bebeu um gole e agitou a mão na direção de Kell, que presumiu que ele procurasse o termo *Antari*, mas ele optou por proferir: «*Tu.*»

– Que posso dizer? – retorquiu Kell, passando a mão pelos cabelos. – Sou único.

– Há dois como tu – corrigiu Rhy.

Kell franziu o sobrolho.

– Já há algum tempo que ando para te perguntar o que fazia o Holland aqui?

Rhy encolheu os ombros e regressou ao baú dos elementos.

– O habitual. Entregar mensagens.

Kell observou o príncipe. Algo não batia certo. Sempre que mentia, Rhy ficava visivelmente impaciente, e Kell viu-o deslocar o peso do corpo de um pé para o outro e tamborilar os dedos na tampa do baú. Porém, em vez de o pressionar, deixou o assunto cair. Levando a mão ao baú, retirou outro globo de vidro: o que se encontrava cheio de água. Equilibrou-o na palma da mão, os dedos esticados.

– Estás demasiado tenso.

Kell pediu à água no globo que se movesse, e ela fê-lo, começando por girar frouxamente no orbe e, depois, mais depressa, num pequeno ciclone.

– Isso é porque *é* difícil – ripostou Rhy. – Lá porque *tu* o fazes parecer fácil não quer dizer que seja.

Kell não diria a Rhy que nem precisava de falar para que a água se movesse. Que podia tão-só pensar nas palavras, senti-las, que o elemento ouvia e respondia. O que quer que fluísse pela água – pela areia, pela terra e tudo o resto – fluía por ele, também, pelo que conseguia comandá-lo, tal como a um membro, e fazê-lo mover. A única exceção era o sangue. Embora fluísse tão prontamente quanto os restantes, não obedecia às leis dos elementos: não podia ser manipulado, forçado a mover-se ou a permanecer estático. O sangue tinha vontade própria e havia que lidar com ele não como se de um objeto se tratasse, mas enquanto igual, enquanto adversário. Eis o que distinguia os *Antari*. Só eles dominavam não só os elementos, mas também o sangue. Ao passo que a invocação dos elementos fora concebida apenas para ajudar a mente a focar-se, a encontrar sincronia com a magia – era meditativa, um cântico e uma invocação –, as ordens de sangue dos *Antari* eram, como o próprio termo sugeria, *ordens*. As palavras que Kell proferia para abrir portas e curar feridas com o seu sangue eram *ordens*. E tinham de ser proferidas para que fossem obedecidas.

– Como é? – perguntou Rhy do nada.

Kell desviou a atenção do globo, mas manteve a água a girar lá dentro.

– Como é o quê?

– Ser capaz de viajar. Ver outras Londres. Como são *elas*?

Kell hesitou. Uma mesa de divinação encontrava-se encostada a uma das paredes. Ao contrário dos painéis lisos e negros de ardósia que transmitiam mensagens pela cidade, servia um propósito diferente. Ao invés de pedra, tinha uma bacia de água pouco funda, encantada para projetar na sua superfície ideias, memórias, imagens. Era utilizada para refletir, sim, mas também para partilhar os pensamentos com outrem, para os ajudar quando as palavras não resultavam ou se afiguravam insuficientes.

Recorrendo à mesa, Kell poderia mostrar-lhe. Deixar que Rhy visse as outras Londres tal qual ele as via. Uma parte egoísta de si queria partilhá-las com o irmão, para não se sentir tão sozinho, para que mais alguém as visse, para que mais alguém soubesse. Porém, o problema das pessoas, descobrira Kell, era que elas não queriam *efetivamente* saber. Acreditavam que sim, mas o conhecimento só as deixava infelizes. Para quê encher a mente de coisas que nunca se poderá usar? Para quê mergulhar em lugares aos quais não se poderá ir? Que bem faria aquilo a Rhy, que, embora tivesse todos os privilégios que o seu estatuto real lhe concedia, nunca poderia visitar outra Londres?

– Aborrecidas – disse Kell, guardando o globo no baú. Mal os seus dedos abandonaram a superfície, o ciclone desfez-se, a água marulhando até ficar inerte. Antes que Rhy lhe perguntasse mais alguma coisa, Kell apontou para o globo na mão do príncipe e pediu-lhe que tentasse novamente.

Rhy tentou uma vez mais mover a terra e uma vez mais falhou. Fez um som de frustração e atirou o globo por cima da mesa.

– Sou uma nulidade nisto, ambos o sabemos.

Kell apanhou-o no preciso momento em que este caía para o chão.

– A prática... – começou.

– O raio da prática não vai surtir qualquer efeito.

– O teu problema, Rhy – admoestou Kell –, é que não queres aprender magia pelo prazer de aprender magia. Só queres aprendê-la porque achas que te vai ajudar a atrair mais pessoas para a cama.

Os lábios de Rhy contorceram-se.

– Não percebo qual o *problema* nisso – disse ele. – E ajudaria. Eu vejo a forma como raparigas, e até rapazes, se derretem a olhar para o teu belo olho negro, Kell. – Levantou-se. – Esqueçamos a lição. Não estou com vontade de aprender. Vamos sair.

– Porquê? – perguntou Kell. – Para poderes usar a *minha* magia para atrair companhia para a tua cama?

– Que excelente ideia – exclamou Rhy. – Mas, não. Temos de ir, sabes, porque estamos numa missão.

– Como? – perguntou Kell.

– Sim. Porque, a menos que queiras casar comigo, e não me interpretes mal, acho que faríamos um par elegantíssimo, tenho de encontrar quem o faça.

– E achas que vais encontrar enquanto passeias pela cidade?

– Pelos reis, não – retorquiu Rhy com um sorriso enigmático. – Mas quem sabe quanto me divertirei enquanto falho nessa tentativa.

Kell revirou os olhos e guardou os globos.

– Continuando... – disse.

– Vamos lá acabar com isto – lamuriou-se Rhy.

– Assim faremos – disse Kell –, mal consigas conter uma chama.

De todos os elementos, o fogo era o único para o qual Rhy mostrava algum... bom, *talento* era uma palavra demasiado forte, talvez *propensão*. Kell retirou tudo de cima da mesa e pousou diante do príncipe um prato fundo de metal, juntamente com um pedaço de giz branco, um frasco com petróleo e um estranho dispositivo: duas peças de madeira escurecida cruzadas e unidas por uma dobradiça no meio. Rhy suspirou e, em volta do prato, desenhou com giz um círculo de ligação na mesa. De seguida, deitou no prato o conteúdo do frasco, que se uniu numa gota do tamanho de uma moeda de dez lin. Por fim, pegou no dispositivo. Era um ateador, que lhe cabia facilmente na mão. Quando Rhy a fechou e o apertou, as pegas de madeira rasparam uma na outra e uma centelha saiu da dobradiça, caindo no petróleo, que ganhou vida.

Uma pequena chama azul dançou no meio do prato. Rhy estalou os dedos, girou o pescoço e arregaçou as mangas.

– Antes que se apague – insistiu Kell.

O príncipe deitou-lhe um olhar e colocou uma mão de cada lado do círculo com as palmas para dentro, começando a falar não em inglês, mas em arnesiano. Era um idioma mais fluído, mais persuasor, que se prestava mais à magia. As palavras escorriam como um sussurro, uma linha de som suave e inquebrável que parecia ganhar forma no quarto em volta deles.

Para espanto de ambos, funcionou. A chama no prato tornou-se branca e cresceu, envolvendo o que restava do petróleo e continuando a arder. Alastrou, cobrindo a superfície do prato e estendendo-se no ar diante do rosto de Rhy.

– Olha! – exclamou ele, apontando para a luz. – Olha, consegui!

E tinha mesmo conseguido. Embora tivesse parado de instigar a chama, ela continuava a crescer.

– Não te desconcentres – aconselhou Kell no momento em que o fogo se espalhava, lambendo as orlas do círculo de giz.

– Então? – desafiou Rhy enquanto o fogo se contorcia e pressionava o círculo. – Nem um elogio? – O olhar do príncipe desviou-se das chamas e pousou em Kell, os dedos tocando ligeiramente na mesa. – Nem sequer um...

– Rhy – avisou Kell, mas era tarde de mais. A mão de Rhy tocara no círculo, esborratando a linha de giz. O fogo libertara-se.

Alastrou-se pela mesa, repentino e escaldante, e Rhy por pouco não caiu para trás, tentando fugir das chamas.

Num único movimento, Kell libertou a faca, passou a lâmina pela palma da mão e pressionou-a no tampo da mesa.

– *As Anasae* – ordenou. – *Dissipar.*

O fogo encantado morreu nesse preciso momento, desaparecendo no ar. A cabeça de Kell girava. Rhy estava ofegante.

– Desculpa – disse, sentindo-se culpado. – Desculpa, não devia...

Rhy detestava quando Kell era forçado a usar magia de sangue, pois sentia-se pessoalmente responsável (e era-o, muitas vezes) pelo sacrifício que dela advinha. Certa vez, causara a Kell bastante dor e nunca se perdoara realmente por isso. O *Antari* pegou num pano e limpou a mão ferida.

– Não faz mal – retorquiu, atirando o pano para um canto. – Estou bem. Mas acho que por hoje chega.

Rhy anuiu, trémulo.

– Calhava bem outra bebida – propôs. – Algo forte.

– Concordo – disse Kell com um sorriso cansado.

– Olha, já não vamos ao Aven Stras há que tempos – comentou Rhy.

– Não podemos ir lá – replicou Kell. Deveria ter dito: *não posso deixar-te ir lá.* Apesar do nome, o Aven Stras (As Águas Abençoadas) transformara-se num antro das coisas mais desagradáveis da cidade.

– Vá lá – insistiu Rhy, já recuperado do susto e brincalhão. – Pedimos ao Parrish e ao Gen para irem buscar uns uniformes e vamos todos vestidos de...

Naquele preciso instante, ouviu-se um aclarar de voz, e os dois viraram-se para encontrar o rei Maxim diante da porta.

– Senhor – disseram em uníssono.

– Rapazes – respondeu ele. – Como vão os estudos?

Rhy deitou a Kell um olhar ponderado, e este levantou uma sobrancelha, embora se tenha limitado a responder:

– Começados e terminados. Acabámos agora mesmo.

– Muito bem – disse o rei, pegando numa carta.

Só no momento em que viu o sobrescrito e se apercebeu de que não iria tomar a prometida bebida com Rhy, Kell teve noção do quanto a queria beber. Sentiu-se infelicíssimo, mas não deixou que transparecesse.

– Preciso que entregues uma mensagem ao nosso vizinho mais forte – explicou o rei.

Kell sentiu o peito apertar-se com o familiar misto de medo e entusiasmo, indissociável à Londres Branca.

– É claro, senhor – disse.

– O Holland entregou uma carta ontem – explicou o rei. – Mas não pôde ficar para levar a resposta. Disse-lhe que a enviaria através de ti.

Kell franziu o sobrolho.

– Está tudo bem, espero – disse, cuidadosamente.

Raramente tinha conhecimento do conteúdo das mensagens reais que transportava, mas costumava conseguir perceber o tom. A correspondência com a Londres Cinzenta cingia-se a meras formalidades, sendo que as cidades pouco tinham em comum, ao passo que o diálogo com a Branca era constante e complicado, deixando o rei sempre de sobrolho franzido. O seu «vizinho mais forte» (como apodava a outra cidade) era um lugar devastado pela violência e pelo poder, alterando-se o nome na assinatura das cartas reais com uma frequência perturbante. Teria sido muito fácil descontinuar o diálogo e deixar a Londres Branca entregue à sua decadência, mas a coroa Vermelha não o podia fazer. Não o queria fazer.

Sentiam-se responsáveis pela cidade moribunda.

E eram.

Afinal de contas, fora decisão da Londres *Vermelha* isolar-se, deixando a Londres Branca – que se encontrava entre a Vermelha e a Negra – encurralada e forçada a lutar contra a praga negra sozinha, a fechar-se hermeticamente, deixando a magia corrupta de fora. Tratava-se de uma decisão que atormentara reis e rainhas ao longo de séculos. No entanto, naquela altura, a Londres Branca era forte – mais forte ainda do que a Vermelha –, e a coroa Vermelha acreditava (ou *dizia* acreditar) que era a única forma de todos sobreviverem. Estavam certos e errados. A Londres Cinzenta retrocedeu até um esquecimento silencioso. A Vermelha não só sobrevivera, como prosperara. Porém, a Branca ficara alterada para sempre. A cidade, outrora gloriosa, caíra no caos e na derrota. Sangue e cinzas.

– Tudo se encontra o melhor possível – disse o rei enquanto passava a missiva a Kell e voltava costas, dirigindo-se para a porta. Kell fez menção de o seguir quando Rhy lhe agarrou no braço.

– Promete-me – sussurrou o príncipe baixinho. – Promete-me que regressas sem trazer nada, desta vez.

Kell hesitou.

– Prometo – disse, pensando na quantidade de vezes que proferira tal palavra e no quão oca se tornara.

Contudo, ao puxar da moeda de prata desbotada que guardava por baixo da gola, desejou que, daquela vez, fosse verdade.

II

Kell transpôs a porta entre mundos e estremeceu. A Londres Vermelha desaparecera, levando consigo o calor. As botas pisaram pedra fria, o fôlego desabrochou no ar diante dos seus lábios e o *Antari* ajeitou o casaco (preto com os botões prateados) nos ombros.

Priste ir Essen. Essen ir Priste.
Poder em Equilíbrio. Equilíbrio no Poder.
Lema, mantra e reza, as palavras repousavam sob o emblema real na Londres Vermelha e podiam ser encontradas tanto em lojas quanto em casas.

No mundo de Kell, as pessoas acreditavam que a magia não era nem um recurso ilimitado nem vil. Deveria ser usado, mas não abusado, empunhado com reverência e cuidado.

A Londres Branca tinha uma ideia bastante diferente.

Ali, a magia não era encarada como igual, antes, isso sim, como algo a ser *conquistado. Escravizado. Controlado.* A Londres Negra deixara a magia entrar, controlar e consumir. Após a queda da cidade, a Londres Branca adotara a abordagem oposta, procurando restringir o poder a qualquer custo. *Poder em Equilíbrio* metamorfoseou-se em *Poder Dominado.*

Ora, quando os indivíduos lutaram para controlar a magia, a magia resistiu a esse controle. Encolheu-se, mergulhou na terra, para longe de qualquer alcance. As pessoas arranhavam a superfície do mundo, desenterrando a pouca magia que ainda conseguiam agarrar, mas ela já era ténue e ia ficando cada vez mais fraca, tal como os que lutavam por ela. Parecia determinada a matar os seus captores à fome. Lentamente e de forma certeira, estava a consegui-lo.

Esta luta tivera um efeito secundário, motivo pelo qual Kell a nomeara Londres *Branca*: cada centímetro da cidade, dia ou noite, inverno ou verão, estava coberto pelo mesmo manto, um casaco de neve (ou cinza) que pousara em cima de tudo. E de todos. Ali, a magia era amarga, maldosa e drenava a vida do mundo, o seu calor e cor, qual sanguessuga que consome tudo e deixa apenas o cadáver, pálido e inchado, para trás.

Kell voltou a colocar a moeda da Londres Branca – um pesado aro feito de ferro – ao pescoço, guardando-a por baixo da gola. O negro nítido do casaco destacava-o contra o pano de fundo desbotado das ruas. Mergulhou a mão ensanguentada no bolso antes que alguém ficasse com ideias ao vislumbrar aquele vermelho-vivo. A superfície perlada do rio semicongelado – que ali não se chamava nem Tamisa, nem Isle, mas sim Sijlt – estendia-se atrás dele; do outro lado, a zona norte da cidade alongava-se até ao horizonte. Diante de si, aguardava a zona sul e, vários quarteirões adiante, o castelo fendia o ar com pináculos que pareciam facas, a sua imensidão de pedra apequenando os edifícios de ambos os lados.

Kell não perdeu tempo e dirigiu-se diretamente para lá.

Esguio como era, tinha o hábito de se curvar, mas, ao percorrer as ruas da Londres Branca, punha-se bem hirto e mantinha o queixo erguido e os ombros para trás enquanto as botas ecoavam nas pedras da calçada. A postura não era a única coisa que mudava. Na sua cidade, Kell disfarçava o poder. Ali, tinha juízo. Deixou que a sua magia enchesse o ar, o qual, esfomeado, a devorou, aquecendo de encontro à sua pele e dissipando-se em fiapos de nevoeiro.

Tratava-se de uma situação perigosa, aquela. Tinha de mostrar a sua força enquanto a segurava firmemente. Pouca, e seria visto como presa. Demasiada, e seria encarado como prémio.

Na *teoria*, as pessoas conheciam Kell ou já haviam ouvido falar dele, estando a par de que se encontrava sob a proteção da coroa branca. E, na *teoria*, ninguém seria louco o suficiente para desafiar os gémeos Dane.

Porém, o desespero – por energia, por vida – mexia com as pessoas. Levava-*as* a fazer coisas.

Portanto, Kell manteve a guarda levantada e, enquanto caminhava, assistiu ao pôr do Sol, sabendo que a Londres Branca era mais dócil à luz do dia. A cidade mudava de noite. A quietude – um silêncio antinatural, pesado, sufocante – era quebrada e dava lugar ao barulho, a gargalhadas, a sons apaixonados – alguns acreditavam ser a forma de se convocar poder –, mas, acima de tudo, a lutas e mortes. Uma cidade de extremos. Empolgante, talvez, mas mortífera. Há muito que as ruas estariam cobertas de sangue negro se os assassinos não o bebessem todo.

Enquanto o sol não se punha, a ralé e as almas perdidas ficavam-se pelas entradas, pelas janelas, vadiavam pelos espaços entre edifícios. Todos elas viram Kell passar, os olhares lúgubres e os corpos ossudos. As roupas tinham o mesmo tom desbotado do resto da cidade, tal como os cabelos, os olhos e a pele, coberta de marcas, queimaduras e cicatrizes, mutilações feitas para prender aos corpos a pouca magia que conseguiam convocar. Quanto mais fracos estavam, mais cicatrizes faziam em si próprios, desbaratando a carne numa tentativa frenética de preservar o pouco poder que tinham.

Na Londres Vermelha, tais marcas seriam vistas como ignóbeis, corrompendo tanto o corpo quanto a magia que nele prendiam. Ali, só os fortes se podiam dar ao luxo de as desdenhar e, ainda assim, não as consideravam uma profanação – apenas um ato de desespero. Contudo, mesmo os que não necessitavam de semelhantes tatuagens dependiam de amuletos ou talismãs (só Holland andava sem quaisquer joias, excetuando a pregadeira que o marcava como servo do trono). Ali, a magia não surgia de boa vontade. A língua dos elementos fora abandonada quando estes deixaram de ouvir as pessoas (o único que podia ser convocado era um tipo de energia pervertida, um bastardo do fogo e de algo mais obscuro, corrompido). A pouca magia que *conseguiam* obter era roubada, forçada a tomar forma por amuletos, feitiços e compulsões. Nunca era o suficiente, nunca satisfazia.

Mas as pessoas não abandonavam aquele lugar.

O poder do Sijlt – mesmo naquele estado semicongelado – prendia-as à cidade, sendo a magia do rio o único vislumbre de calor que restava.

Por isso, ali ficavam e a vida seguia o seu curso. Quem (ainda) não tivesse sido vítima da fome corrosiva por magia vivia os seus dias, fazendo os possíveis por se esquecer da morte lenta a que estava votado o seu mundo. Muitos agarravam-se à crença de que a magia regressaria. De que um soberano forte o suficiente seria capaz de obrigar o poder a regressar às veias do mundo e reanimá-lo.

Portanto, esperavam.

Kell questionou-se se as pessoas da Londres Branca acreditavam mesmo que Astrid e Athos Dane eram fortes o suficiente ou se estariam tão-só à espera de que o próximo mago surgisse e os derrubasse. O que, mais tarde ou mais cedo, aconteceria. Acontecia sempre.

A quietude tornou-se mais pesada à medida que se ia aproximando do castelo. A Londres Cinzenta e a Vermelha tinham palácios para os seus soberanos.

A Londres Branca tinha uma *fortaleza*.

Um muro alto circundava o castelo e, entre ele e a cidadela abobadada, havia um amplo pátio de pedra, que, qual fosso, rodeava a estrutura ameaçadora e se encontrava repleto de figuras de mármore. A infame Krös Mejkt, a «Floresta de Pedra», era constituída não por árvores, mas estátuas, todas elas de pessoas. Dizia-se que as figuras nem sempre haviam sido de pedra, que a floresta era, na verdade, um cemitério, mantido pelos Dane para comemorar as suas matanças e, assim, lembrar todos os que por ali passavam do que acontecia aos traidores na Londres dos gémeos.

Transpondo a entrada e atravessando o pátio, Kell aproximou-se dos enormes degraus de pedra. Dez guardas flanqueavam a escadaria da fortaleza, tão imóveis como as estátuas da floresta. Mais não eram do que fantoches, despojados pelo rei Athos de tudo menos do ar nos pulmões, do sangue nas veias e das suas ordens nos ouvidos. Vê-los deixava Kell arrepiado. Na Londres Vermelha, era proibida a magia que controlasse, possuísse ou restringisse o corpo e a mente de outrem. Ali, constituía mais um sinal da força de Athos e Astrid, do seu poder e, consequentemente, do seu *direito* de governar.

Os guardas permaneciam estáticos; só os seus olhos vazios o seguiam enquanto se aproximava e transpunha as enormes portas. Para lá delas, mais guardas se alinhavam ao longo das paredes de uma antecâmara em arco, todos eles imóveis como pedra exceto no olhar. Kell atravessou-a e entrou num segundo corredor. Estava vazio. Só no momento em que as portas se fecharam atrás de si, se permitiu exalar e baixar a guarda por um segundo.

– Se fosse a ti, ainda não faria isso – alertou uma voz vinda das sombras.

No instante seguinte, uma forma destacou-se. Archotes cobriam as paredes, ardendo, mas nunca se extinguindo. Na luz trémula, Kell viu o homem.

Holland.

A pele do *Antari* quase não tinha cor e o cabelo negro-carvão caía-lhe pela testa, terminando mesmo em cima dos olhos, um de um verde-cinza e o outro de um negro lustroso. Quando esse encontrou o de Kell, foi como se duas pedras chispassem uma na outra.

– Trouxe uma carta – explicou Kell.

– Trouxeste? – retorquiu Holland, secamente. – Pensei que tivesses vindo para um chazinho.

– Bom, já que cá estou, não me parece má ideia.

A boca de Holland contorceu-se num esgar que não era um sorriso.

– Athos ou Astrid? – perguntou, como se se tratasse de uma adivinha. Mas as adivinhas tinham respostas certas e, no que tocava aos gémeos Dane, não havia tal coisa. Kell nunca conseguia decidir qual preferia enfrentar. Não confiava nos irmãos, não juntos e certamente não separados.

– Astrid – retorquiu, pensando se escolhera bem.

Holland não se pronunciou. Limitou-se a anuir e a escoltá-lo

O castelo fora construído à semelhança de uma igreja (se calhar, outrora fora uma), um esqueleto vasto e oco. O vento assobiava pelos corredores, e os passos deles ecoavam na pedra. Bom, pelo menos *os de Kell*. Holland movia-se com a assustadora graça de um predador. Uma meia capa branca, dobrada sobre um dos ombros, ondeando atrás de si enquanto andava, encontrava-se presa por um gancho, um colchete prateado e circular, gravado com marcas, que, à distância, pareciam meramente decorativas.

Porém, Kell conhecia a história de Holland e do colchete prateado.

Não a ouvira dos lábios do *Antari*, claro, mas comprara a verdade a um homem no Scorched Bone, que, anos antes, trocara a história completa por um lin da Londres Vermelha. Não conseguia compreender o motivo pelo qual Holland – possivelmente a pessoa mais poderosa na cidade e quiçá no mundo – servia dois assassinos pretensiosos como Astrid e Athos. O próprio Kell havia estado na cidade umas quantas vezes antes de o anterior rei ser deposto e vira Holland ao lado do soberano, mas enquanto aliado, não servo. Nessa altura, era um homem diferente, mais jovem e arrogante, é certo, mas havia uma luz no seu olhar. Um *fogo*. Ora, eis que, de repente, entre uma visita e outra, o fogo desaparecera, e o mesmo acontecera com o rei, substituído pelos Dane. Holland ali permanecia, ao lado deles, como se nada houvesse mudado. Mas *ele* mudara, tornara-se frio e sombrio. Kell quisera saber o que tinha acontecido, o que *realmente* tinha acontecido.

Por isso, procurara por uma resposta. E encontrara-a, como lhe acontecia com a maior parte das coisas – e a maior parte das coisas o encontrava a ele – numa taverna que nunca se movia.

Ali chamava-lhe Scorched Bone.

O narrador agarrara na moeda como se procurasse calor e debruçara-se enquanto contava a história em maktahn, o idioma nativo e gutural daquela terrível cidade.

– *Ön vejr tök...* – começara, baixinho. – Assim começa a história...

– O nosso trono não é herdado por linhagem. Não é mantido pelo sangue, mas é tomado por ele. Alguém abre caminho até ao trono e agarra-se o mais que pode, talvez um ano, talvez dois, até cair, e outra pessoa subir ao poder. Os reis vêm e vão. É um vaivém constante. E, por norma, o assunto é relativamente simples. O assassino toma o lugar do assassinado. Há sete anos, quando o último rei foi morto, vários tentaram reclamar a coroa, mas só restaram três: a Astrid, o Athos e o Holland.

Os olhos de Kell haviam-se esbugalhado de espanto. Embora soubesse que Holland servira a coroa anterior, não tinha conhecimento das suas aspirações à realeza.

Mas fazia sentido. Holland era *Antari* num mundo em que o poder era tudo. Deveria ter sido o vencedor. Ainda assim, os gémeos Dane provaram-se quase tão poderosos como eram implacáveis e sagazes. E, juntos, derrotaram-no. Todavia, não o mataram. Em vez disso, *sujeitaram-no*.

De início, Kell pensara ter percebido mal – o seu maktahn não era tão impecável quanto o arnesiano –, pelo que pedira ao homem que repetisse. *Vöxt*. Sujeitar.

– É aquele colchete – explicara o indivíduo no Scorched Bone, levando uma mão ao peito. – O círculo prateado.

Era um feitiço de compulsão, explicara. E bastante negro. Criado pelo próprio Athos. O rei tinha um dom invulgar para controlar os outros, mas aquele vínculo não fazia de Holland um escravo irracional, como os guardas que pontilhavam os corredores do castelo. Não o fazia pensar, sentir ou desejar. Apenas o obrigava a *agir*.

– O rei pálido é esperto – acrescentara o homem, brincando com a moeda. – *Terrível*, mas esperto.

Holland parou abruptamente; Kell obrigou a mente e o olhar a regressarem ao corredor do castelo e à porta diante da qual agora se encontravam. Observou o *Antari* Branco levar uma mão à madeira, onde um círculo de símbolos havia sido queimado. Com destreza, passou-lhes os dedos em cima, tocando em quatro de seguida. Uma fechadura abriu, por dentro, e Holland deu passagem a Kell.

A sala do trono era tão ampla e oca quanto o restante castelo, mas circular e toda de uma brilhante pedra branca, das paredes e vigas abobadas do teto ao chão cintilante, passando pelos tronos dos gémeos numa plataforma elevada no centro. Kell estremeceu, apesar de a sala não estar fria. Apenas se *assemelhava* ao gelo.

Sentiu Holland afastar-se, mas não desviou o olhar do trono ou da mulher que nele se encontrava.

Astrid Dane passava ali totalmente despercebida, não fossem as suas veias. Destacavam-se, lembrando fios negros, nas mãos e nas têmporas. O resto do corpo era cal. Muitos tentavam esconder a descoloração, cobrindo a pele ou pintando-a de um tom mais saudável. A rainha da Londres Branca não. O seu longo cabelo incolor encontrava-se penteado para trás numa trança, a pele de porcelana esvaindo-se nas extremidades da túnica. Toda a sua indumentária se assemelhava a uma armadura. A gola era alta e rígida, protegendo-lhe a garganta, e a túnica ia do queixo aos pulsos, terminando na cintura. Era assim, Kell tinha a certeza, mais por proteção do que fruto de um sentido de decoro. Sob um cinto de prata brilhante, trazia vestidas umas calças justas que afunilavam numas botas altas (diziam as más línguas de que um homem certa vez lhe cuspira por se recusar a usar um vestido e que ela lhe cortara os lábios). Os únicos sinais de cor provinham-lhe dos olhos azuis-pálidos e dos talismãs verdes e vermelhos que lhe pendiam do pescoço e dos pulsos e se entrelaçavam no cabelo.

Astrid espojara-se num dos dois tronos, o corpo esguio e alto qual arame retesado sob as roupas. Nervoso, mas nem de longe fraco. Remexia num pendente que tinha ao pescoço, a superfície de vidro fosco, as extremidades vermelhas evocando sangue acabado de derramar. *Estranho*, pensou Kell, *ver algo tão brilhante na Londres Branca.*

– Cheira-me a doce – disse ela. Estivera a contemplar o teto. Agora, descera o olhar e pousara-o em Kell. – Olá, rapaz das flores.

A rainha falou em inglês. Kell sabia que nem ela nem Athos haviam estudado o idioma, dependendo de feitiços para comunicarem naquela língua. Algures sob as roupas justas encontrava-se uma runa de tradução, marcada na pele. Ao contrário das tatuagens desesperadas feitas pelos sedentos de poder, a runa de idiomas constituía a resposta de um soldado ao problema de um político. A Londres Vermelha tratava o inglês como marca da alta sociedade, mas a Londres Branca não via grande uso nele. Holland contara a Kell, certa vez, que aquela era uma terra de guerreiros, não de diplomatas. Valorizavam mais as batalhas do que os bailes e não viam qualquer valor num idioma que o seu próprio povo não conseguia compreender. Ao invés de perderem anos a aprender a língua comum entre reis, aqueles que se apoderavam do trono apoderavam-se também da runa.

– Vossa Majestade – cumprimentou Kell.

A rainha endireitou-se. A indolência dos seus movimentos era falsa. Astrid Dane era uma serpente, lenta apenas quando estava prestes a atacar.

– Aproxima-te – ordenou ela. – Deixa-me ver quanto cresceste.

– Já sou crescido há algum tempo – disse Kell.

Astrid passou uma unha pelo braço do trono.

– Todavia, não desvaneces.

– Ainda não – retorquiu ele, com um sorriso cauteloso.

– Vem até mim – pediu ela, outra vez, esticando a mão. – Ou irei eu até ti.

Kell não estava certo se aquilo seria uma promessa ou uma ameaça, mas, fosse o que fosse, não tinha escolha; por isso, deu um passo e entrou no ninho da serpente.

III

O chicote fendeu o ar, a ponta bifurcada abrindo a pele das costas do rapaz. Ele não gritou, embora Athos desejasse que o fizesse, mas um gemido de dor passou-lhe pelos dentes cerrados.

O rapaz estava preso contra uma estrutura de metal quadrada, qual mariposa, os braços estendidos, os pulsos atados a cada uma das duas barras verticais que formavam as laterais do quadrado. A cabeça pendia--lhe para a frente, sangue e suor escorrendo-lhe pela cara e pingando do queixo.

O rapaz tinha dezasseis anos e não fizera uma vénia.

Athos e Astrid tinham-se passeado pelas ruas da Londres Branca nas suas montadas pálidas, rodeados por soldados de olhares vazios, saboreando o medo nos olhos dos súbditos e, fruto desse medo, a sua obediência. Joelhos batiam na pedra. Os olhares encontravam o chão.

No entanto, um rapaz, que Athos mais tarde descobriu chamar-se Beloc, a palavra cuspida por entre lábios ensanguentados, manteve-se de pé, a cabeça ligeiramente inclinada. Os olhos da multidão pousaram nele e um estremecimento visceral atravessou-os: choque, sim, mas, oculto sob ele, um deslumbramento que roçava a aprovação. Athos parara o cavalo e contemplara o rapaz, estudando aquele momento de desafio jovem e teimoso.

Também ele fora jovem, em tempos. Fizera coisas insensatas e obstinadas. Aprendera muitas lições aquando da disputa pela coroa Branca e muitas mais desde que a tomara para si, sabendo, então mais do que nunca, que o desafio era como uma erva daninha: tinha de ser arrancada pela raiz.

No seu corcel, a irmã assistia, divertida, enquanto Athos atirava uma moeda à mãe do rapaz, postada a seu lado.

– *Öt vosa rijke* – disse. – Pela tua perda.

Nessa noite, os soldados de olhar vazio chegaram, derrubaram a porta da pequena casa de Beloc e arrastaram o rapaz, que gritava e esperneava, até à rua. A mãe fora impedida de se mover por um feitiço desenhado nas paredes de pedra, incapaz de mais do que chorar.

Os soldados arrastaram o jovem até ao palácio e atiraram-no, ensanguentado e agredido, para o cintilante chão branco diante do trono de Athos.

– Olhem para isto – admoestou o rei. – Magoaram-no. – Levantou-se e baixou o olhar para o rapaz. – Isso é o meu trabalho.

Agora, o chicote fendia novamente o ar e a carne; desta vez, por fim, Beloc gritou. Caía em cascata da mão de Athos qual prata líquida, enrolando-se no chão junto da sua bota.

– Sabes o que vejo em ti? – Athos enrolou a corda prateada e enfiou-a num coldre que tinha à cintura. – Um fogo.

Beloc cuspiu sangue para o chão. Os lábios de Athos retorceram-se. Atravessou a sala, agarrou na cara do rapaz pelo queixo e atirou-lhe a cabeça contra a parte de madeira da estrutura. Beloc gemeu de dor, o som abafado pela mão de Athos na sua boca. O rei levou os lábios até ao ouvido do rapaz.

– Arde dentro de ti – sussurrou. – E eu mal posso esperar por arrancá-lo.

– *Nö kijn avost* – rosnou Beloc quando o rei baixou a mão. – *Não tenho medo da morte.*

– Acredito – retorquiu Athos suavemente. – Acontece que não te vou matar. Embora tenha a certeza de que vais desejar que o tivesse feito – acrescentou, virando-lhe costas.

Uma mesa de pedra encontrava-se por perto. Nela, repousava uma taça de metal cheia de tinta e, ao lado, uma lâmina muito afiada. Athos pegou em ambas as coisas e aproximou-as do corpo preso de Beloc.

Os olhos do rapaz esbugalharam-se mal se apercebeu do que estava prestes a acontecer. Tentou lutar contra as amarras, mas elas não deram de si.

Athos sorriu.

– Vejo que já ouviste falar das marcas que faço.

Toda a cidade tinha conhecimento da propensão (e destreza) de Athos para feitiços de compulsão. Marcas que retiravam toda a liberdade, identidade e alma a uma pessoa. Athos levou o seu tempo a preparar a faca, deixando que o medo do rapaz enchesse a sala enquanto girava o metal na taça. Toda a lâmina apresentava estrias, e a tinta ia enchendo as ranhuras como se de uma caneta se tratasse. No momento em que ficou pronta, o rei retirou a faca manchada, num gesto sedutoramente lento e cruel. Sorriu e levou a ponta da lâmina ao peito agitado do rapaz.

– Vou deixar que fiques com os teus pensamentos – declarou Athos. – Sabes porquê? – A ponta da lâmina rasgou carne, e Beloc arfou. – Para poder ver-te o conflito nos olhos sempre que o teu corpo obedecer à minha vontade e não à tua.

Athos pressionou a lâmina, e Beloc engoliu um grito quando a faca abriu caminho pela carne, descendo-lhe pela garganta até ao coração. O rei sussurrou num tom baixo e constante, enquanto desenhava as linhas do feitiço de compulsão. A pele rasgou-se, o sangue borbotou e escorreu pelo trilho da lâmina, mas Athos parecia imperturbável, os olhos semicerrados à medida que guiava a faca.

Quando terminou, deu um passo atrás para apreciar o trabalho.

Beloc estava quase desfalecido, o peito a subir e descer, ofegante. Sangue e tinta escorriam-lhe pela pele.

– Põe-te direito – ordenou Athos, a satisfação inundando-lhe o rosto ao ver Beloc tentar resistir, os músculos estremecendo contra a instrução, antes de cederem e erguerem o corpo ferido. Nos olhos do rapaz ardia ódio, brilhante como tudo, mas o corpo agora pertencia a Athos.

– Que foi? – perguntou o rei.

A pergunta não fora dirigida ao rapaz, mas a Holland, que aparecera à entrada. Os olhos do *Antari* deslizaram pela cena – o sangue, a tinta, o plebeu torturado –, numa expressão entre a surpresa distante e o desinteresse. Como se aquela situação não significasse nada para ele.

O que era uma mentira.

Holland gostava de passar por oco, mas Athos sabia que não passava de um truque. Bem podia fingir dormência, mas não era de todo imune a sensações. À dor.

– *Ös-vo tach?* – perguntou Holland, acenando para Beloc. – *Está ocupado?*

– Não – respondeu Athos, limpando as mãos a um pano preto. – Acho que, por agora, terminámos. – Que aconteceu?

– Ele chegou.

– Compreendo – retorquiu Athos, pousando o pano. A sua capa branca encontrava-se pendurada numa cadeira. Lançou-a sobre os ombros num movimento fluído, fixando o gancho no pescoço. – Onde está ele agora?

– Levei-o até à sua irmã.

– Bom – disse Athos –, esperemos não chegar tarde de mais.

O rei voltou-se para a porta, mas, quando o fez, reparou que o olhar de Holland retornara ao rapaz preso à estrutura de metal.

– Que devo fazer com ele? – perguntou.

– Nada – retorquiu Athos. – Ainda aqui estará quando eu regressar.

Holland aquiesceu, mas, antes que conseguisse girar sobre os calcanhares, Athos levou-lhe uma mão à face. O *Antari* não se afastou, nem sequer estremeceu ante o toque do rei.

– Tens ciúmes? – perguntou ele.

Os olhos bicolores de Holland mantiveram-se nos de Athos, o verde e o preto, ambos firmes e sem piscar.

– Ele sofreu – acrescentou Athos, num sussurro. – Mas não como tu. – Aproximou a boca dele – Ninguém sofre de forma tão bela como tu.

Ei-la, no canto dos lábios de Holland, na ruga perto do olho. Fúria. Dor. Revolta. Athos sorriu, vitorioso.

– É melhor irmos andando – concluiu, deixando a mão cair. – Antes que Astrid devore o nosso convidado de um só trago.

IV

Astrid chamou por ele.

Kell desejou poder colocar a carta em cima da mesa estreita e partir, manter a distância, mas a rainha encontrava-se sentada no trono, a mão estendida, à espera da carta, à espera dele.

Kell retirou a missiva do rei Maxim do bolso e estendeu-lha, mas, quando ela se esticou para a agarrar, a mão passou para lá do papel e fechou-se em volta do seu pulso. Ele afastou-se por instinto, mas ela apertou-o ainda mais. Os anéis nos dedos dela brilharam, o ar crepitou mal murmurou uma palavra, e um raio dançou pelo braço de Kell, seguido quase instantaneamente de dor. A carta caiu-lhe da mão enquanto a magia que lhe corria no sangue avançava, incitando-o a agir, a *reagir*, mas Kell lutou contra essa vontade. Tratava-se de um jogo. O jogo de Astrid. Ela *queria* que ele lutasse, pelo que se esforçou para não o fazer, mesmo quando o poder dela – o mais próximo de um elemento que conseguia convocar, uma coisa aguçada, elétrica e antinatural – forçou uma das suas pernas a dar de si.

– Gosto quando te ajoelhas – declarou ela, suavemente, libertando-lhe o pulso. Kell esticou as mãos, a palma para baixo, contra o frio chão de pedra e inspirou, vacilante. Astrid surripiou a carta do chão e pousou-a na mesa antes de se voltar a afundar no trono.

– Devia tornar-te meu – acrescentou, tamborilando com um dedo, pensativa, contra o pingente que tinha à garganta.

Kell levantou-se lentamente. Uma dor penetrante subiu-lhe pelo braço, na esteira da energia.

– Porquê? – perguntou ele.

A mão dela desceu do talismã.

– Porque não gosto de coisas que não me pertençam. Não confio nelas.

– Confia em *alguma coisa*? – contrapôs ele, massajando o pulso. – Ou *em alguém*, já agora?

A rainha estudou-o, os lábios pálidos elevando-se nas comissuras.

– Todos os corpos no meu chão confiavam em alguém. Agora, passo por cima deles quando vou beber chá.

O olhar de Kell tombou no granito sob os seus pés. Havia rumores, é claro, acerca dos pedaços menos brilhantes que cravejavam a pedra branca.

Naquele preciso instante, a porta abriu-se atrás de si, e Kell voltou-se para ver o rei Athos entrar. Holland seguia-o vários passos atrás. Athos era o reflexo da irmã, tão-só ligeiramente distorcido por uns ombros mais largos e um cabelo mais curto. Porém, tudo o resto, desde a compleição aos músculos retesados e à crueldade desumana que partilhavam, era uma réplica exata.

– Ouvi dizer que tínhamos companhia – exclamou ele, alegremente.

– Vossa Alteza – cumprimentou Kell com um aceno. – Estava mesmo de partida.

– Já? – disse o rei. – Fica, bebe qualquer coisa.

Kell hesitou. Recusar o convite do príncipe regente era uma coisa, fazê-lo com Athos Dane, outra totalmente diferente.

Athos sorriu ante a indecisão.

– Repara na preocupação dele, mana.

Kell só se apercebeu de que ela se levantara do trono quando a sentiu mesmo a seu lado, passando-lhe um dedo pelos botões prateados do casaco. *Antari* ou não, os Dane deixavam-no com a sensação de ser um rato entre serpentes. Esforçou-se por não se retrair ante o toque da rainha pela segunda vez, não fosse provocá-la.

– Quero ficar com ele, mano – disse Astrid.

– Temo que a nossa coroa vizinha não ficasse satisfeita – retorquiu Athos. – Mas ele fica para uma bebida. Não ficas, Mestre Kell?

Kell deu consigo a anuir lentamente. O sorriso de Athos rasgou-se, os dentes brilhantes lembrando pontas de facas.

– Magnífico.

Estalou os dedos, e um criado apareceu, voltando o olhar mortiço para o seu mestre.

– Uma cadeira – ordenou Athos; o criado foi buscá-la e colocou-a mesmo atrás dos joelhos de Kell antes de se retirar, tão silencioso como um fantasma.

– Senta-te – ordenou Athos.

Kell não o fez. Contemplou o rei subir ao estrado e aproximar-se da mesa entre os tronos. Nela, repousava uma garrafa de cristal com um líquido dourado e duas taças vazias. Athos ergueu uma delas, mas não lhe verteu qualquer bebida. Ao invés disso, voltou-se para Holland.

– Aproxima-te.

O outro *Antari* retirara-se para a parede do fundo, desaparecendo nela apesar do negro do seu cabelo e de um dos olhos. Agora, avançava no seu passo lento e silencioso. Quando alcançou Athos, o rei estendeu a taça vazia e declarou:

– Corta-te.

Kell estremeceu. Os dedos de Holland vaguearam por um instante até ao gancho no ombro antes de descerem rumo ao lado exposto da sua meia capa. Arregaçou a manga, revelando o arabesco das suas veias, mas também um desalinho de cicatrizes. Os *Antari* regeneravam-se mais depressa do que grande parte das outras pessoas. Aqueles cortes deveriam ter sido profundos.

Desembainhou a faca e levantou braço e lâmina por cima da taça.

– Vossa Majestade – disse Kell, apressadamente –, não me agrada sangue. Seria um grande incómodo se bebesse algo diferente?

– Não – retorquiu Athos com ligeireza. – De todo.

Kell estava a meio de um vacilante suspiro de alívio quando Athos, franzindo o sobrolho, se voltou para Holland, que começara a baixar o braço.

– Não te disse para te cortares?

Kell encolheu-se enquanto Holland erguia o braço sobre a taça e passava a faca por cima da pele. O corte foi superficial, um ferimento leve, apenas o suficiente para fazer escorrer sangue. Borbulhava e pingava na taça numa fita fina.

Athos sorriu, olhando Holland nos olhos.

– Não temos a noite toda – disse ele. – Mais força.

Holland cerrou o maxilar, mas obedeceu. A faca mordeu-lhe o braço profundamente e o sangue fluiu, num vermelho-escuro vivo, até à taça. Quando esta se encontrava cheia, Athos passou-a à irmã e correu um dos dedos pela face de Holland.

– Vai limpar-te – pediu suave, gentilmente, como um pai a um filho.

Holland retirou-se, e Kell apercebeu-se de que não se limitara a sentar-se, estivera também a agarrar com toda a força nos braços da cadeira, os nós dos dedos brancos. Obrigou-se a abrir os dedos enquanto Athos retirava a segunda taça da mesa e a enchia com o pálido líquido dourado.

Ergueu-a para que Kell a visse e depois bebeu para demonstrar que a taça e o conteúdo eram seguros, antes de voltar a enchê-la e a oferecê-la. Um gesto de um homem habituado a sabotagens.

Kell aceitou-a e bebeu-a demasiado depressa, procurando acalmar os nervos. Mal a esvaziou, o rei voltou a enchê-la. A bebida em si era leve, doce e descia com facilidade. Entretanto, os Dane partilhavam a outra taça, bebendo o sangue de Holland, que lhes deixava os lábios de um vermelho vibrante. *O poder reside no sangue*, pensou Kell enquanto o seu aquecia.

– É impressionante – declarou, forçando-se a beber a segunda taça mais devagar do que a primeira.

– O quê? – perguntou Athos, afundando-se no trono.

Kell acenou em direção à taça com o sangue de Holland.

– Como conseguem manter as vossas roupas tão brancas.

Terminou a segunda taça, e Astrid riu-se, servindo-lhe uma terceira.

V

Kell devia ter-se limitado a uma bebida.

Ou a duas.

Pensou ter parado na terceira, mas não estava certo disso. Só se dera conta dos efeitos quando se levantara e o chão de pedra branca oscilara perigosamente. Sabia que era insensato beber a quantidade que bebera, mas a visão do sangue de Holland deixara-o aturdido. Não conseguia parar de pensar no *Antari,* na expressão que lhe passara pela cara antes de a faca encontrar carne. O rosto de Holland era a imperecível máscara de uma calma ameaçadora, mas, por um instante, cedera. E Kell nada fizera. Não pedira, nem sequer pressionara, para que Athos parasse. Não teria servido de nada, mas devia tê-lo feito. Eram ambos *Antari*. O acaso colocara Holland ali, na cruel Londres Branca, e Kell na vibrante Londres Vermelha. E se tivesse sido ao contrário?

Kell inspirou, vacilante, o ar que se enevoava diante dos seus lábios. O frio pouco o estava a ajudar a recobrar, mas sabia que não podia regressar a casa, não naquele estado. Por isso, decidiu vaguear pelas ruas da Londres Branca.

Também aquilo era insensato. Imprudente. Estava sempre a ser imprudente.

Porquê?, pensou, subitamente irado consigo mesmo. Porque fazia sempre aquilo? Sair da zona de segurança e mergulhar na sombra, no risco, no perigo? *Porquê?*, ouvira Rhy suplicar-lhe naquele telhado, naquela noite.

Não sabia. Desejava sabê-lo, mas não sabia. Só estava certo de que queria parar. A raiva esvaiu-se, deixando na sua esteira algo quente e estável. Ou talvez fosse a bebida.

Era boa. Uma bebida forte. Mas não do tipo de enfraquecer quem a experimentava. Não, não, deixava quem a tomava forte. Fazia o sangue cantar. Fazia... Kell levantou a cabeça e olhou para o céu, quase perdendo o equilíbrio.

Precisava de se concentrar.

Estava quase certo de caminhar na direção do rio. O frio mordia-lhe os lábios e o dia escurecia – quando se pusera o sol? Nos resquícios de luz, a cidade em volta começava a agitar-se. O silêncio a despedaçar-se em barulhos.

– Coisa bonita – sussurrou em maktahn uma idosa junto de um umbral. – Que pele bonita. Que ossos bonitos.

– Por aqui, Mestre – chamava outra.

– Porque não entras?

– Descansa os pés.

– Descansa os ossos.

– Ossos bonitos.

– Sangue bonito.

– Bebe da tua magia.

– Come da tua vida.

– Entra, entra.

Kell tentou focar-se, mas parecia não conseguir alinhavar os pensamentos. Assim que reunia uns quantos, uma brisa soprava-lhe pela cabeça e espalhava-os, deixando-o atordoado e tonto. O perigo formigava-lhe na orla dos sentidos. Fechava os olhos, mas, sempre que o fazia relembrava--se do sangue de Holland a escorrer para a taça; por isso, obrigou-se a mantê-los abertos e olhou para cima.

Não tencionara dirigir-se para a taverna. Os pés haviam-no feito por vontade própria. O corpo tinha aberto o caminho. Naquele momento, deu consigo a olhar para a tabuleta que encimava a porta do Scorched Bone.

Apesar de se tratar de um ponto fixo, a taverna na Londres Branca não *transmitia a mesma sensação* que as outras. Continuava, ainda assim, a atraí-lo, mas o ar cheirava a sangue e a cinzas, e as pedras da calçada eram frias sob as botas. Sugavam-lhe o calor. O poder. Os pés tentaram que avançasse, mas ordenou-lhes que não se movessem.

Vai para casa, pensou Kell.

Rhy tinha razão. Nada de bom adviria daqueles negócios.

Nada bom o suficiente. Não valia o risco. Nenhuma das bugigangas que trocava lhe trazia paz. Era tudo um jogo absurdo. Chegara a hora de parar.

Agarrou-se àquele pensamento ao desembainhar a faca do coldre e levá-la ao antebraço.

– É o senhor – surgiu uma voz atrás dele.

Kell virou-se, a lâmina deslizando novamente para o devido lugar.

Uma mulher encontrava-se à entrada do beco, a cara escondida pelo capuz de uma capa azul puída. Se estivesse em qualquer outra Londres, aquele azul poderia ter sido da cor de safiras ou do mar. Ali, era de um tom ténue, como o de um céu visto por entre camadas e camadas de nuvens.

– Conheço-te? – perguntou ele, estreitando os olhos na escuridão.

Ela abanou a cabeça.

– Não, mas eu conheço-o, *Antari*.

– Não, não conheces – retorquiu ele com bastante certeza.

– Sei o que *faz*. Quando não está no castelo.

Kell abanou a cabeça.

– Não vou fazer negócios esta noite.

– Por favor – suplicou ela, e Kell percebeu que segurava um sobrescrito. – Não quero que me traga nada. – Estendeu-lhe uma carta. – Só quero que a *leve*.

Kell franziu o sobrolho. Uma missiva? Os mundos haviam sido isolados uns dos outros havia séculos. *A quem* estaria ela a escrever?

– É para a minha família – explicou a mulher, lendo-lhe a pergunta nos olhos. – Há muito, muito tempo, quando a Londres Negra caiu e as portas foram seladas, ficámos divididos. Ao longo dos séculos, tentámos manter a comunicação... mas sou a única que resta. Todos deste lado estão mortos, menos eu, e todos naquele lado estão mortos, menos um. O Olivar. É o único familiar que me resta, está nesse lado da porta, a morrer, e eu só quero... – Levou o sobrescrito ao peito. – Somos os únicos que restam.

A cabeça de Kell estava num turbilhão.

– Como é que soubeste disso? – perguntou ele. – Que o Olivar está doente?

– O outro *Antari* – explicou ela, olhando em volta como se temesse que alguém a ouvisse. – O Holland. Ele trouxe-me uma carta.

Kell não conseguia imaginar que Holland se dignasse a contrabandear o que quer que fosse entre Londres, quanto mais correspondência entre dois plebeus.

– Ele não queria – acrescentou a mulher. – O Olivar deu-lhe tudo o que tinha para conseguir comprar a passagem para a carta e, mesmo assim... – Levou a mão ao pescoço como se procurasse um fio e encontrando apenas pele. – Paguei eu o resto.

Kell franziu o sobrolho. Aquilo parecia estar ainda mais longe da natureza de Holland. Não que fosse altruísta, mas Kell duvidava de que fosse assim tão ganancioso, de que se preocupasse com esse tipo de pagamento. Porém, a verdade é que todos tinham segredos, e Holland guardava tão bem os seus que Kell se via forçado a ponderar se conhecia, de facto, o *Antari*.

A mulher estendeu-lhe novamente a carta.

– *Nijk shöst* – suplicou. – Por favor, Mestre Kell.

Ele tentou concentrar-se, pensar. Prometera a Rhy... mas era apenas uma carta. Ora, tecnicamente, segundo as leis impostas pelas coroas das três Londres, as missivas eram uma exceção necessária à regra da não transferência. É claro que eles só se referiam a correspondência entre as coroas, mas, ainda assim...

– Posso pagar-lhe adiantado – insistiu ela. – Não precisa de regressar para fechar o negócio. É a minha última carta. Por favor.

A mulher remexeu no bolso e retirou um pequeno objeto embrulhado em tecido. Antes que Kell tivesse tempo para dizer sim ou não, levou-lhe a carta e o pagamento às mãos. Uma sensação estranha atravessou-o quando o tecido que cobria o objeto encontrou a sua pele. Depois, a mulher afastou-se.

Kell baixou o olhar para o sobrescrito, com uma morada, e depois para o objeto. Fez menção de o desembrulhar, mas a mulher aproximou-se e agarrou-lhe na mão.

– Não seja insensato – sussurrou, olhando em volta. – Nestas partes, até por uma moeda o matam – dobrou-lhe os dedos por cima do objeto.

– Aqui não – avisou. – Mas é suficiente, juro. Tem de ser. – As mãos dela deslizaram para longe. – É tudo o que posso dar.

Kell franziu o sobrolho ao contemplar o objeto. O mistério era tentador, mas havia demasiadas perguntas, demasiadas peças que não faziam sentido. Olhou para cima, mas, quando fez menção de recusar... já ninguém ali estava.

A mulher tinha desaparecido.

Kell ficou ali, à entrada do Scorched Bone, sentindo-se atordoado. O que acabara de acontecer? Finalmente decidira não voltar a fazer negócios e o negócio viera até ele. Olhou para o sobrescrito e o pagamento, fosse o que fosse. Depois, ao longe, alguém gritou e o som sobressaltou-o, devolvendo-o à escuridão e ao perigo. Enfiou a carta e o objeto no bolso do casaco e passou a faca pelo braço, tentando ignorar o terror que lhe borbulhava no sangue quando convocou a porta de regresso a casa.

CINCO

PEDRA NEGRA

I

As moedas tilintavam no bolso de Lila enquanto regressava ao Stone's Throw.

O sol ainda mal se pusera na cidade e já ela conseguira arrebatar uma quantia generosa. Roubar sem ser de noite era um risco – principalmente com o disfarce que usava, o qual exigia um olhar menos atento ou parca luz –, mas Lila tinha de arriscar se queria voltar a estar no topo. Um mapa e um relógio de prata não compram barcos nem geram fortunas.

Além disso, gostava do peso das moedas no bolso. Cantavam como promessas. Davam-lhe uma certa dinâmica à passada. Um pirata sem navio, eis o que era, sem tirar nem pôr. E, certo dia, teria um navio e vogaria para longe, deixando, de uma vez por todas, aquela cidade miserável.

Enquanto Lila caminhava pela calçada, começou a formular uma lista mental (como era já hábito seu) de todas as coisas de que necessitava para se tornar um verdadeiro corsário. Para começar, um par de botas altas de pele, assim como uma espada e a respetiva bainha, naturalmente. Havia o revólver, *Caster* – aquela beleza –, e as facas, todas afiadas, mas qualquer pirata que se dignasse tinha uma espada e bainha. Pelo menos, os que conhecera... e aqueles dos quais lera. Lila nunca tivera muito tempo para ler, mas *sabia* fazê-lo – aptidão vantajosa para um ladrão – e, quando acontecia roubar algum livro, era sempre sobre piratas e aventuras.

Portanto, um bom par de botas altas, uma espada e respetiva bainha. Oh, e um chapéu. Lila tinha o chapéu negro de aba larga, mas não era suficientemente vistoso. Nem sequer ostentava uma pena, um laço ou...

Passou por um rapaz acocorado num alpendre a umas portas do Stone's Throw e abrandou o passo, os pensamentos dissipando-se. O rapaz, esfarrapado e magro, teria metade da idade dela e estava mais sujo do que uma vassoura de chaminé. Tinha as mãos estendidas, palmas para cima; Lila levou a mão ao bolso. Não soube porque o fez – estava de bom humor quiçá ou talvez porque a noite era ainda uma criança –, mas depositou-lhe alguns cobres nas mãos. Não parou, não falou e nem pareceu ouvir o seu agradecimento balbuciado, mas fê-lo, ainda assim.

– Tem cuidado – alertou Barron quando Lila pousou o pé nos degraus da taverna. Ela não o ouvira sair. – Ainda vão pensar que tens um coração por baixo de todo esse teu descaramento.

– Não há coração – retorquiu Lila, afastando a capa de forma a revelar o revólver no coldre e uma das facas. – Apenas isto.

Barron suspirou e abanou a cabeça, mas ela topou com um ligeiríssimo sorriso e, oculto por detrás, algo similar a orgulho. Aquilo deixou-a atrapalhada.

– Tens algo que se coma? – perguntou, tocando no degrau com a biqueira da bota desgastada.

Barron indicou com um sinal da cabeça a porta e Lila estava prestes a segui-lo para beber uma caneca de cerveja e comer uma tigela de sopa – tinha dinheiro que chegasse, se ele o aceitasse – quando ouviu um tumulto atrás de si. Virou-se e viu um grupo de ratoneiros – três, nenhum mais velho do que ela – a importunar o rapaz esfarrapado. Um deles era gordo, outro, magro e o terceiro, baixinho, e todos, obviamente, escumalha. Lila viu o mais baixo barrar o caminho do rapaz; o mais gordo empurrá-lo contra uma parede; e o magricela arrancar-lhe as moedas de cobre das mãos. O rapaz mal ripostou. Limitou-se a olhar para elas com um semblante de triste resignação. As mãos, vazias momentos antes, voltavam a está-lo.

Os punhos de Lila cerraram-se enquanto os arruaceiros desapareciam por uma rua lateral.

– Lila – avisou Barron.

Não valiam a pena, e Lila sabia-o. Ela roubava aos ricos por um motivo: tinham mais para ser roubado. Era bem provável que aqueles rapazes não tivessem nada além daquilo que haviam furtado ao rapaz na rua. Umas quantas moedas que Lila obviamente não se tinha importado de dar. Mas essa não era a questão.

– Não gosto desse teu ar – retorquiu Barron quando ela não entrou na taverna.

– Segura-me no chapéu – pediu-lhe Lila. Passou-lhe a cartola, enfiando a mão lá dentro para retirar o disfarce que ali escondera.

– Eles não valem a pena – insistiu ele. – E, caso não tenhas percebido, eram três e tu és uma.

– Tão pouca fé – replicou ela, ajeitando o chapéu de aba larga. – Além disso, é uma questão de princípio, Barron.

O dono da taverna suspirou.

– Princípios ou não, Lila, um destes dias ainda acabas morta.

– Sentirias a minha falta? – perguntou ela.

– Nem um bocadinho – replicou ele.

Lila esboçou um leve sorriso e atou a máscara por cima dos olhos.

– Toma conta do miúdo – pediu, puxando a aba do chapéu para a cara. Barron resmungou enquanto ela descia o degrau.

– Tu aí! – exclamou Barron ao rapaz sentado no alpendre, ainda de olhos postos nas mãos. – Vem cá...

E lá foi ela.

II

7 Naresk Vas.

Eis a morada no sobrescrito.

Kell estava consideravelmente mais sóbrio e decidiu encaminhar-se de imediato para o ponto de entrega e despachar aquele estranho assunto da carta. Rhy não precisaria de saber. O *Antari* até deixaria o objeto – fosse ele qual fosse – no seu quarto no Ruby Fields, antes de regressar ao palácio, a fim de voltar, em boa verdade, de mãos vazias.

Parecia-lhe um bom plano ou, pelo menos, o melhor de entre muitos maus.

Contudo, mal chegou à esquina entre Otrech e Naresk, onde a morada que procurava já era visível no horizonte, abrandou o passo e estacou, escondendo-se nas sombras mais próximas.

Havia algo de errado.

Não de um modo óbvio, mas sentia-o por baixo da pele, nos ossos.

Naresk Vas parecia vazia, mas não estava.

Eis a particularidade na magia. Encontrava-se em toda a parte. Em todas as coisas. Em *todas as pessoas*. Embora fluísse num pulsar baixo e constante pelo ar e pela terra, latejava mais alto nos corpos dos seres vivos. Se Kell tentasse – se lá chegasse – senti-lo-ia. Era um sentido, não tão forte como a visão, a audição ou o olfato, mas sempre presente, um latejo que agora vagueava até ele das sombras ao fundo da rua.

O que significava que não estava sozinho.

Susteve a respiração e deixou-se ali ficar, os olhos fixos na morada ao fundo da rua. Foi então que, tal como esperava, viu algo *mover-se*. Uma figura encapuçada nas sombras entre o número 7 e 9 de Naresk Vas. Kell não conseguia discernir nada do homem, exceto o reluzir de uma arma.

Por instantes – ainda desconcertado pela sua visita aos Dane –, pensou que fosse Olivar, o destinatário da missiva. Mas *não podia* ser ele. A mulher dissera que o homem estava a morrer e, mesmo que estivesse bem o suficiente para se encontrar com Kell na rua, não podia *saber* que deveriam fazê-lo ali, visto que o próprio Kell só instantes antes aceitara a tarefa. O que significava que não era Olivar. Mas, não sendo ele, quem seria?

O perigo arrepiava Kell.

Retirou o sobrescrito do bolso, estudou a morada e, depois, susteve a respiração enquanto quebrava o lacre e tirava o conteúdo. Engoliu um queixume.

Mesmo no escuro, conseguiu ver que o papel estava em branco.

Nada além de um pergaminho dobrado.

Sentiu-se zonzo. Tinha sido enganado.

Se eles – fossem quem fossem – não estavam atrás da carta, então...

Sanct. A mão de Kell disparou para o objeto ainda no bolso. O pagamento. Quando os dedos tocaram no tecido dobrado, aquela estranha sensação voltou a subir-lhe pelo braço. O que teria ele trazido?

Que teria ele feito?

Nesse instante, a sombra ao fundo da rua olhou para cima.

O papel na mão de Kell apanhou a luz da lanterna por um momento, e esse momento bastou. A sombra correu na direção do *Antari*.

Kell girou sobre os calcanhares e desatou a correr.

III

Lila seguiu o grupo de rufias pelas sinuosas ruas de Londres, esperando que se separassem. Barron estava certo: as probabilidades não eram lá muito boas contra os três, mas ela tinha os olhos postos num. Ora, quando se separaram, ficando dois, e os dois, por fim, se dividiram, ela seguiu o seu alvo.

Marcara o magro, o ratoneiro que tirara as moedas ao maltrapilho junto à taverna. Lila abraçou as sombras enquanto o seguia pelo labirinto de ruas cada vez mais estreitas, os cobres roubados tilintando-lhe nos bolsos, um palito de madeira entre os dentes. Por fim, ele virou uma esquina, e Lila aproximou-se, dissimulada, discreta, despercebida.

Assim que se viu sozinha com ele, encurtou a distância entre os dois num único passo e levou a faca à garganta do ratoneiro, pressionando-a com força suficiente para o fazer sangrar.

– Esvazia os bolsos – rosnou numa voz rouca.

Ele não se moveu.

– 'Tás a cometer um erro – retorquiu ele, rolando o palito na boca.

Lila mudou de posição para que a faca lhe mordesse a garganta.

– Estarei?

Foi então que ouviu o som de passos apressados atrás de si e se baixou mesmo a tempo de se esquivar a um murro. Era um dos outros ratoneiros, o idiota mais baixo, uma mão carnuda cerrada num punho enquanto a outra segurava numa barra de metal. Imediatamente a seguir, o gordo chegou, corado e ofegante.

– És *tu* – exclamou ele e, por momentos, Lila julgou que a tinha reconhecido. Depois apercebeu-se de que reconhecera o anúncio de PRO-CURADO. – O Ladrão das Sombras.

O magro cuspiu o palito e esboçou um enorme sorriso.

– Parece que nos saiu a sorte grande, rapazes.

Lila hesitou. Sabia que conseguiria ganhar contra um dos ratoneiros e pensou que seria capaz até de vencer dois... mas três? Talvez, se ficassem quietos, mas não paravam de se mexer para que ela não os visse a todos ao mesmo tempo. Ouviu o ruído de uma ponta-e-mola a abrir, o som da barra de metal de encontro às pedras da calçada. Trazia a arma no coldre, a faca na mão e uma outra na bota, mas não seria veloz o suficiente para enfrentar os três rapazes.

– O anúncio dizia vivo ou morto? – perguntou o baixo.

– Sabes, acho que não especificava – retorquiu o magro, limpando o sangue da garganta.

– Acho que dizia morto – acrescentou o gordo.

– Mesmo que dissesse vivo – argumentou o magro –, acho que não se vão importar se faltarem algumas peças.

Atirou-se a ela, mas Lila desviou-se, aproximando-se acidentalmente do gordo, que a agarrou. Ela golpeou-o, derramando sangue mesmo antes de o baixo lhe meter as mãos em cima. Porém, quando os braços dele lhe chegaram ao peito, Lila sentiu que o torno se tornava mais forte

– Mas o que é isto? – silvou ele. – O nosso rapaz afinal é...

Lila não esperou. Cravou-lhe com toda a força a bota num pé; ele ficou sem fôlego e largou-a. Tratou-se apenas de um instante, mas bastou para que Lila fizesse aquilo que sabia fazer, a única coisa que *detestava* fazer.

Fugiu.

IV

Kell conseguia ouvir passos, primeiro um conjunto, depois dois e, de seguida, três – talvez, o terceiro fosse o bater do seu coração –, enquanto corria por becos e ruelas. Não parou, nem sequer respirou, até chegar ao Ruby Fields. Fauna pousou o olhar no dele quando passou, o sobrolho franzido – raramente entrava pela porta principal –, mas não o travou, nem lhe fez perguntas. Os passos haviam-se afastado uns quarteirões atrás, mas, ainda assim, verificou as marcas nas escadas ao subir rumo ao quarto no andar de cima, verificando também as inscrições na porta – encantamentos feitos ao próprio edifício, à pedra e à madeira, concebidos para manter o quarto escondido de todos à exceção de si.

Kell fechou a porta e encostou-se à madeira enquanto as velas ganhavam vida pelo quarto.

Tinham-lhe armado uma cilada, mas quem? E *por que motivo*?

Não estava certo de *querer* saber, mas precisava de o descobrir e, por isso, retirou o objeto roubado do bolso. Estava enrolado num pedaço de tecido cinzento desgastado; quando o desembrulhou, uma pedra áspera caiu-lhe na palma da mão.

Era pequena o suficiente para lhe caber no punho e tão escura como o olho direito de Kell. Cantava-lhe numa vibração baixa e profunda que lhe despertava o poder como um lamiré. De igual para igual. Ressoava. Amplificava. O coração de Kell bateu mais depressa.

Parte dele queria largar a pedra; a outra, segurá-la com mais força.

Quando a ergueu à luz da vela, constatou que um dos lados estava dentado, como que partido; o outro era suave e, nessa face, brilhava ao de leve um símbolo.

Mal o viu, sentiu um baque.

Nunca antes contemplara aquela pedra, mas reconheceu a marca.

Estava escrita num idioma que poucos falavam e menos ainda sabiam usar. Um idioma que lhe corria no sangue e lhe pulsava no olho negro.

Um idioma a que acabara por chamar apenas *Antari*.

Contudo, a língua da magia nem sempre pertencera exclusivamente aos *Antari*. Não, havia histórias de um tempo em que outros podiam falar diretamente com a magia (mesmo que não a comandassem pelo sangue), de um mundo tão ligado ao poder que qualquer homem, mulher ou criança se tornava fluente no seu idioma.

A Londres Negra. O idioma da magia pertencera-lhes.

No entanto, depois de a cidade cair, todas as relíquias haviam sido destruídas, o que restava nos outros mundos fora apagado enquanto parte de uma purificação, de uma purga, uma forma de se resguardarem da praga de poder que devorara aquele mundo.

Eis o motivo pelo qual não existiam livros em *Antari*. Os poucos textos que ainda restavam eram fragmentos, os feitiços recolhidos, transcritos foneticamente e passados de geração em geração, o idioma original erradicado.

Arrepiou-se ao vê-lo desenhado tal como era suposto, não com letras, mas com runas.

A única runa que conhecia.

Kell tinha um só livro no idioma *Antari*, que lhe havia sido confiado pelo seu tutor, Tieren. Tratava-se de um diário encadernado a pele, repleto de ordens de sangue – feitiços que convocavam luz ou escuridão, que estimulavam o crescimento, que quebravam encantamentos –, todas elas escritas foneticamente e explicadas, tirando o símbolo que estava na capa.

– O que significa isto? – perguntara ao tutor.

– É uma palavra – explicara Tieren. – Uma que pertenceu a todos os mundos e a nenhum. É a palavra para «magia». Refere-se à sua existência e à sua criação... – Tieren levara um dedo à runa. – Se a magia tivesse um nome, seria este – dissera, passando o dedo pelas linhas do símbolo –:*Vitari*.

Agora era Kell quem passava o dedo pela runa na pedra, a palavra ecoando-lhe na mente.

Vitari.

Nesse instante, passos soaram nas escadas. Kell pôs-se hirto. Ninguém deveria ser capaz de as ver, quanto mais usá-las, e, contudo, ouvia o som de botas. Será que o haviam seguido até ali?

Foi então que reparou no padrão inscrito no pedaço de tecido pálido que envolvera a pedra e que agora repousava aberto em cima da cama. Símbolos desenhados. Um feitiço de localização.

Sanct.

Kell enfiou a pedra no bolso e alcançou a janela no preciso momento em que a pequena porta atrás de si se abria violentamente. Subiu para o parapeito e saltou, embatendo com força na rua, mas depressa se levantando enquanto os intrusos lhe entravam no quarto.

Alguém lhe montara uma cilada. Alguém queria que ele trouxesse uma relíquia proibida da Londres Branca para a *sua* cidade.

Uma figura saltou da janela na sua esteira, e Kell girou sobre si para encarar a sombra que o perseguia. Esperava encontrar dois indivíduos, mas só se deparou com um. O estranho encapuçado abrandou e estacou.

– Quem és tu? – exigiu Kell saber.

A sombra não respondeu. Deu um passo em frente, levando a mão à arma que trazia à cintura e, à parca luz do beco, Kell viu-lhe um X cortado nas costas da mão. A marca de criminosos e traidores. Um assassino a soldo. Porém, quando o homem desembainhou a arma, o *Antari* estacou, pasmado. Não se tratava de um qualquer punhal enferrujado, mas de uma espada reluzente com uma insígnia no punho que Kell reconhecia. O cálice e o sol nascente. O símbolo da família real. Era a lâmina empunhada pelos membros da guarda real. E só por eles.

– Onde encontraste isso? – rosnou Kell, a raiva atravessando-lhe o corpo.

O assassino dobrou os dedos em volta da espada, que começou a brilhar frouxamente. Kell ficou tenso. As espadas dos guardas reais não eram apenas belas ou afiadas, estavam *encantadas*. Fora o próprio *Antari* quem ajudara a criar o encantamento que circulava pelo metal, um encantamento que enfraquecia o poder de um mago ao mais simples corte. As lâminas haviam sido concebidas para travar os conflitos antes de acontecerem, para remover a ameaça de uma retaliação mágica. Devido ao seu potencial e ao medo que caísse nas mãos erradas, os guardas recebiam ordens para *nunca* as largarem. Se um deles perdesse a espada, provavelmente perderia também a vida.

– *Sarenach* – ordenou o assassino. – *Rende-te*.

A ordem surpreendeu Kell. Os assassinos a soldo levavam consigo saque e sangue, mas não prisioneiros.

– Baixa essa espada – ordenou Kell. Tentou retirá-la magicamente do assassino, mas estava protegida. Outro encantamento para impedir que caísse em mãos erradas. O que já acontecera. Kell praguejou e desembainhou a faca. Era uns bons trinta centímetros mais pequena do que a lâmina real.

– Rende-te – repetiu o assassino, a voz estranhamente monocórdica. O homem ergueu a cabeça, e Kell apanhou-lhe um vislumbre de magia nos olhos. Um feitiço de compulsão? Teve apenas um instante para reparar no uso de magia proibida antes de o homem o agredir, a arma brilhante fendendo o ar. Kell deu um passo atrás, desviando-se da espada enquanto uma segunda figura aparecia na outra ponta do beco.

– Rende-te – ordenou o segundo homem.

– Um de cada vez – ripostou Kell.

Ergueu mão, e as pedras da calçada estremeceram, elevando-se, de seguida, numa parede de pedra e terra, bloqueando o caminho ao segundo atacante.

Porém, o primeiro não parava e continuava a golpear. Kell deu um passo atrás para se desviar do arco da espada. Quase conseguiu. A lâmina encontrou o braço, rasgando o tecido, mas falhando a pele. Saltou quando o atacante voltou a cair sobre ele, mas, desta vez, a lâmina encontrou carne, rasgando-lhe as costelas. A dor atravessou-lhe o peito, e o sangue borbulhou, escorrendo-lhe pela barriga. O homem pressionava, aproximando-se; Kell recuou e tentou que as pedras da calçada se erguessem entre ambos, mas elas limitaram-se a estremecer e ficaram inertes.

– Rende-te – ordenou o assassino no seu tom demasiado uniforme.

Kell pressionou a mão de encontro à camisola, tentando estancar o sangue enquanto se desviava de outro ataque.

– Não. – Girou o punhal, pegando-o pela ponta e lançando-o com todas as suas forças. A lâmina encontrou o alvo e mergulhou no ombro do assassino. Mas, para horror de Kell, o homem não deixou cair a sua espada. Continuava a avançar. A cara nem sequer dava sinal de dor quando arrancou o punhal e o lançou ao chão.

– Entrega a pedra – pediu, o olhar morto.

A mão de Kell fechou-se em volta do talismã que trazia no bolso. Vibrava e, ao segurá-lo, o *Antari* apercebeu-se de que, mesmo que desejasse devolvê-lo – o que não conseguia, não o faria, não sem saber o que era, para que servia e quem o desejava –, não *queria* separar-se dele. Não conseguia imaginar-se sem ele. O que era absurdo. E, no entanto, algo nele desejava profundamente mantê-lo.

O assassino atacou novamente.

Kell tentou dar outro passo atrás, mas os ombros encontraram-se com a barricada improvisada.

Não havia para onde fugir.

A escuridão brilhava nos olhos do assassino; a lâmina silvou no ar, e Kell esticou a mão vazia, ordenando «Para!» como se isso fosse ajudar em alguma coisa.

E, de alguma maneira, ajudou.

A palavra ecoou pelo beco e, entre uma reverberação e a seguinte, a noite mudou à sua volta. O tempo pareceu abrandar, tal como o assassino e Kell, mas a pedra aninhada na sua mão ganhou vida. A magia do *Antari* esvaíra-se pela ferida nas costelas, mas a pedra cantava com poder e um espesso fumo negro soltava-se por entre os seus dedos. Subiu pelo braço de Kell acima, através do peito, encaminhando-se para a mão esticada e esvoaçando pelo ar na direção do assassino. Quando o fumo o alcançou, não o atingiu, não deitou ao chão. Ao invés disso, aninhou-se-lhe em volta do corpo, espalhando-se pelas pernas, braços e peito. O que quer que tocasse, mal o fizesse, *paralisava*, apanhando o assassino entre um passo e outro, entre uma inspiração e uma expiração.

O tempo voltou ao seu ritmo. Kell arfou, o coração a latejar e a pedra a cantar-lhe nas mãos.

A lâmina real roubada encontrava-se a centímetros da sua cara. O assassino estava estático, o casaco numa ondulação suspensa atrás de si. Através daquele lençol de gelo sombrio, de pedra ou do que quer que fosse, Kell conseguia ver o corpo rígido do atacante, os olhos abertos e vazios. Não se tratava do olhar vago de quem fora compelido, mas do olhar vazio de um morto.

Kell contemplou a pedra que ainda lhe estremecia na mão, o símbolo que brilhava na sua superfície.

Vitari.

É a palavra para magia. Refere-se à sua existência e à sua criação.

Será que também se referia ao *ato* de criar?

Não havia ordens de sangue para *criar*. A regra dourada da magia consistia no facto de nada poder ser criado. O mundo era feito de ganhos e perdas, sendo que a magia poderia ser fortalecida ou enfraquecida, mas nunca manifestar-se a partir do nada. No entanto... Kell tocou no homem paralisado.

Teria o poder sido convocado pelo seu sangue? Mas não dera qualquer ordem de sangue, limitara-se a proferir a palavra: «Para.»

A pedra fizera o resto.

O que era impossível. Mesmo na mais forte magia dos elementos, um mago tinha de se concentrar na forma que desejava que eles tomassem. Porém, Kell não imaginara aquela carapaça gelada, o que significava que a pedra não se limitara a seguir uma ordem. *Interpretara. Criara.* Será que era assim que a magia funcionava na Londres Negra? Sem paredes, sem regras, sem outra coisa que não o desejo e a vontade?

Kell forçou-se a guardar o talismã no bolso. Os dedos não queriam largá-lo. Precisou de toda a sua concentração para o fazer e, no momento em que a pedra lhe escorregou dos dedos e regressou ao casaco, um arrepio atordoante percorreu-o e o mundo girou. Sentiu-se fraco e ferido. Sugado. *Afinal, não foi obter algo a partir do nada*, pensou Kell. Mas, ainda assim, era algo. Algo poderoso. Algo perigoso.

Tentou erguer-se, mas a dor no estômago disparou. Gemeu, voltando a encostar-se à parede do beco. Sem o poder, não conseguiria ordenar que a ferida sarasse, não conseguiria sequer manter o sangue nas veias. Precisava de respirar fundo, precisava de aclarar ideias, precisava de pensar, mas, naquele preciso momento, as pedras atrás de si começaram a tremer e Kell afastou-se da parede um instante antes de ela se desmoronar e revelar a segunda figura encapuçada.

– Rende-te – disse o homem no mesmo tom monocórdico que o seu companheiro.

Kell não o podia fazer.

Não confiava na pedra – mesmo estando ansioso por usá-la outra vez –, não sabia como controlá-la, mas também não a conseguia entregar. Por isso, atirou-se para a frente, apanhando a faca do chão; quando o homem se lançou sobre ele, mergulhou-a no seu peito. Durante um segundo, receou que o outro não caísse, temeu que a compulsão o mantivesse de pé tal como fizera ao outro. Enterrou a lâmina bem fundo e torceu-a apanhando órgãos e osso. Os joelhos do homem cederam por fim. Por uma fração de segundos, o feitiço de compulsão quebrou-se e a luz regressou-lhe ao olhar. No momento seguinte, desapareceu.

Não era a primeira vez que Kell matava alguém, mas sentiu-se enjoado ao retirar a faca, o homem caindo morto, a seus pés.

O beco girou. Kell apertou o estômago, lutando por respirar enquanto a dor o trespassava. Depois, ouviu mais passos na distância e forçou-se a erguer-se. Tropeçou por entre os corpos, um paralisado e o outro morto, correndo.

Kell não conseguia estancar o sangue.

Ensopava-lhe a camisa, o tecido colando-se ao corpo enquanto corria – aos tropeções – pelo estreito labirinto de ruas que se entrecruzavam, qual teia de aranha, pelos cantos da Londres Vermelha.

Tocou no bolso para se certificar de que a pedra se encontrava em segurança e um som vibrou-lhe pelos dedos ao senti-la. Deveria ter corrido até ao rio, ter atirado o talismã ao Isle cintilante, vendo-o afundar-se. Deveria tê-lo feito, mas não o fez, o que o deixava com um problema.

E esse problema estava quase a apanhá-lo.

Kell descreveu uma curva demasiado apertada e deslizou contra a parede, engolindo um gemido quando o seu lado ferido colidiu contra os tijolos. Não conseguia continuar a correr, mas precisava de fugir. Fugir para onde não fosse seguido.

Fugir para onde não *pudesse* ser seguido.

Arrastou-se até mais não conseguir e levou uma mão ao pendente da Londres Cinzenta que trazia ao pescoço, erguendo o fio acima da cabeça.

Ecoaram passos, pesados e demasiado próximos, mas Kell não saiu do sítio e pressionou a mão contra as costelas ensopadas em sangue. Depois, levou a palma e a moeda à parede do beco e disse:

– *As Travars*.

Sentiu a palavra passar-lhe entre os lábios e um calafrio na mão.

Mas nada aconteceu. A parede ficou onde estava, o mesmo sucedendo a Kell.

Uma dor cortante trespassou-o onde havia sido ferido pela lâmina real; o encantamento impedia-o de aceder à magia. *Não*, implorou silenciosamente Kell. A magia de sangue era a mais forte no mundo. Não podia ser impedida, não mediante um simples encantamento. Era mais forte. *Tinha* de ser mais forte. Kell fechou os olhos.

– *As Travars* – declarou de novo. Não devia precisar de dizer mais do que aquilo, não devia precisar de forçar a magia, mas estava demasiado cansado, a sangrar e a tentar com todas as forças manter os olhos abertos, para dominar o seu poder, pelo que acrescentou: – Por favor. – Engoliu em seco, pousou a cabeça nas pedras e ouviu os passos cada vez mais próximos, suplicando novamente: – Por favor, deixa-me atravessar.

A pedra vibrava-lhe no bolso, uma promessa de poder sussurrada, de ajuda. Kell estava prestes a pegar nela e a convocar a sua força, quando, por fim, a parede estremeceu e deu de si.

O mundo desapareceu, reaparecendo logo de seguida. Kell caiu nas pedras da calçada, a luz subtil e constante da Londres Vermelha substituída pela noite húmida e cheia de fumo da Londres Cinzenta. Manteve-se de gatas por uns instantes e chegou inclusive a considerar perder os sentidos ali mesmo, naquele beco, mas, por fim, conseguiu levantar-se. Quando o fez, a cidade rodopiou perigosamente. Deu dois passos e chocou de imediato contra um homem de máscara e chapéu de aba larga. Kell sabia que topar com alguém num disfarce era bastante estranho, mas, no estado em que se encontrava, não estava em posição de julgar aparências.

– Desculpe – murmurou, fechando o casaco para esconder o sangue.

– De onde apareceu? – perguntou o homem, e Kell olhou para cima, apercebendo-se de que, sob aquele disfarce, não se escondia um homem, mas, sim, uma mulher. Nem isso. Uma rapariga. Muito esguia qual sombra, como Kell, embora ainda mais fina. Demasiado comprida, demasiado esguia. E, contudo, estava *vestida* como um homem, com botas, calças e uma capa (e, sob ela, umas quantas armas cintilantes). Para não referir, é claro, a máscara e o chapéu. Parecia ofegante como se tivesse estado a correr. Qu*e estranho*, pensou Kell novamente.

Oscilou um pouco.

– Sente-se bem, cavalheiro? – perguntou a rapariga disfarçada.

Ouviram-se passos na rua para lá do beco, e Kell ficou tenso, obrigando-se a lembrar-se de que já estava em segurança, de que aquele lugar era seguro. A rapariga voltou-se para trás antes de lhe prestar novamente atenção. Kell aproximou-se, por pouco não caindo. Ela fez menção de o apanhar, mas ele conseguiu encostar-se à parede primeiro.

– Eu fico bem – sussurrou tremulamente.

A rapariga ergueu o queixo e havia algo forte e provocador no seu olhar, no seu rosto. Um desafio. Depois, sorriu. Não esboçou um sorriso largo, elevou apenas as comissuras dos lábios. Kell pensou, distante e entre tonturas, que em circunstâncias diferentes poderiam ter sido amigos.

– Tem sangue na cara – disse ela.

Onde é que ele não tinha sangue? Kell levou a mão ao rosto, mas a mão também estava ensopada e não serviu de grande ajuda. A rapariga aproximou-se. Retirou do bolso um pequeno lenço escuro e passou-lho pelo maxilar antes de lho oferecer.

– Fique com ele – disse, girando sobre os calcanhares.

Kell observou a estranha figura a afastar-se, após o que se voltou a encostar à parede do beco.

Inclinou a cabeça para trás e observou o céu da Londres Cinzenta, sem estrelas e negro por cima dos telhados dos edifícios. Quando levou a mão ao bolso à procura da pedra da Londres Negra, sentiu um baque.

Desaparecera

Procurou furiosamente nos bolsos, em todos eles, mas não estava em nenhum. O talismã desaparecera. Sem fôlego, a esvair-se em sangue e exausto, baixou o olhar até ao lenço que segurava.

Não podia acreditar.

Fora roubado.

SEIS

UM ENCONTRO DE LADRÕES

I

Numa outra Londres, os sinos bateram as oito.

O som veio de um santuário na orla da cidade, mas ecoou por todo o Isle cintilante e pelas ruas, derramando-se por janelas e portas abertas e serpenteando entre becos até chegar ao Ruby Fields e, mesmo em frente, à figura paralisada de um homem na noite.

Um homem com um «X» nas costas da mão e uma espada real roubada ainda erguida acima da cabeça. Um homem preso em gelo, pedra ou algo ainda mais estranho.

À medida que os sinos se silenciavam, uma fenda surgiu naquele casulo em volta da cara do homem. Depois outra, pelo braço abaixo, e uma terceira, ao longo da lâmina. Pequenas fissuras que se aprofundaram rapidamente, espalhando-se quais dedos por aquele invólucro.

– Para – ordenara o jovem *Antari* ao seu atacante, e o atacante não ouvira, mas a magia, sim. Derramara-se da pedra negra na mão do *Antari*, serpenteara em volta do homem e metamorfoseara-se numa carapaça.

Naquele momento, a carapaça estava a partir-se.

Mas não como se *devia* partir, a superfície fragmentando-se e as lascas caindo no chão. Esta rachou, mas nunca se separou do homem que estava por baixo. Em vez disso, agarrou-se a ele enquanto se derretia, não ao longo do corpo, mas pelo corpo *dentro*. Infiltrando-se nas roupas e na pele até desaparecer... Ou melhor, até ser *absorvida*.

O homem outrora paralisado estremeceu e inspirou. A espada real escorregou-lhe dos dedos e retiniu nas pedras da calçada enquanto as últimas gotas brilhantes de magia lhe cintilavam qual óleo na pele antes de mergulharem no corpo, escurecendo-lhe as veias, que se desenhavam como se tivessem tinta. A cabeça do homem tombou para a frente, os olhos abertos, mas vazios. E completamente negros, as pupilas dilatadas, espalhando-se por cima da íris e ao longo do branco.

O feitiço de compulsão que lhe havia sido lançado retirara-lhe toda a resistência e permitira que a outra magia lhe mergulhasse nas veias, no cérebro e nos músculos, arrebatando tudo aquilo em que tocava, transformando a essência da sua vida, outrora vermelha, numa chama negra e pura.

Lentamente, o homem – ou, melhor dizendo, a coisa que estava dentro dele – ergueu a cabeça. Os olhos negros brilharam, lustrosos na escuridão seca, enquanto analisava o beco. O corpo do segundo assassino encontrava-se por perto, mas já estava morto havia muito, a luz extinta. Nada que se salvasse. Nada que ardesse. Também não havia muita vida no seu corpo – tão-só uma pequena chama de que se alimentar –, mas, por ora, bastava.

Moveu os ombros e começou a andar, de início hesitante, como quem não está habituado ao corpo. Depois, mais veloz, mais seguro. A sua postura tornou-se hirta, as pernas caminhavam em direção às luzes do edifício mais próximo. A boca do homem desenhou-se num sorriso. Era tarde, mas as lanternas brilhavam nas janelas e um riso, alto, doce e promissor enchia o ar lembrando o som dos sinos.

II

Lila cantarolava no trajeto de volta ao Stone's Throw.

Enquanto andava, começou a despir o disfarce. A máscara foi a primeira a sair, seguida pelo chapéu de aba larga. Esquecera-se de que os trazia postos quando se deparara com o cavalheiro bêbedo naquele beco, mas ele estava tão alterado que nem parecia ter dado conta disso. Assim como não dera conta da mão dela no seu casaco enquanto lhe estendia o lenço ou dos seus dedos em volta do conteúdo do bolso enquanto lhe enfiava o tecido negro na palma da mão. Um alvo fácil.

Verdade seja dita, ainda estava zangada consigo mesma por ter fugido – ou, melhor, por ter caído numa armadilha e ter *precisado* de fugir – do trio de ratoneiros. *Mas*, pensou ela, fechando a mão em volta do peso satisfatório que levava no bolso da capa, *o resultado até nem tinha sido nada mau*.

Ao avistar a taverna, Lila puxou do objeto que trazia na capa e deteve-se sob um candeeiro de rua para ver melhor o que roubara. Quando o fez, sentiu um baque de desilusão. Esperava que se tratasse de metal, algo de prata ou ouro, mas era uma pedra. Nem sequer uma gema. Nem sequer um pedaço de cristal. Parecia uma pedra do rio, lustrosa e negra, um dos lados liso e o outro com saliências, como se tivesse sido partida ou lascada de um pedaço maior. Que tipo de cavalheiro andaria por aí com pedras nos bolsos? E, ainda por cima, partidas?

E, porém, julgou sentir algo, uma espécie de formigueiro onde a pele se encontrava com a superfície da pedra. Segurou-a à luz e cerrou os olhos por breves instantes, antes de ignorar aquela sensação e decidir que aquilo não teria qualquer valor, a não ser, no máximo, sentimental. Mal-disposta, voltou a enfiá-la no bolso, subindo os degraus do Stone's Throw.

Apesar de a taverna estar a abarrotar, Barron olhou para cima quando ela entrou, os olhos movendo-se da sua cara para o disfarce aconchegado por debaixo do braço dela. Lila julgou ver um vislumbre de preocupação, o que a fez retrair-se. Não eram familiares. Ela não precisava do seu cuidado, e ele não precisava daquele fardo.

– Encontraste problemas? – perguntou enquanto ela passava pelo balcão rumo às escadas.

Não ia admitir que fora emboscada no beco ou que fugira do confronto e que o que roubara não se revelara nada de jeito; por isso, limitou--se a encolher os ombros.

– Nada que não conseguisse resolver.

O rapaz magricela do alpendre encontrava-se agora num banco a um canto a comer uma tigela de cozido. Lila apercebeu-se de que tinha fome – isto é, mais fome do que o usual, pois não se sentia *cheia* havia anos –, mas também estava cansada e aliviada pelo cansaço ser mais forte do que a vontade de comer. Além disso, não conseguira reaver as moedas. É claro que ainda tinha a de prata, mas precisava de a guardar para sair daquela taverna, daquela cidade. Lila conhecia demasiado bem aquele ciclo: ladrões a roubar o suficiente para se manterem ladrões.

Não tinha qualquer intenção de se contentar com parcas vitórias. Agora que tinha sido descoberta – praguejou ante a ideia de três ratoneiros descobrirem o que mais de trinta polícias não haviam conseguido: que o homem que procuravam não era de todo um homem –, roubar só ficaria mais difícil. Precisava de saques maiores, e o mais depressa possível.

O estômago queixou-se; sabia que, se lho pedisse, Barron lhe daria algo para comer, embora não tivesse como lho pagar, mas não conseguia fazê-lo. Não *o faria*.

Lila Bard podia ser ladra, mas não era pedinte.

E, quando fosse embora – porque iria partir, mais tarde ou mais cedo –, tencionava deixar-lhe o dinheiro que lhe devia, até ao último *farthing*. Subiu as escadas.

No cimo dos estreitos degraus encontrava-se um pequeno patamar com uma porta verde. Lembrava-se de bater com ela, dar um encontrão a Barron e descer as escadas, deixando atrás de si apenas uma birra. Lembrou-se da discussão – roubara a um dos clientes, e Barron repreendera-a. Pior ainda, queria cobrar a renda, mas recusava-se a receber pagamento por quarto e alimentação com dinheiro «emprestado». Só queria dinheiro honesto e não havia forma de o conseguir. Portanto, ele oferecera-se para lhe pagar pela sua ajuda na taverna. Ela recusara. Aceitar significaria ficar, e ficar significaria assentar. No fim de contas, fora mais fácil deixar o sítio para trás e correr. *Não se trata de fugir*, dissera Lila de si para consigo. Não, Lila estivera a correr na direção de algo. Algo melhor. Mesmo que ainda não o tivesse alcançado, lá chegaria.

– Isto não é vida! – gritara, os seus poucos pertences enfiados debaixo do braço. – Isto não é nada. Não é suficiente. Porra, não é suficiente.

Na altura, ainda não adotara o disfarce, ainda não fora ousada a ponto de roubar descaradamente.

Tem de haver mais, pensara. *Tenho de ser mais.*

À saída, pegara no chapéu de aba larga que se encontrava pendurado perto da porta. Não lhe pertencia.

Barron não a tentara impedir. Limitara-se a sair-lhe da frente.

Uma vida que valha a pena ser vivida vale a pena ser retirada.

Já passara quase um ano – onze meses, duas semanas e uma mancheia de dias – desde que saíra de rompante do pequeno quarto e do Stone's Throw, jurando que nunca mais olharia para trás.

Porém, eis que estava de regresso. Chegou ao cimo das escadas – cada um dos degraus protestando tanto quanto ela – e entrou no quarto.

Ver-se ali provocou-lhe um misto de repulsa e alívio. Exausta, pegou na pedra e deixou-a cair numa mesa de madeira junto da porta.

Barron havia-lhe pousado a cartola em cima da cama. Lila sentou-se ao lado dela enquanto desapertava as botas. Quase já não tinham sola. Encolheu-se ao pensar no quanto lhe custaria comprar um par decente. Não era uma coisa fácil de se roubar. Sacar um relógio de bolso a alguém era uma coisa; tirar-lhe as botas, outra bem diferente.

Desapertara meia bota quando ouviu um som cansado. Ergueu o olhar e deu com um homem de pé no quarto.

Não tinha entrado pela porta – estava trancada –, e, contudo, ei-lo, ali, uma mão ensanguentada apoiada à parede. Trazia o lenço de Lila enrolado na palma e encostara-o às tábuas de madeira. A rapariga pensou conseguir ver uma espécie de marca em baixo.

O cabelo caía-lhe em cima dos olhos, mas ela reconheceu-o de imediato. Era o cavalheiro do beco. O bêbedo.

– Devolve-me isso – ordenou ele, ofegante. Tinha um ligeiríssimo sotaque, mas ela não conseguia perceber de onde.

– Como raio entraste aqui? – perguntou ela, levantando-se.

– Tens de mo devolver. – Ali, à luz do exíguo quarto, Lila conseguia ver a camisola que se lhe colava ao peito, o brilho do suor na testa. – Não devias... tê-la... tirado...

Os olhos de Lila saltaram para a pedra sobre a mesa e o olhar dele seguiu o dela e lá ficou. Atiraram-se à pedra no mesmo instante. Ou, melhor dizendo, Lila fê-lo. O estranho afastou-se da parede, oscilou bruscamente e caiu aos pés dela, a cabeça balançando quando atingiu o chão.

Fantástico, pensou Lila olhando para o corpo. Com a biqueira da bota tocou-lhe no ombro e, constatando que o homem não se mexia, ajoelhou--se e virou-o. Tinha todo o ar de quem estava a viver uma noite infernal. A túnica negra encontrava-se colada à pele; de início, Lila pensou que se tratava de suor, mas, quando lhe tocou, os dedos tingiram-se-lhe de vermelho. Ponderou revistar-lhe os bolsos e atirar o corpo pela janela, mas depois reparou numa fraca oscilação no peito e percebeu que ele não estava, de facto, morto.

Ainda.

De perto, o estranho não era tão velho como inicialmente julgara. Sob a fuligem e o sangue, a pele estava macia e a cara ainda mantinha alguns traços jovens. Parecia ser um ou dois anos mais velho do que Lila, mas não mais. Ela afastou-lhe o cabelo cor de cobre da testa e as pálpebras tremularam e começaram a abrir-se.

Lila afastou-se repentinamente. Um dos olhos era de um azul encantador; o outro, preto como a noite. Não o era apenas na íris, como acontecia com alguns homens vindos do Extremo Oriente, mas de um negro puro, *contranatura*, que ia de uma ponta à outra sem ser interrompido por qualquer cor ou branco.

O olhar dele começou a focar-se. Lila pegou no objeto mais próximo – um livro – e bateu-lhe com ele na cabeça. Quando o corpo frouxo não deu sinal de que iria acordar, Lila colocou o livro de lado e pegou-lhe nos pulsos.

Cheira a flores, pensou distraidamente, enquanto o arrastava pelo chão.

III

Quando Kell recobrou os sentidos, estava amarrado a uma cama.

Uma corda áspera enrolava-se-lhe nos pulsos, prendendo-os à cabeceira atrás de si. A cabeça latejava-lhe, e uma dor pesada atravessou-lhe as costelas quando se tentou mexer, mas, pelo menos, o sangue estancara e, quando tentou aceder ao seu poder, ficou aliviado por senti-lo. O encantamento da espada real havia desvanecido.

Após uns momentos de autoavaliação, Kell apercebeu-se de que não estava sozinho. Erguendo a cabeça da almofada, topou com a ladra empoleirada de cócoras numa cadeira aos pés da cama a dar corda a um relógio de prata, o olhar pousado nele. Retirara o disfarce, e Kell ficou surpreendido com a cara antes ocultada. O cabelo escuro era curto, pela altura do maxilar, que terminava num queixo afilado. Parecia nova, mas perspicaz, ossuda como um pássaro faminto. Só os seus olhos eram redondos, ambos castanhos, embora de tons ligeiramente diferentes. Kell abriu a boca com o intuito de começar a conversa com uma pergunta como «Podes soltar-me?» ou «Onde está a pedra?», mas deu consigo a dizer:

– Um dos teus olhos é mais claro do que o outro.

– E um dos teus é preto – ripostou ela. – Parecia cautelosa, mas não assustada. Ou, se o estava, escondia-o muitíssimo bem. – O que és tu? – perguntou.

– Um monstro – retorquiu Kell num tom rouco. – É melhor libertares-me.

A rapariga soltou uma risadinha trocista.

– Os monstros não desmaiam na presença de senhoras.

– As senhoras não se vestem como homens nem roubam – retorquiu Kell.

O sorriso dela abriu-se um pouco.

– A sério, o que és?

– Uma pessoa atada à tua cama – declarou Kell factualmente.

– E mais?

Ele franziu o sobrolho.

– E um homem em apuros.

Aquilo pelo menos valeu-lhe um vislumbre de surpresa.

– Além do facto de estares atado à minha cama?

– Sim – replicou Kell, tentando sentar-se, apesar das cordas, para a poder olhar nos olhos. – Preciso que me soltes e me devolvas aquilo que roubaste. – Perscrutou o quarto na esperança de encontrar a pedra, mas ela já não se encontrava em cima da mesa. – Não te vou denunciar. Vamos fingir que nada disto aconteceu, mas *preciso* do que me roubaste.

Kell esperava que ela olhasse, se movesse, aproximasse, inclinasse até na direção do talismã, mas a rapariga manteve-se perfeitamente estática, o olhar inabalável.

– Como chegaste aqui? – perguntou ela.

Kell mordeu o lábio.

– Não irias acreditar – replicou com indiferença.

Ela encolheu os ombros.

– Só saberemos se me disseres.

Kell hesitou. A rapariga não recuara ao ver-lhe o olho e não o tinha denunciado ou gritado por ajuda quando ele lhe entrara, ensanguentado, no quarto pela parede dentro. O mundo Cinzento sabia tão pouco sobre magia, tinha esquecido tanto, mas havia algo no olhar dela, um desafio que o fez ponderar se lhe iria provar que estava errado. Se seria *capaz* disso.

– Como te chamas? – perguntou ele.

– Não mudes de assunto.

– Não estou a mudar de assunto – explicou Kell, enrolando os dedos em volta das cordas que o prendiam à cama. – Só quero saber o nome da minha captora.

Ela estudou-o por alguns instantes antes de lhe responder.

– Delilah Bard – disse. – Mas Lila é suficiente.

Lila. Um nome suave, mas ela usava-o qual faca, que cortava na primeira sílaba, sendo a segunda um mero suspiro metálico no ar.

– E o meu cativo?

– Kell – respondeu ele. – O meu nome é Kell e venho de uma outra Londres. Usei magia para entrar no teu quarto.

Como seria de esperar, os lábios dela torceram-se.

– Magia – repetiu, secamente.

–Sim – disse ele. – Magia.

Daquela vez, ao proferir a palavra, apertou com mais força as cordas, que se incendiaram, reduzindo-se a cinza num ápice. Fora um pouco exagerado, talvez, mas teve o efeito pretendido. Lila ficou hirta na cadeira enquanto Kell se endireitava na cama. Uma onda de tontura atravessou--lhe o corpo. Ele deteve-se, esfregando os pulsos enquanto esperava que o quarto parasse de girar.

– Mais especificamente – explicou –, usei magia para fazer uma porta.

Passou a mão pelo corpo e descobriu que não tinha a sua faca. Ela desarmara-o. Carregou o sobrolho e, devagar, tirou as pernas de cima da cama, pousando as botas no chão.

– Quanto me roubaste naquele beco, deste-me o teu lenço. Com ele, criei uma porta que me trouxe diretamente a ti.

O que, a propósito, era algo *muito* mais difícil do que parecia. As portas destinam-se a levar pessoas a lugares, não a outras pessoas. Aquela fora a segunda vez que Kell conseguira usar a magia para chegar a alguém. Sem mencionar que estivera a sangrar a cada passo. Fora demasiado. Os últimos resquícios de poder tinham-no levado até ali e depois...

– Outra Londres – disse Lila.

– Sim.

– E fizeste uma porta.

– Sim.

– Com magia.

– Sim.

Naquele momento, olhou-a nos olhos, esperando encontrar confusão, ceticismo, descrença, mas topando com algo diferente. Ela olhava-o de modo neutro. Não, *não* era neutro. Intenso. Analítico. Kell tinha a esperança de que a rapariga não lhe pedisse uma outra demonstração. O seu poder só agora regressava e precisava de o guardar.

Lila levou um dedo à parede, onde o eco espetral da sua porta ainda pairava.

– Acho que isso explica a marca.

Kell franziu o sobrolho. A maior parte das pessoas ali não era capaz de ver os ecos de magia ou, pelo menos, não reparava neles. As marcas, tal como grande parte da magia, não eram captadas pelo espectro dos seus sentidos.

– E a pedra? – perguntou ela.

– Magia – disse ele. *Magia negra. Magia forte. Magia morta.* – Magia má.

Por fim, Lila cometeu um lapso. Por uma fração de segundos, os seus olhos dirigiram-se para uma cómoda encostada à parede. Kell não hesitou. Atirou-se à gaveta de cima, mas, antes que os seus dedos tocassem na madeira, uma faca encostou-se-lhe à garganta. Viera do nada. De um bolso. De uma manga. A lâmina fina repousava-lhe mesmo por baixo do queixo. O sorriso de Lila era tão afiado como o metal.

– Senta-te antes que morras, rapaz mágico.

Lila baixou a faca, e Kell afundou-se lentamente aos pés da cama. Foi então que ela o surpreendeu uma segunda vez ao retirar o talismã não da gaveta da cómoda, onde parecia ter insinuado que estava, mas do próprio ar. Num segundo, a palma da mão encontrava-se vazia; no outro, segurava a pedra, num movimento impecável. Kell engoliu em seco, pensativo. Podia tirar-lhe a faca das mãos, mas o mais provável é que ela tivesse outra e, pior ainda, a pedra na sua posse. Era humana e não sabia nada de magia, mas, caso formulasse um pedido, a pedra poderia responder. Kell lembrou-se do assassino, paralisado.

Lila passou o polegar pelo talismã.

– Que tem esta pedra assim de tão mau?

Ele hesitou, pesando bem as palavras.

– Não deveria sequer existir.

– Quanto é que vale?

– Vale a tua vida – retorquiu Kell, cerrando os punhos. – Porque, e acredita no que te digo, quem me persegue vai matar-te em segundos para recuperar isso.

O olhar de Lila dirigiu-se para a janela.

– Foste seguido?

Kell abanou a cabeça.

– Não – replicou, lentamente. – Não me podem seguir até aqui.

– Então não há motivos para me preocupar.

A atenção de Lila regressou ao talismã. Kell conseguia ver a curiosidade a arder nela e questionou-se se a pedra a chamava como chamara por ele.

– Lila – pediu, lentamente –, por favor, larga isso.

Ela semicerrou os olhos, tentando perceber o símbolo que a pedra tinha na face, como se isso a ajudasse a decifrá-lo.

– Que significa isto? – perguntou. Quando Kell não respondeu, acrescentou: – Se me disseres, devolvo-ta.

O *Antari* não acreditou, mas, ainda assim, respondeu.

– É o símbolo para magia – explicou. – *Vitari*.

– Uma pedra mágica chamada «magia»? Não é lá muito original. Que consegue fazer?

– Não sei.

Aquilo era, em parte, verdade.

– Não acredito em ti.

– Não quero saber.

Lila franziu o sobrolho.

– Começo a pensar que não a queres de volta.

– E não quero – replicou Kell, o que era, em grande medida, verdade, embora uma parte dele ansiasse por voltar a segurá-la. – Mas preciso dela. E respondi à tua pergunta.

Lila estudou a pedra.

– Uma pedra mágica chamada magia – declarou absorta, girando o objeto na palma da mão. – O que me leva a pensar que ela faz... o quê? *Faz* magia? Cria coisas *com* magia? – Deve ter lido a resposta na expressão preocupada de Kell, pois sorriu, triunfante. – Uma fonte de poder, então... – parecia estar a conversar consigo mesma. – Pode criar qualquer coisa? Como será que funcio...

Kell atirou-se ao talismã. Quase lhe tocava quando a faca de Lila golpeou o ar e lhe rasgou a mão. O *Antari* arfou enquanto o sangue ia pingando.

– Já te tinha avisado – disse ela, agitando a faca como se fosse um dedo.

– Lila – pediu ele, cansado, a mão no peito. – Por favor, devolve-ma.

Mas Kell sabia que ela não o faria. Havia um brilho de traquinice no seu olhar – um olhar, Kell sabia, que ele próprio já tivera. Que iria ela convocar? *Que* poderia ela convocar, aquela humana desengonçada? Lila estendeu ambas as mãos diante de si como que numa prece, e Kell assistiu, curioso e preocupado, ao fumo emanar-lhe dos dedos. Enrolou--se em volta da sua mão livre, entrelaçando-se e ganhando forma, até que Lila segurava numa belíssima espada dentro de uma bainha lustrosa.

Os olhos esbugalharam-se-lhe numa expressão de surpresa e deleite.

– Funcionou – sussurrou, para si mesma.

O punho brilhava com o negro lustroso do olho de Kell e da pedra roubada e, quando libertou a espada da bainha, o metal cintilou – também ele preto – à luz da vela, sólido como aço trabalhado. Lila assobiou de satisfação. Kell expirou de alívio ao ver a espada – podia ter sido bem pior –, que ela encostou à parede.

– Já viste como funciona – disse Kell, cuidadosamente. – Agora, devolve-ma.

Ela não percebia – não podia perceber – que este tipo de magia era *errado* ou que a pedra se alimentava da sua energia. – Por favor. Antes que te magoes.

Lila lançou-lhe um olhar trocista e acariciou a pedra.

– Nem penses – retorquiu. – Ainda agora comecei.

– Lila... – instigou Kell, mas era tarde demais. O fumo negro já lhe emanava por entre os nós dos dedos, muito mais do que dantes, ganhando forma no quarto, entre eles. Dessa volta, em vez de uma arma, transfigu-rou-se num jovem rapaz. Não num qualquer jovem rapaz, apercebeu-se Kell, quando as feições de fumo se fizeram carne.

Era Kell.

Tratava-se de um duplo quase perfeito, desde o casaco com a franja desgastada ao cabelo ruivo que lhe caía pela cara, ocultando-lhe o olho negro. Só que este Kell não tinha um olho azul. Ambos cintilavam, tão negros e intensos como a pedra na mão de Lila. A aparição, de início, não se moveu, limitando-se a ali ficar, à espera.

Kell que *era* Kell olhou para o que não era.

– Que pensas que estás a fazer?

A pergunta era dirigida a Lila.

– Estou só a divertir-me um bocadinho – disse ela.

– Não podes andar por aí a *criar pessoas*.

– Pelos vistos, até posso – ripostou ela.

Foi então que o Kell de olhos negros começou a *mexer-se*. Despiu o casaco e atirou-o para uma cadeira que por ali estava. Depois, o *Antari* assistiu horrorizado ao seu eco começar a despir a túnica, um botão de cada vez.

Soltou uma risadinha sufocada.

– Deves estar a brincar comigo.

Lila limitou-se a sorrir e a girar a pedra na palma da mão enquanto o Kell que não era Kell se despia lenta e provocadoramente, ficando em tronco nu. Os seus dedos começaram a tirar o cinto.

– Muito bem, já chega – admoestou Kell. – Desfá-lo.

Ela suspirou.

– Não és nada divertido.

– Isto *não é* divertido.

– Talvez não seja, para ti – retorquiu Lila com um sorriso arrogante enquanto o outro Kell se despia, retirando o cinto.

Porém, Lila não via o que ele via: a cara outrora vazia do eco começava a *mudar*. Tratava-se de uma alteração subtil de uma coisa oca que se enchia.

– Lila – insistiu Kell –, ouve o que digo. Desfá-lo, *agora*.

– Está bem, está bem – aceitou ela, cruzando o olhar com o duplo de olhos negros. – Hum... como faço isso?

– Desejaste que ele fosse criado – explicou Kell, levantando-se. – Agora deseja que *desapareça*.

Lila franziu o sobrolho, e o fantasma parou de se despir, mas não desapareceu.

– *Lila.*

– Estou a tentar – garantiu ela, segurando a pedra com mais força.

Ante isso, a cara do duplo contorceu-se; de vazia, alterou-se rapidamente para consciente, ficando, logo de seguida, *irada*. Foi como se *soubesse* o que estava a acontecer. Os seus olhos moveram-se da cara de Lila para a sua mão e regressaram à cara. Depois, *investiu contra ela*. Foi tão veloz que, num instante, num ápice, já a alcançara. A pedra caiu-lhe das mãos, e o Kell que não era Kell atirou-a de costas contra a parede.

A sua boca abriu-se para falar, mas, antes que conseguisse fazê-lo, as mãos dissolveram-se-lhe – *ele próprio* se dissolveu –, regressando de súbito ao fumo e depois ao nada. Lila deu consigo cara a cara com o Kell que *era* Kell, a mão ensanguentada erguida no lugar onde a ilusão estivera, a sua ordem – *As Anasae* – ainda ecoando pelo quarto.

A rapariga desequilibrou-se e quase caiu, segurando-se na cómoda. Tratava-se do efeito do breve momento em que estivera na posse da pedra, tal como ocorrera com Kell. Conseguiu fazer uma curta inspiração instável antes que ele fechasse a mão ensanguentada em volta da sua garganta.

– Onde está a minha faca? – rosnou.

– Na gaveta de cima – disse ela, arfando.

Kell anuiu, mas não a largou. Em vez disso, segurou-lhe no pulso e encostou-o à parede, ao lado da cara dela.

– Que estás a fazer? – resmungou Lila, mas Kell não respondeu. Concentrou-se na madeira. O material começou a estalar e a torcer, empolando-se e enrolando-se em volta do pulso dela. Lila debateu-se, mas, em menos de nada, estava tudo feito. Quando Kell a largou, a parede não o fez. Pegou na pedra que se encontrava no chão enquanto a rapariga se debatia e lutava contra aquela algema improvisada.

– Mas que raio...? – Tentou libertar-se da madeira enquanto Kell se obrigava a meter a pedra no bolso. – Estragaste a parede. Como é que vou pagar isto? Como é que vou *explicar* isto?

Kell dirigiu-se para a gaveta. Lá, encontrou a maior parte dos pertences que trazia nos bolsos – felizmente, Lila só deitara a mão ao casaco preto – e a sua faca.

– Não me podes deixar aqui, assim – resmungou ela.

Kell voltou a guardar os seus haveres nos bolsos e passou um polegar por cima das familiares letras gravadas na faca antes a colocar novamente no respetivo coldre. Foi então que ouviu o som de metal a deslizar de uma bainha de couro atrás de si conforme Lila pegava noutro punhal que tinha nas costas.

– Se fosse a ti, não fazia isso – alertou ele, atravessando o quarto em direção à janela.

– E porquê? – rosnou a rapariga.

– Porque – retorquiu ele, levantando o vidro – vais precisar disso para te libertar.

Dito aquilo, Kell subiu ao parapeito e saltou.

A queda foi maior do que esperava, mas aterrou agachado, o ar no beco a subir para o amparar. A janela parecera-lhe a saída mais segura, visto que não estava certo de onde se encontrava na Londres Cinzenta ou do tipo de casa onde estivera cativo. Da rua, apercebeu-se de que não se tratava sequer de uma casa, mas sim de uma taverna. Ao virar a esquina, viu a placa que oscilava ao sabor da brisa vespertina. Balançou das sombras para a luz da chama, regressando novamente às sombras, mas Kell conseguiu um vislumbre do que dizia.

STONE'S THROW.

Não deveria ter ficado surpreendido – todas os caminhos pareciam ali levar –, mas aquilo desconcertou-o. *Quais eram as probabilidades?*, pensou, embora soubesse que a magia ignorava quaisquer probabilidades. Ainda assim...

Kell tinha um pressentimento estranho acerca da rapariga, mas igno-rou-o.

Ela não importava. Tinha a pedra.

Agora, só precisava de decidir o que fazer com ela.

IV

Lila precisou de quase uma hora para se libertar, retalhando, cortando e serrando. Quando, por fim, a madeira deu de si, o gume da lâmina estava irremediavelmente estragado; uma parte da parede, destruída e ela, desesperada por um copo. As moedas não se haviam multiplicado, mas para o diabo com as poupanças! Naquela noite, precisava de uma bebida.

Lila esfregou os pulsos, atirou a faca estragada para cima da cama e apanhou o seu segundo punhal, ainda afiado, do chão, onde caíra. Uma torrente de pragas passou-lhe pelos lábios enquanto limpava o sangue de Kell do gume e uma torrente de perguntas assolou-a quando a embainhou, mas afastou o pensamento de tudo aquilo e retirou o revólver da gaveta, enfiando-o no coldre. Se na altura o tivesse tido consigo, teria feito um buraco na cabeça de Kell.

Ainda praguejava silenciosamente, passando a capa em volta dos ombros, quando algo lhe chamou a atenção. A espada, aquela que tinha convocado, ainda se encontrava encostada à parede. O safado não se livrara *daquilo* antes de partir. Lila levantou-a com cuidado, àquela coisa tão bela, e admirou o punho negro e cintilante. Era tudo o que imaginara. Até os pormenores gravados no punho. A bainha vibrava sob os seus dedos, tal como a pedra quando a segurara. *Queria* ficar com a espada, queria continuar a *segurá-la*, num estranho anseio visceral em que não confiava. Lila sabia o que era desejar ter algo, sabia como esse desejo nos sussurra, canta e grita nas entranhas. E aquilo assemelhava-se a esse sentimento, mas era diferente. Um falso desejo.

Lembrou-se de como se sentira quando largara a pedra, a súbita tontura que se seguira, como se toda a sua energia lhe tivesse desaparecido dos membros. Roubada quando não estava a olhar. De um modo estranho, lembrava-lhe um carteirista com um jogo de mãos dissimulado. Eis como funcionava. Um golpe em condições necessitava de *duas* mãos. Enquanto se presta atenção a uma, a outra passa despercebida. Lila estivera tão concentrada naquela à sua frente, abanando algo brilhante, que não reparara na outra que lhe roubara os bolsos.

Magia má, havia-lhe chamado Kell.

Não, pensava Lila, agora. *Magia inteligente*.

Ora, a *inteligência* era sempre mais perigosa do que a *maldade*. Pelo menos, isso Lila sabia. Portanto, por muito que lhe custasse fazê-lo, dirigiu-se até à janela aberta e atirou a espada. *Bons ventos a levem*, pensou ao vê-la cair nas pedras da calçada.

Ergueu o olhar até aos telhados e chaminés e perguntou-se para onde teria ido Kell. Porém, logo a pergunta deu lugar a uma série de outras. Ciente de que nunca saberia a resposta para qualquer uma delas, fechou a janela com um estrondo e decidiu ir tratar da tal bebida.

*

Um homem saiu cambaleante do Stone's Throw e por pouco não caiu nos degraus. *Seus patifes*, pensou. Decerto não estavam ali quando entrara na taverna umas quantas horas antes. Ou, se estavam, haviam mudado, tinham-se alterado de alguma maneira. Talvez fossem mais agora. Ou menos. Tentou contá-los, mas o olhar turvou-se-lhe e desistiu, oscilando.

O homem chamava-se Booth e precisava de mijar.

O pensamento surgiu do nevoeiro, ei-lo, ali, brilhante como uma luz. Booth arrastou as botas pelas pedras da calçada até ao beco mais próximo (teve a decência de não o fazer nos degraus, apesar de estes lhe *terem* surgido do nada).

Num andar cambaleante, dirigiu-se para o estreito espaço entre os edifícios, só então se apercebendo do breu profundo que fazia – nem conseguia ver a própria mão, mesmo que estivesse sóbrio o suficiente para a procurar –, mas os seus olhos continuavam a fechar-se, pelo que isso nem tinha grande importância.

Booth encostou a cabeça às pedras frias da parede da taverna enquanto urinava, cantarolando baixinho de si para consigo uma cantiga sobre mulheres, vinho e... qualquer outra coisa de que já não se conseguia lembrar. Deixou que a melodia se dissipasse enquanto abotoava as calças, mas, ao voltar-se para a entrada do beco, a bota bateu em algo. O objeto deslizou, arrastando-se, antes de embater na parede, e Booth até o teria deixado ali não fosse uma rajada de vento ter girado a lanterna mais próxima, espalhando um clarão de luz pelo beco escurecido.

O fragmento de luz brilhou no metal, e os olhos de Booth esbugalharam-se de pasmo. Podia já ter bebido umas quantas cervejas, mas a avareza deixava qualquer um sóbrio. Quando a luz voltou a desaparecer, deu consigo de gatas no chão húmido, apalpando sombras até que, por fim, os dedos se enrolaram em volta daquele prémio.

Booth ergueu-se a custo e cambaleou até junto do candeeiro de rua. Aí, apercebeu-se de que empunhava a bainha de uma espada, a arma ainda lá dentro. O punho brilhava, mas não era prateado, dourado ou de aço, antes, isso, sim, negro. Negro como petróleo e liso como uma pedra. Agarrou no punho e desembainhou a espada, soltando um gemido de felicidade. O metal da lâmina era tão lustroso e negro como o punho. Uma estranha e rara espada. Booth pesou-a nas mãos carnudas. Ganharia bom dinheiro. Muito bom dinheiro. Mas só nos sítios certos, claro. Não podiam pensar que ele a roubara, claro. Achado não é roubado... achado é vendido! É isso, ou algo parecido, claro.

Contudo... o mais estranho...

Os seus dedos começaram a formigar na zona onde se encontravam com o punho. *Que coisa estranha*, pensou, naquele modo calmo e distante que acompanha uma intoxicação profunda. De início, não se preocupou. Porém, quando tentou largar a arma, não conseguiu. Ordenou aos dedos que a soltassem, mas eles mantiveram-se firmes em volta do brilhante punho negro.

Booth abanou a mão, primeiro devagar e depois vigorosamente, mas parecia não conseguir tirar os dedos da arma. Então, de súbito, o formigueiro transformou-se num choque, quente, frio e estranho, uma sensação muitíssimo *desagradável*. Espalhou-se pelo braço, sob a pele e, quando Booth cambaleou para trás, na direção da luz à entrada do beco, viu que as veias nas costas da mão, por cima do pulso e ao longo do antebraço se estavam a tingir de *negro*.

Agitou a mão com mais força e por pouco não caiu, mas, ainda assim, não conseguia libertar-se da espada. Ela não o largava.

– Larga-me – resmungou, sem saber se estaria a falar com a mão se com a arma.

Em resposta, a mão que segurava a espada – que já nem parecia pertencer-lhe de todo – estreitou ainda mais o punho. Booth inspirou, surpreendido por ver os dedos virarem a lâmina lentamente em direção ao seu estômago.

– Mas que raio... – praguejou, lutando contra si próprio, a mão livre num combate acérrimo para segurar a outra. Contudo, não foi suficiente – a coisa que o controlava era mais forte do que tudo o resto –, e, com um golpe certeiro, a mão que segurava a espada, trespassou-lhe as entranhas, afundando a lâmina até ao punho.

Com um gemido, Booth caiu de joelhos. A lâmina negra brilhava com uma luz escura. Foi então que se começou a *dissolver*. Derreteu, não para baixo, mas para dentro. Através da ferida, entrando no corpo de Booth. No seu sangue. O homem sentiu uma arritmia e, depois, o coração recobrou, firme e forte enquanto a magia se espalhava. O corpo estremeceu e, no instante seguinte, ficou estático.

Durante bastante tempo, Booth, ou o que restava dele, ali ficou, agachado no chão do beco, paralisado, as mãos no estômago, onde a lâmina abrira caminho e onde, agora, só restava uma borra de tinta negra qual cera derretida. Depois, lentamente, os braços deslizaram para o lado do corpo, as veias negras. A cor da verdadeira magia. Ergueu a cabeça e piscou dois olhos negros, olhando em volta e, depois, para si, contemplando-se. Dobrou os dedos, com cuidado, como que a testá-los.

Então, devagar e firmemente, pôs-se de pé.

SETE

O SEGUIDOR

I

Lila poderia ter-se limitado a descer ao Stone's Throw, mas já devia o bastante a Barron – ele recusava-se a aceitar-lhe as moedas, ora porque achava que ela precisava, ora porque, para começo de história, nem dela eram – e precisava de apanhar um pouco de ar fresco para aclarar as ideias.

Outras Londres.

Homens que atravessam portas mágicas.

Pedras que criam coisas a partir do nada.

Era tudo material de histórias.

De *aventuras*.

E tudo aquilo estivera à mão de semear. E desaparecera. Lila sentia-se vazia, esfomeada e oca de um modo novo e horripilante. Ou, talvez, fosse aquilo que sempre sentira, mas agora esse vazio ganhara um nome: *magia*. Não tinha a certeza. Só sabia que, enquanto segurara na pedra, sentira algo. Quando olhara para o olho estranho de Kell, sentira algo. No momento em que a magia torcera a madeira da parede em volta do seu pulso, sentira algo. De novo lhe surgiam as perguntas e, de novo, Lila as afastou, inspirando o ar noturno – cheio de fuligem e pesado com a promessa de chuva – e arrastando-se por entre a teia de ruas, através de Westminster até ao Barren Tide.

O Barren Tide encontrava-se mesmo a norte da ponte, na margem sul, resguardado entre Belvedere e York, numa rua muito estreita chamada Mariner's Walk. Começara a ali parar nas noites de maior saque antes de voltar para junto de Powell (na sua opinião, sempre acabavam por sobrar menos moedas para ele lhe tirar). Gostava do bar porque estava repleto de madeira negra e vidro fosco, contornos grosseiros e uma ementa ainda mais grosseira. Não se tratava de um lugar elegante para roubar, mas era perfeito para desaparecer entre a clientela. Não tinha grande medo de ser reconhecida, nem como rapariga (a luz mantinha-se sempre baixa e o seu capuz sempre enfiado), nem como um ladrão procurado (a maioria dos clientes era procurada por *algum motivo*).

Mantinha as armas sempre à mão, mas não achava que fosse precisar delas. No Barren Tide, as pessoas tinham por hábito não se meter na vida alheia. Nas não tão raras ocasiões em que havia rixas, os clientes estavam mais preocupados com a segurança das bebidas (mais depressa salvavam um jarro de uma mesa vacilante do que se dignavam a ajudar o homem cujo corpo tombado a fizera vacilar), e Lila acreditava que qualquer pessoa que gritasse por ajuda em pleno bar não receberia mais do que um erguer de copo e um sobrolho franzido.

Certamente não era um lugar para todas as noites, mas parecia-lhe o adequado para *aquela* noite.

Foi só quando já se encontrava sentada ao balcão, uma caneca de cerveja na mão, que deixou as perguntas correrem livremente – os *porquês* e os *como* e, acima de tudo, os *e agora?*, porque sabia que não poderia voltar a não saber, a não ver, a não se questionar... Tão concentrada estava nos seus pensamentos, que nem reparou no homem que se sentou a seu lado. Até que ele falou.

– Estás assustada? – A voz era profunda, suave e estrangeira. Lila ergueu o olhar.

– Desculpa? – indagou ela, quase se esquecendo de manter a voz baixa.

– Estás a segurar no copo com toda a força – explicou o homem, apontando-lhe para os dedos, os nós esbranquiçados. Lila relaxou, mas apenas um pouco.

– Foi uma noite longa – explicou ela, levando a cerveja quente aos lábios.

– E, no entanto, ainda é tão cedo – divagou o homem, bebendo um gole.

Mesmo no Barren Tide, cujas entranhas se enchiam todas as noites com uma tripulação heterogénea, o homem parecia deslocado. À luz fraca do bar, parecia estranhamente... desvanecido. As suas roupas eram de um cinzento-escuro e vestia um manto simples e curto, preso por um gancho prateado. A pele, já de si pálida, parecia sê-lo ainda mais, em contraste com o balcão de madeira escura. O cabelo era de um tom estranho, descolorado. Quando falou, tinha uma voz firme, sem ser doce, neutra de um modo que arrepiava Lila, o sotaque áspero como cascalho.

– Não és daqui, pois não? – perguntou ela.

As comissuras dos lábios dele torceram-se ante aquela pergunta.

– Não.

Passou distraidamente um dedo pela borda do copo. Mas nada nele parecia distraído. Nenhum dos seus movimentos. Movia-se com uma precisão lenta que deixava Lila nervosa.

Havia algo nele, algo simultaneamente estranho e familiar. Não conseguia vê-lo, mas *sentia-o*. Foi então que percebeu. Aquela sensação. Era igual à que tivera ao olhar para o olho negro de Kell, ao segurar na pedra, enquanto estivera presa à parede. Um calafrio. Um formigueiro. Um sussurro.

Magia.

Lila ficou hirta e esperou não ter transparecido nada ao levar a caneca aos lábios.

– Talvez o melhor seja apresentarmo-nos – propôs o estranho, virando-se para que ela lhe conseguisse ver a cara. Lila por pouco não se engasgou. Não havia nada de errado no ângulo do seu maxilar ou na disposição do nariz ou na linha dos lábios. Mas aqueles olhos. Um era de um verde-acinzentado; o outro, preto como a noite.

– Chamo-me Holland.

Um arrepio percorreu-lhe o corpo. Ele era tal qual Kell e, contudo, completamente diferente. Olhar para o olho de Kell fora como contemplar um mundo novo por uma janela. Um mundo estranho e confuso, mas não assustador. Olhar para o olho de Holland aterrava-a. Sob as profundezas negras e lisas, rodopiavam coisas sombrias. Uma palavra atravessou-lhe a mente. *Foge.*

Lila não quis levantar a caneca, não fossem as mãos tremer. Por isso, afastou-a ao de leve e, com indiferença, tirou um xelim do bolso.

– Bard – disse, em jeito de apresentação e despedida.

Estava prestes a içar-se do balcão quando o homem a segurou pelo pulso, prendendo-o contra a madeira envelhecida. O contacto com a pele dele provocou-lhe um arrepio, que lhe subiu pelo braço. Os dedos da sua mão livre torceram-se, tentados a abrir caminho até ao punhal que guardava sob a capa, mas resistiu.

– E o teu primeiro nome, menina?

Lila tentou libertar-se, mas o torno dele era inquebrável. Nem parecia estar a esforçar-se.

– Delilah – rosnou. – Lila, se preferires. Agora, larga-me se não queres ficar sem dedos.

Uma vez mais, as comissuras dos lábios dele moveram-se num trejeito que não era bem um sorriso.

– Onde está ele, Lila?

O coração quase lhe saltou do peito.

– Quem?

O aperto de Holland estreitou-se, como que num aviso. Lila estremeceu.

– Não mintas. Consigo cheirar a magia dele em ti.

Lila olhou-o nos olhos.

– Talvez porque ele a usou para me prender a uma parede depois de o ter roubado e atado a uma cama. Se estás à procura do teu amigo, não te posso ajudar. Conhecemo-nos numa situação desagradável e separamo-nos numa ainda pior.

O aperto de Holland afrouxou, e Lila soltou um suspiro de alívio, que rapidamente se desfez quando o seu interlocutor se levantou de súbito, a agarrou por um braço e a arrastou em direção à porta.

– Mas que raio estás tu a fazer? – ripostou ela, as botas arrastando-se contra o chão desbotado enquanto tentava sem sucesso libertar-se. – Já te disse que não somos amigos.

– Isso é o que veremos – disse Holland, empurrando-a para a frente.

Os clientes do Barren Tide nem sequer desviaram o olhar das respetivas bebidas. *Patifes*, pensou Lila enquanto era empurrada com toda a força para a rua.

No momento em que a porta do bar se fechou atrás deles, Lila levou a mão ao revólver que trazia no cinto, mas, para alguém cujos movimentos pareciam tão lentos, Holland era rápido – *impossivelmente* rápido. Quando ela, por fim, puxou do gatilho, o tiro só encontrou ar. Antes de o som do disparo se dissipar, Holland reapareceu, desta volta atrás dela. Lila sentiu-o, sentiu o ar mover-se por um breve segundo antes de uma das mãos dele se fechar em volta da sua garganta, puxando-lhe os ombros para trás, de encontro ao seu peito. A outra mão apertou-lhe os dedos na pistola, levando-lha até à têmpora. Tudo aquilo demorou não mais do que uma fração de segundo.

– Desfaz-te das tuas armas – instruiu ele. – Ou fá-lo-ei por ti.

Não a apertava de forma dilacerante. Na verdade, fazia-o de modo descontraído, confiante, e Lila lidava com assassinos havia tempo suficiente para saber que aqueles que devia temer eram os que seguravam na arma descontraidamente, como se tivessem nascido com ela. Lila usou a mão livre para retirar a faca do cinto e deixou-a cair no chão. Libertou uma segunda das costas. Costumava guardar a terceira na bota, mas essa repousava na sua cama, estragada. A mão de Holland deslizou-lhe da garganta até ao ombro, mas puxou do cão da arma em jeito de aviso.

– Então, não tens canhões? – perguntou, secamente.

– És louco – rosnou Lila. – O teu amigo Kell há muito que partiu.

– Achas? – perguntou Holland. – Vamos descobrir.

O ar em redor deles começou a crepitar com energia. Com *magia*. Holland tinha razão: conseguia *cheirá-la*. Não flores, como acontecera com Kell (flores e algo diferente, algo coberto de erva e limpo). Em vez disso, o poder de Holland tinha um odor metálico, lembrando aço aquecido. Queimava o ar.

Lila perguntou-se se Kell também o sentiria. Se era isso que Holland pretendia.

Havia algo mais naquela magia, não um cheiro, mas um outro sentido qualquer, algo aguçado, como ira, como ódio. Uma ferocidade que não se revelava nas linhas do rosto de Holland. Não, a sua face estava assustadoramente calma. Terrivelmente calma.

– Grita – disse ele.

Lila franziu o sobrolho.

– O que quer...

A pergunta foi interrompida pela dor. Um raio de energia, lembrando um trovão, disparou-lhe pelo braço acima, onde ele a agarrava, dançando-lhe pela pele e eletrizando-lhe os nervos. Lila gritou antes que se conseguisse travar. E, depois, quase tão depressa como chegara, a dor desaparecera, deixando-a ofegante e trémula.

– Seu... patife – rosnou ela.

– Chama por ele – instruiu Holland.

– Posso assegurar-te de que... ele não... vai voltar – replicou ela, gaguejando. – Decerto que não... o fará por mim. Nós...

Foi invadida por outra onda de dor, mais forte, mais aguçada, cerrou o maxilar e esperou que passasse, mas, dessa vez, não passou. Só se tornou mais e mais forte. Através dela, Lila conseguiu ouvir Holland propor, calmamente:

– Talvez deva começar a partir ossos?

Ela tentou dizer que não, mas, quando abriu a boca, tudo o que ouviu foi um grito, após o que, como que encorajada, a dor aumentou ainda mais. Foi então que chamou por Kell, embora aquilo de nada lhe servisse. Ele não viria. Talvez, se o chamasse, aquele louco se apercebesse disso e a deixasse ir. Talvez encontrasse outra forma de o atrair. Por fim, a dor desvaneceu-se, e Lila deu consigo de joelhos, uma mão na pedra fria da rua e a outra atrás das costas, ainda apertada por Holland. Pensou que ia vomitar.

– Assim está melhor – disse Holland.

– *Vai para o inferno* – cuspiu ela.

Ele içou-a e estreitou-a de novo contra si, aproximando-lhe a arma do maxilar inferior.

– Nunca usei um revólver – murmurou-lhe ao ouvido. – Mas sei como funcionam. São seis balas, certo? Já disparaste uma. Restam cinco, caso a arma estivesse carregada. Achas que consigo usar as restantes sem te matar? Os humanos morrem tão facilmente. Mas julgo que se tiver cuidado... – Holland deslizou-lhe a arma pelo corpo, detendo-se no ombro, depois no cotovelo, antes de a pousar junto à anca e finalmente diante do joelho. – Quanto mais depressa ele chegar, mais depressa te deixo ir embora. *Chama por ele.*

– Ele não vem – murmurou ela, amargamente. – Porque te recusas acreditar no que...

– Porque conheço o nosso amigo – retorquiu Holland, erguendo a mão que empunhava a arma (Lila estremeceu de alívio quando o beijo do metal se soltou da pele) e passando-lhe distraidamente o braço em volta dos ombros. – Ele está perto. Consigo ouvir-lhe as botas nas pedras da calçada. Fecha os olhos. Consegues ouvi-lo?

Lila cerrou os olhos, mas só escutava o bater do seu coração e os pensamentos rodopiando-lhe na cabeça. Não quero morrer. *Não, aqui. Não, agora. Não desta forma.*

– Trá-lo até mim – sussurrou Holland. O ar voltou a vibrar.

– Não...

Os ossos de Lila estalaram novamente de dor, que lhe raiava da cabeça aos pés e fazia o trajeto inverso. Gritou. Então, de repente, a agonia parou e o som morreu-lhe nos lábios. Holland largou-a, e ela caiu de gatas na rua calcetada, as pedras a rasparem-lhe os joelhos e as palmas das mãos enquanto se apoiava.

Por entre o latejar que sentia na cabeça, conseguiu ouvir a voz de Holland:

– Aqui estás tu.

Lila forçou-se a olhar para cima e viu Kell, o estranho rapaz mágico no seu casaco preto, ofegante e zangado.

Não podia acreditar.

Ele voltara.

Mas *porque* o fizera?

Antes que o conseguisse perguntar, Kell olhou-a, um dos olhos pretos, o outro azul, ambos muito abertos, e dirigiu-lhe uma única palavra.

– Foge.

II

Kell estivera na ponte, encostado ao corrimão enquanto tentava perceber como e por que motivo fora enganado – aquela carta falsa, o pedido humilde, os assassinos compelidos – quando sentiu o odor a magia no ar. Não uma ténue sugestão, mas antes uma chama intensa. Um farol de luz numa cidade escurecida. E uma assinatura que Kell reconheceria em qualquer parte. Aço aquecido e cinzas.

Holland.

Os pés de Kell levaram-no em direção à magia; foi só quando se afastou da orla sul da ponte que ouviu o primeiro grito. Deveria ter parado ali mesmo, deveria ter pensado. Era uma armadilha mais do que óbvia. Holland só lançaria aquela chama de poder para que reparassem nele. Ora, a única pessoa na Londres Cinzenta que poderia reparar nele era Kell. Ainda assim, disparou a toda a velocidade.

Foste seguido?, perguntara-lhe Lila.

Não. Não me podem seguir até aqui.

Mas Kell falhara. Ninguém em nenhum mundo o poderia seguir... exceto Holland. Só ele o podia fazer, e fizera-o, o que significava que queria a pedra. Também significava que Kell deveria estar a fugir àquela assinatura e ao grito, não a abrir caminho até lá.

A voz voltou a gritar e, desta vez, Kell estava perto o suficiente para reconhecer a origem do grito que fendia o ar pesado.

Lila.

Porque *a* perseguiria Holland?

Porém, Kell sabia a resposta. Pesava-lhe no peito. Era por causa *dele*. Porque, num mundo com tão pouca magia, o mais pequeno vestígio se destacava. E Lila teria vestígios, tanto da sua magia quanto da pedra, por todo o corpo. Kell sabia como camuflar os seus. Lila não teria como. Ardiam qual archote.

A culpa é toda dela, pensou, mesmo enquanto corria na direção do grito. *O raio da culpa é só dela.*

Correu disparado por uma rua, ignorando a dor que lhe ardia nas costelas e a voz na cabeça que lhe dizia para a deixar entregue à sua sorte e fugir enquanto podia.

Uma armadilha óbvia.

Cortou caminho pelo rio, através de um beco, virando uma esquina e detendo-se, cambaleante, numa viela mesmo a tempo de ouvir o eco do último grito de Lila, de lhe ver o corpo cair nas pedras da calçada. Holland encontrava-se atrás dela, os olhos fixos em Kell.

– Aqui estás tu – exclamou, como se estivesse feliz por ver o outro *Antari*.

Kell sentiu-se confuso. Lila olhou para cima.

– Foge – disse-lhe ele, mas ela limitava-se a fixá-lo. – Lila, *foge*.

Foi então que os olhos da rapariga se focaram nele, e Lila se levantou, vacilante, mas Holland agarrou-a pelo ombro e pressionou-lhe uma pistola à base do pescoço.

– Não, Lila – retorquiu ele, naquele seu modo calmo e exasperante. – Fica.

As mãos de Kell enrolaram-se em punhos.

– Que queres, Holland?

– Sabes bem o que quero. Tens algo que não te pertence.

A pedra pesava-lhe no bolso. Não, não lhe pertencia. Mas também não era de Holland. Nem certamente do trono Branco. Se os Dane, famintos de poder, tivessem semelhante talismã, nunca teriam aberto mão dele, quanto mais deixá-lo partir para outro mundo. Mas quem o *faria*? Quem *fez* tal coisa?

Com o seu poder, Astrid e Athos seriam quase invencíveis, verdade, mas um mero plebeu poderia usar a magia da pedra para se tornar rei. Num mundo faminto por poder, porque iria alguém fazer de tudo para se livrar daquilo?

Medo, pensou Kell. Medo da magia e medo do que aconteceria caso caísse nas mãos dos gémeos. Astrid e Athos decerto teriam tido conhecimento da existência da pedra e do seu desaparecimento, ordenando a Holland que a reouvesse.

– Dá-me a pedra, Kell.

A cabeça dele girava a mil à hora.

– Não sei do que estás a falar.

Holland lançou-lhe um olhar fulminante. Os dedos apertaram-se quase impercetivelmente em volta de Lila e o poder crepitou na pele da rapariga, que engoliu um grito e se debateu para se manter em pé.

– *Para* – exigiu Kell. Holland parou.

– Vais obrigar-me a repetir? – perguntou ele.

– Liberta-a – pediu Kell.

– Primeiro, a pedra – disse Holland.

Kell engoliu em seco ao tirar o talismã do casaco. Cantava-lhe nos dedos, desejoso de ser usado.

– Podes tentar tirar-mo – retorquiu ele. – Assim que a soltares.

Arrependeu-se do que dissera no instante preciso em que as palavras lhe saíram.

As comissuras da boca de Holland torceram-se num sorriso sombrio. Soltou um dedo de cada vez do braço de Lila, que cambaleou para a frente e lhe virou costas.

– Voa para longe, passarinho – aconselhou-a, o olhar ainda fixo em Kell.

– Vai – gritou Kell.

Conseguia sentir o olhar de Lila pousado nele, mas não era insensato a ponto de desviar os olhos de Holland, não naquele momento. Suspirou de alívio quando, por fim, ouviu as botas dela ecoando nas pedras da calçada. *Ótimo*, pensou. *Ótimo*.

– Isso não foi lá muito inteligente – disse Holland, atirando o revólver para o lado como se se tratasse de algo indigno dele. – Diz-me uma coisa: és assim tão arrogante como pareces ou apenas ingénuo?

– Holland, por favor...

O olhar do *Antari* escureceu.

–Tu olhas para mim, Kell, e pensas que somos parecidos. Que somos o mesmo, até... uma pessoa em dois caminhos distintos. Talvez acredites que o nosso poder nos liga um ao outro. Permite-me que corrija o teu equívoco. Podemos partilhar uma aptidão, tu e eu, mas isso não faz de nós iguais.

Dobrou os dedos, e Kell teve a nítida impressão de que aquilo não ia acabar nada bem. Holland lutara contra os Dane. Holland derramara sangue, vida e magia. Holland quase reclamara o trono Branco como seu.

Para o outro *Antari,* Kell era uma criança mimada.

Porém, Kell ainda tinha a pedra. Era magia má, uma magia proibida, mas ainda assim algo. Chamava-o, e ele apertou-a com mais força, o lado trilhado a enterrar-se-lhe na palma da mão, o poder vibrando, implorando-lhe para que lhe fosse acedida entrada, mas ele resistiu, criando um muro entre a energia do talismã e a sua. Não precisava de muito, apenas de convocar algo inanimado, algo que travasse Holland sem se virar contra ambos.

Uma jaula, pensou. E, então, ordenou. *Uma jaula*.

A pedra murmurou-lhe na mão, fumo negro começou a derramar-se-lhe por entre os dedos e...

Holland não hesitou.

Uma rajada de vento fendeu o ar e atirou Kell contra a porta de uma loja atrás de si. A pedra saltou-lhe da mão, as espirais de fumo negro dissolvendo-se no ar no momento em que o talismã embateu no solo. Antes que Kell tivesse oportunidade de se atirar a ele, os pregos de metal de outra porta estremeceram, libertando-se, e silvaram no ar, cravando-se no seu casaco e prendendo-o à madeira. A maior parte deles furou tecido, mas um encontrou carne, e Kell gemeu de dor quando o espigão lhe atravessou o braço e se espetou na porta.

– A hesitação mata a vantagem – divagou Holland enquanto Kell lutava em vão contra aqueles alfinetes de metal. Ordenou que se movessem, mas Holland comandou que ficassem onde estavam, e a vontade de Holland provou-se mais forte.

– Que estás a fazer aqui? – perguntou Kell, entredentes.

Holland suspirou.

– Pensei que era óbvio – disse, encaminhando-se para a pedra. – Estou a resolver uma trapalhada.

Enquanto Holland se dirigia para o talismã, Kell concentrou-se nos metais que o prendiam. Os pregos começaram a estremecer à medida que a sua vontade se sobrepunha à do outro *Antari*. Soltaram-se um centímetro – Kell cerrou o maxilar quando o que lhe trespassava o braço se moveu – no momento em que a atenção de Holland se voltava para a pedra do chão.

– Não faças isso – avisou Kell.

Holland ignorou-o. Pegou no talismã e endireitou-se, pesando-o na palma da mão. Focou-se na pedra, pelo que, quando Kell se concentrou, os pregos que o seguravam estremeceram e deram de si. Saíram da parede – e do seu casaco e pele –, tilintando ao cair no chão no preciso momento em que Holland analisava a pedra à luz de uma lanterna.

– Larga-a – ordenou Kell, segurando no braço ferido.

Holland não o fez.

Em vez disso, inclinou a cabeça e estudou a pequena pedra negra.

– Conseguiste perceber como funciona?

No momento em que Kell se lançava para a frente, os dedos de Holland fecharam-se em volta da pedra. Fora um gesto tão simples, lento, desinteressado, mas, mal o punho se fechou, fumo negro emanou-lhe dos dedos e envolveu Kell. Aconteceu tudo muito depressa. De repente, estava a correr e, logo a seguir, as pernas encontravam-se paralisadas. Quando olhou para baixo, viu sombras dançando-lhe em volta das botas.

– Fica – ordenou Holland enquanto o fumo se transformava em aço. Pesadas correntes negras nasceram do chão e rangeram ao fechar-se em volta dos tornozelos de Kell, prendendo-o. Quando as tentou tirar, elas queimaram-lhe as mãos. Largou-as, uivando de dor.

– A convicção é a chave – observou Holland, passando o polegar pela superfície da pedra. – *Tu* acreditas que a magia é tua igual. Uma companheira. Uma amiga. Mas não é. A pedra é prova disso. Ou és mestre da magia ou és o seu servo.

– Larga-a – pediu Kell. – Nada de bom advirá dela.

– Tens razão – disse Holland, ainda a segurá-la. – Mas tenho as minhas ordens.

Saiu mais fumo do talismã, e Kell preparou-se, mas a magia não assentou, não ganhou forma. Girava e envolvia-os, como se Holland ainda não tivesse decidido o que fazer com ela. Kell convocou uma rajada de vento, esperando dissipar o feitiço, mas o vento passou, limitando-se a agitar o manto de Holland e deixando a negra magia intocada.

– Estranho – murmurou Holland, tanto para si quanto para Kell. – O que uma pequena pedra consegue fazer.

Fechou o punho, envolvendo-a por completo, e o fumo rodopiou em volta de Kell. De repente, estava em toda a parte, obscurecendo-lhe a visão, entrando-lhe pelo nariz e boca, descendo-lhe pela garganta, sufocando-o, asfixiando-o.

Depois, desapareceu.

Kell tossiu, tentou respirar e olhou para si, são e salvo.

Por instantes, pensou que a magia falhara.

A seguir, sentiu o sabor a sangue.

Levou os dedos aos lábios, mas parou quando viu que toda a palma estava tingida de vermelho. Os pulsos e braços também lhe pareciam húmidos.

– O que... – começou, sem conseguir terminar. A boca encheu-se-lhe de cobre e sal. Baixou-se e vomitou antes de perder o equilíbrio e cair de gatas no chão.

– Algumas pessoas afirmam que a magia vive na mente, outras dizem que vive no coração – explicou Holland, calmamente. – Mas ambos sabemos que ela vive no sangue.

Kell voltou a tossir e manchas vermelhas salpicaram o chão. Pingavam-lhe do nariz e da boca. Escorriam-lhe das palmas e dos pulsos. A cabeça girava-lhe e o coração batia-lhe descompassado enquanto se esvaía. Não sangrava de uma ferida. Limitava-se a *sangrar*. As pedras da calçada rapidamente se tornaram escorregadias. Não conseguia travar aquilo. Nem sequer se conseguia levantar. A única pessoa capaz de quebrar o feitiço contemplava-o com uma resignação que roçava o desinteresse.

– Holland... ouve o que te digo – implorou Kell, tentando manter-se concentrado. – Tu podes... a pedra... consegue...

– Poupa o fôlego.

Kell engoliu em seco e obrigou as palavras a saírem.

– Podes usar a pedra... para *quebrar o teu vínculo*.

O *Antari* Branco ergueu uma sobrancelha negra e, depois, abanou a cabeça.

– Esta *coisa* – disse ele, tocando no círculo prateado que trazia ao ombro – não é o que me compele. – Ajoelhou-se cuidadosamente diante de Kell, evitando o sangue que se alastrava. – É apenas ferro. – Afastou a gola de forma a revelar a marca queimada na pele sobre o coração. – Esta é que é *a marca*.

A pele era prateada, a marca estranhamente recente e, embora Kell não conseguisse ver as costas de Holland, tinha a certeza de que o símbolo o atravessava de um lado ao outro. *Um vínculo de alma*. Um feitiço que queimava não apenas um corpo, mas toda uma vida.

Inquebrável.

– Nunca desvanece, mas Athos continua a refazê-lo, de vez em quando, sempre que me sente vacilante – explicou Holland, olhando para a pedra que lhe repousava na mão. – Ou está aborrecido.

Estreitou o objeto, e Kell tossiu ainda mais sangue.

Desesperado, agarrou nos pendentes que trazia ao pescoço, mas Holland antecipou-se-lhe. Retirou-os de baixo da gola de Kell e rasgou-lhe os cordões com um puxão forte, lançando as moedas no beco. Kell perdeu toda a esperança ao ouvi-las tilintar na escuridão. Tentou convocar ordens de sangue, mas parecia não ser capaz de manter as palavras na mente, quanto mais dar-lhes voz. Sempre que uma ordem lhe chegava aos lábios, era desfeita pela coisa que o estava a matar por dentro. Sempre que tentava materializar uma palavra, mais sangue lhe enchia a boca. Tossiu, agarrou-se às sílabas, engasgando-se nelas.

– *As... An...* – balbuciou, mas a magia levou-lhe sangue à garganta, bloqueando a palavra.

Holland soltou um estalido com a língua.

– É a minha vontade contra a tua, Kell. Nunca ganharás.

– Por favor – suplicou Kell, ofegante. A mancha negra aos seus pés espalhava-se demasiado depressa. – Não faças... isto.

Holland olhou-o, compassivo.

– Sabes que não tenho escolha.

– Então, *cria uma*. – O aroma metálico a sangue encheu-lhe a boca e o nariz. A visão voltou a embotar-se-lhe. Um dos braços cedeu.

– Tens medo de morrer? – perguntou Holland, como se estivesse genuinamente curioso. – Não te preocupes. É mesmo muito difícil matar um *Antari*. Mas não me posso dar ao luxo de...

A frase foi cortada por um brilho de metal no ar e um som vibrante de uma batida no crânio do *Antari*. Holland caiu duro, a pedra a escorregando-lhe da mão e saltitando vários metros. Kell conseguiu focar o suficiente para ver Lila, empunhando uma barra de ferro.

– Demorei muito?

Kell soltou uma pequena gargalhada aturdida que rapidamente se dissolveu numa tosse angustiante. Sangue fresco tingiu-lhe os lábios. O feitiço não se quebrara. As correntes que lhe prendiam os tornozelos começaram a estreitar-se. Arfou. Holland já não o atacava, mas a magia continuava a fazê-lo.

Tentou desesperadamente dizê-lo a Lila, mas não conseguiu encontrar fôlego. Por sorte, não precisou de o fazer. A rapariga antecipara-se-lhe. Pegara na pedra, passara-a no chão ensanguentado e, depois, segurara-a diante de si como se fora uma luz.

– *Para* – ordenou. Nada.

– *Desaparece*.

A magia fraquejou.

Kell pressionou as mãos na poça de sangue a seus pés.

– *As Anasae* – disse, tossindo de imediato, a ordem conseguindo passar-lhe pelos lábios sem que Holland a forçasse a morrer.

E, daquela vez, a magia ouviu.

O feitiço quebrou-se. As correntes em volta das suas pernas dissolveram-se e os pulmões de Kell encheram-se de ar. O poder fluiu pelo pouco sangue que ainda lhe restava nas veias. Parecia-lhe não haver assim tanto.

– Consegues levantar-te? – perguntou Lila, ajudando-o, e o mundo girou, a visão escurecendo por completo durante terríveis segundos. Kell sentiu-a apertá-lo com mais força.

– Aguenta-te – instigou-o ela.

– O Holland... – murmurou ele, a voz soando-lhe estranha e distante. Lila olhou para o homem estendido no chão. Segurando na pedra, convocou algo, e o fumo surgiu.

– Espera... – pediu Kell, vacilante, mas as correntes já se haviam começado a formar, primeiro em fumo e, depois, do mesmo metal negro de que Kell acabara de escapar. Pareciam nascer diretamente do solo, serpenteando pelo corpo de Holland, a cintura, os pulsos e os tornozelos, prendendo-o ao chão húmido tal como ele tinha feito a Kell. Não o segurariam por muito tempo, mas sempre era melhor do que nada. De início, Kell ficara maravilhado por Lila conseguir convocar algo tão específico. Depois, lembrara-se de que ela não precisava de ter poder. Bastava-lhe *tão-só* desejar algo. A pedra fazia o resto.

– Acabou-se a magia – avisou-a conforme ela mergulhava a pedra no bolso, o esforço revelando-se-lhe na cara. Largara-o por uns instantes e ele quase colapsara ao dar um passo, mas Lila estava lá, uma vez mais, para o apanhar.

– Com cuidado – alertou ela, passando o braço dele em volta dos seus ombros. – Precisei de pegar na arma. Aguenta-te.

Kell agarrou-se à lucidez o mais que pôde, mas o mundo estava perigosamente calmo, a distância entre os seus pensamentos e o corpo cada vez maior. Não conseguia sentir a dor no braço, onde o prego o tinha ferido. Aliás, não conseguia sentir quase nada, o que o assustava muito mais do que a escuridão que os envolvia. O *Antari* lutara antes, mas nunca daquela maneira, nunca pela sua vida. Tinha-se envolvido em várias disputas (quase todas por culpa de Rhy) e fora ferido umas quantas vezes, mas sempre saíra quase ileso. Nunca se magoara com gravidade, nunca lutara para manter o coração a bater. Agora receava que, se parasse de lutar, se parasse de forçar os pés a dar mais um passo e os olhos a abrir, pudesse mesmo morrer. Não queria morrer. Rhy nunca o perdoaria.

– Aguenta-te – ecoou Lila.

Kell tentou concentrar-se no chão sob as suas botas. Na chuva que começou a cair. Na voz de Lila. As próprias palavras começaram a distorcer-se, mas agarrou-se ao som, lutando por manter a escuridão longe. Aguentou-se enquanto ela o ajudava a atravessar a ponte, que parecia nunca mais acabar, e as ruas que serpenteavam e se inclinavam. Aguentou-se enquanto mãos – as de Lila e, depois, de outra pessoa – o arrastaram por uma porta e por um lance de escadas velhas até um quarto, onde lhe despiram as roupas ensopadas em sangue.

Aguentou-se até sentir uma cama sob o corpo, a voz de Lila se silenciar e aquela ligação se perder.

Depois, por fim, grato, deixou-se cair na escuridão.

III

Lila estava ensopada até aos ossos.

A meio da ponte, o céu desabara – não num chuvisco, como era típico em Londres, mas numa carga de água. De um momento para o outro, haviam ficado os dois encharcados. Naturalmente, aquilo não facilitara em nada o ato de carregar um Kell semi-inconsciente. Os braços de Lila doíam-lhe de o segurar – por pouco não o deixou cair por duas vezes – e, quando chegaram à porta das traseiras do Stone's Throw, Kell já quase não estava consciente. A rapariga tremia e só pensava que nunca deveria ter voltado atrás.

Não sobrevivera nem conseguira manter-se livre todo aquele tempo parando para ajudar os loucos aflitos com que se cruzava. Era o mínimo que podia fazer para *evitar* meter-se sarilhos e, fosse Holland o que fosse, era, claramente, um sarilho.

Porém, Kell regressara.

Não precisava de o ter feito, não tinha motivos sequer para tal, mas fizera-o, ainda assim, e aquele gesto pesava-lhe na consciência enquanto fugia, abrandando-lhe o passo até que, por fim, se viu forçada a parar. Mesmo enquanto girava sobre os calcanhares e voltava atrás, uma pequena parte de si desejava que já fosse demasiado tarde. Desejava que eles já ali não estivessem. Mas o resto quisera chegar a tempo, nem que fosse para saber *porquê*.

Porque regressara ele?

Lila perguntara-lhe isso mesmo enquanto o ajudava a pôr-se de pé. Mas Kell não lhe respondera. A cabeça tombara-lhe de encontro à gola. Que raio acontecera? Que fizera Holland com ele?

Não conseguia perceber se Kell ainda sangrava – não via nenhuma ferida óbvia –, mas a verdade é que estava coberto de sangue, e isso fizera-a desejar ter golpeado Holland uma segunda vez para jogar pelo seguro. Kell soltou um som suave, entre o suspiro e o gemido, e Lila começou a falar-lhe, receosa de que ele morresse ali e isso fosse, de alguma forma, culpa sua, mesmo depois de ter regressado.

– Aguenta-te – pedira-lhe, passando o braço dele por cima dos ombros. Com o corpo tão perto do dela, só pensava naquele cheiro. Não no do sangue, isso não a incomodava, mas nas *outras* fragrâncias, os aromas que se colavam a Kell e a Holland. Flores, terra, metal e cinzas.

Consigo sentir a magia dele em ti.

Seria aquilo? A fragrância da magia? Reparara de passagem no odor de Kell, quando o arrastara pela primeira vez no quarto. Agora, com o braço enrolado à sua volta, o aroma era arrebatador. O rasto do aço em combustão de Holland ainda pairava no ar. E, apesar de a pedra estar bem segura dentro do bolso, Lila também a conseguia sentir a inundar todo o beco. Um aroma a maresia e a madeira a queimar. Sal e escuridão. Sentiu--se momentaneamente orgulhosa do seu apurado olfato, até se recordar de que não tinha detetado o aroma a flores de Kell nem o fumo da pedra em si própria quando se dirigira para o Barren Tide nem enquanto se sentara ao balcão. E Holland seguira-a graças a ambos.

Porém, caía uma chuva espessa e constante, e não tardou até que só sentisse o cheiro da água na pedra. Talvez o seu olfato não fosse apurado o suficiente. Talvez o odor a magia ainda ali estivesse, sob a chuva. Lila não sabia se *podia* ser eliminado ou até mesmo atenuado, mas esperou que a tempestade lhes cobrisse o rasto.

Estava a meio das escadas, as botas de Kell deixando na sua esteira um rasto de água tingida de vermelho, quando uma voz a deteve.

– Que raio estás tu a fazer?

Lila girou sobre os calcanhares e deparou-se com Barron. Kell quase lhe escorregou das mãos e caiu escada abaixo. Apanhou-o pela cintura no último instante.

– É uma longa história e um corpo pesado.

Barron olhou de viés para a taverna, gritou algo à empregada do bar e, atirando um pano para cima do ombro, apressou-se escada acima. Juntos, içaram o corpo ensopado de Kell até ao pequeno quarto.

Barron manteve-se em silêncio enquanto lhe despiam o casaco molhado e a camisa manchada e o deitavam na cama de Lila. Não lhe perguntou onde encontrara ela aquele estranho ou porque não havia uma ferida que explicasse o rasto de sangue deixado nas escadas (apesar de o corte nas costelas ainda ter mau aspeto). Quando a rapariga esquadrinhou sem sucesso o quarto em busca de algo para queimar (não fosse a chuva não ter sido suficiente para ocultar o odor e ele ainda ali pairar desde o início da noite), Barron não lhe fez quaisquer perguntas, limitando-se a ir buscar algumas ervas lá abaixo, à cozinha.

Contemplou-a silencioso enquanto ela segurava numa tigela cheia de ervas por cima de uma vela e deixava o quarto encher-se de um aroma terroso que nada tinha que ver com Kell, Holland ou magia. Ali ficou vendo-a remexer nos bolsos do casaco de Kell (que, na realidade, eram vários casacos, de alguma maneira dobrados uns sobre os outros) em busca de algo – qualquer coisa – que a pudesse ajudar a tratar dele (afinal de contas, o jovem homem era um mago, pelo que seria expectável que andasse com magia). Nada disse quando, por fim, ela mergulhou a mão no próprio bolso e tirou uma pedra negra, deixando-a cair numa pequena caixa de madeira com um punhado de ervas quentes, antes de a enfiar na última gaveta da cómoda.

Só quando Lila se deixou cair na cadeira aos pés da cama e começou a limpar o revólver, Barron se decidiu a falar.

– Que estás a fazer com este homem? – inquiriu, os olhos negros semicerrados.

Lila levantou o olhar da arma.

– Conhece-lo?

– De certa forma – retorquiu Barron, irritado.

– Então, sabes o que ele é? – perguntou ela.

– E *tu* sabes? – desafiou Barron.

– De certa forma – replicou ela. – De início, foi apenas mais um alvo.

Barron passou uma mão pelo cabelo e, pela primeira vez, Lila apercebeu-se de começava a rarear.

– Raios, Lila – murmurou. – O que é que lhe roubaste?

O olhar dela luziu para a última gaveta da cómoda, voltando-se de seguida para Kell. Estava terrivelmente pálido no lençol escuro da cama e, excetuando a fraca oscilação do peito, não se mexia.

Lila avaliou-o, ao rapaz mágico, de início tão cauteloso e agora totalmente exposto. Vulnerável. Os olhos dela deslizaram das linhas do estômago para as costelas feridas, passando pela garganta. Vaguearam pelos braços, nus, se não se contasse com a faca presa no antebraço. Desta vez, não lhe tocara.

– Que aconteceu? – perguntou Barron.

Lila não sabia como responder. Tinha sido uma noite mesmo estranha.

– Roubei-lhe uma coisa e ele veio à procura dela – explicou, calmamente, incapaz de desviar os olhos do rosto de Kell. Parecia ainda mais novo a dormir. – Reouve o que eu lhe tinha roubado. Pensei que tudo tinha acabado por ali, mas outra pessoa veio à procura dele. Encontrou-me a mim... – Deixou aquela frase morrer, começando outra. – Salvou-me a vida – murmurou, o sobrolho franzido. – Não sei porquê.

– Então, trouxeste-o para aqui.

– Desculpa – disse Lila, olhando para Barron. – Não tinha para onde ir. – As palavras doíam-lhe. – Assim que ele acordar...

Barron abanou a cabeça.

– Prefiro-vos aqui a mortos. A pessoa que fez isto... – Agitou uma mão na direção do corpo de Kell. – *Está* morta?

Lila abanou a cabeça.

Barron franziu o sobrolho.

– É melhor que me digas como é, para não o deixar entrar.

Lila descreveu Holland o melhor que pôde. A sua aparência desbotada, os olhos de cores diferentes.

– É de alguma forma parecido com o Kell, uma sensação – acrescentou. – Se é que isso faz sentido. É como...

– Magia – rematou Barron, factualmente.

Os olhos de Lila esbugalharam-se de espanto.

– Como é que...?

– Um dono de uma taverna lida com todo o tipo de pessoas. O dono *desta* taverna lida com todos os tipos e mais alguns.

Lila apercebeu-se de que tremia. Barron foi à procura de outra túnica para Kell enquanto ela se trocava. Regressou com uma toalha extra, um montículo de roupas e uma tigela de sopa fumegante. Lila sentiu-se mal e grata ao mesmo tempo. A bondade de Barron era como uma maldição, porque sabia que nada tinha feito para a merecer. Não era justo. Barron não lhe devia nada. E, contudo, ela devia-lhe tanto. Demasiado. Deixava-a louca.

Porém, a fome vencera a fadiga; o frio que sentia na pele depressa lhe enregelou os ossos, pelo que aceitou a sopa com um obrigado murmurado e acrescentou esse valor ao que já devia, como se aquele fosse o tipo de dívida que se pudesse pagar.

Barron deixou-os. Lá fora, a noite continuava. A chuva também.

Não se lembrava de se ter sentado, mas acordou cerca de uma hora depois na cadeira de madeira, uma manta a cobrir-lhe os ombros. Sentia-se perra. Kell ainda dormia.

A rapariga girou o pescoço e inclinou-se para a frente.

– Porque voltaste? – perguntou uma vez mais, como se Kell fosse capaz de lhe responder a dormir.

Mas ele não o fez. Não murmurou. Não se agitou, não se moveu. Limitou-se a ali ficar, tão pálido e inerte que, de quando em quando, Lila lhe levava um pedaço de vidro aos lábios para se certificar de que não morrera. O peito nu subia e descia, e Lila reparou que, tirando as feridas recentes, tinha muito poucas cicatrizes. Uma linha ténue no ombro, uma muito mais recente na palma da mão, outra ligeiríssima marca na curva do cotovelo.

Lila perdera a conta às suas cicatrizes, mas as de Kell conseguia contar. E assim o fez. Várias vezes.

Lá em baixo, a taverna ficou silenciosa. Ela levantou-se e queimou mais algumas ervas. Deu corda ao relógio prateado e esperou que Kell acordasse. Sentia-se muito ensonada, mas, sempre que pensava em descansar, imaginava Holland a atravessar a parede, tal como Kell fizera. Ecoou-lhe uma dor no braço, no sítio onde Holland a tinha agarrado, um ligeiro ardor incisivo, o único vestígio daquele momento. Tocou na Flintlock que trazia à cintura.

Se o tivesse na mira, não iria falhar.

OITO

UM ACORDO

I

Pela segunda vez naquela noite, Kell acordou na cama de Lila.

No entanto, pelo menos naquele momento, descobriu, não havia cordas. As mãos descansavam a seu lado, presas tão-só por um lençol áspero que tinha sido pousado em cima dele. Precisou de uns instantes para se lembrar de que estava no quarto de Lila, na cama de Lila, para juntar as peças da imagem de Holland, do beco, do sangue e de, mais tarde, Lila a segurá-lo, a voz estável como a chuva, que agora parara de cair. Uma luz matinal espalhava-se lentamente pelo céu e, por momentos, Kell só desejou estar em casa. Não no miserável quarto no Ruby Fields, mas no palácio. Fechou os olhos e quase conseguiu ouvir Rhy bater à porta, pedindo--lhe para se vestir porque as carruagens o aguardavam, tal como o povo.

– Despacha-te ou ficas para trás – diria Rhy, entrando-lhe de rompante no quarto.

– Então, deixa-me para trás – resmungaria Kell.

– Nem pensar – responderia Rhy, com um sorriso principesco. – Hoje, não.

Lá fora, ouviu-se o som de uma carroça. Kell piscou os olhos, a imagem de Rhy a desaparecer.

Estaria a família real preocupada com ele? Teriam alguma ideia do que se estava a passar? Como podiam? Nem o próprio Kell sabia o que pensar. De uma coisa estava certo: tinha a pedra e precisava de se livrar dela.

Tentou sentar-se, mas todo o corpo protestou. Teve de morder a língua para não dar voz à dor. A pele, os músculos, os próprios ossos... tudo lhe doía de uma forma constante e horrível, como se todo ele fosse uma ferida. Até o bater do coração e o pulsar do sangue lhe custavam. Sentia-se morto. Nunca estivera tão perto disso e decerto não desejava repeti-lo. Quando a dor ou, pelo menos, a novidade, desvaneceu um pouco, forçou-se a sentar, apoiando-se com uma mão à cabeceira.

Tentou focar a visão e, quando o conseguiu, deu consigo a olhar diretamente nos olhos de Lila, sentada na mesma cadeira, aos pés da cama, a pistola pousada no colo.

– Porque o fizeste? – indagou ela, a pergunta na ponta na língua, como se estivesse em espera.

Kell semicerrou os olhos.

– Fazer o quê?

– Voltaste – retorquiu ela, murmurando. – Porque voltaste? – Duas palavras pairavam no ar, silenciadas, mas compreendidas. *Por mim*.

Kell esforçou-se por alinhavar os pensamentos, mas até estes lhe doíam e estavam perros.

– Não sei.

Lila não pareceu impressionada com a resposta, mas limitou-se a suspirar, guardando a arma no coldre que trazia à cintura.

– Como te estás a sentir?

Terrível, pensou Kell. Porém, de seguida, observou-se e percebeu que, apesar de lhe doer todo o corpo, a ferida que tinha no braço, feita pelo prego, e a no estômago, fruto da espadeirada que lhe desferira o assassino, já estavam quase saradas.

– Quanto tempo estive eu a dormir?

– Algumas horas – disse Lila.

Kell passou suavemente a mão pelas costelas. Não fazia sentido. Cortes tão profundos levavam dias a sarar, não horas. A menos que tivesse um...

– Usei isto – explicou Lila, lançando-lhe uma pequena lata de metal. Kell agarrou-a no ar, estremecendo ao fazê-lo. O recipiente não tinha rótulo, mas reconheceu-o de imediato. Continha um unguento de rege-neração. Não se tratava de um qualquer, aquele havia sido preparado pelo próprio Kell, o emblema real do cálice e sol nascente em relevo na tampa. Não sabia daquilo há semanas.

– Onde encontraste isso? – perguntou.

– Num dos bolsos do teu casaco – retorquiu Lila, espreguiçando-se. – Já agora, *sabias* que é mais do que um? Tenho a certeza de que passei por cinco ou seis até encontrar isto.

Kell observou-a boquiaberto.

– Que foi? – indagou ela.

– Como sabias para que servia?

Lila encolheu os ombros.

– Não sabia.

– E se fosse *veneno*? – contrapôs, enervado.

– Faça-se o que se fizer, contigo nunca nada está bem, pois não? – ripostou ela. – Cheirava bem. Parecia seguro. – Kell resmungou. – E, como é óbvio, testei primeiro em mim.

– Tu fizeste *o quê*?

Lila cruzou os braços.

– Não me vou estar a repetir só para ficares para aí embasbacado. – Kell abanou a cabeça, praguejando entredentes enquanto ela apontava para uma pilha de roupas aos pés da cama. – O Barron trouxe-te isso.

O *Antari* franziu o sobrolho (que diabo, até aquilo lhe doía). Ele e Barron tinham um acordo de *negócios*. Tinha a certeza de que não cobria guarida e necessidades básicas. Estava a dever-lhe pelo incómodo – e *era* incómodo. Ambos o sabiam.

Kell conseguiu sentir o olhar de Lila pousado em si enquanto pegava na túnica limpa e a passava gentilmente por cima dos ombros.

– Que foi? – quis ele saber.

– Disseste que ninguém te seguiria.

– Disse que ninguém o *conseguiria* – corrigiu Kell. – Porque ninguém o consegue, exceto Holland. – Olhou para as mãos e franziu o sobrolho. – Só que nunca pensei que...

– Uma pessoa não é o mesmo que ninguém, Kell – disse Lila, suspi-rando e passando uma mão pelo cabelo curto e escuro. – Mas suponho que também não tenhas tido tempo para pensar muito na situação. – Kell ergueu o olhar surpreendido. Estaria Lila mesmo a desculpá-lo? – E a verdade é que te acertei com um livro.

– O quê?

– Nada – replicou a rapariga, agitando a mão. – Portanto, esse Holland é como tu?

Kell engoliu em seco, lembrando-se das palavras de Holland no beco – *Podemos partilhar uma aptidão, tu e eu, mas isso não faz de nós iguais* – e do olhar sombrio, quase desdenhoso, que as acompanhara. Pensou na marca que havia sido cauterizada na pele do outro *Antari,* no emaranhado de cicatrizes no braço dele e no sorriso presunçoso do rei Branco enquanto Holland pressionava a faca de encontro à pele. Não, Holland não era nada igual a Kell, e Kell não era nada igual a Holland.

– Também consegue viajar entre mundos – explicou Kell. – Nesse aspeto, somos semelhantes.

– E o olho? – questionou Lila.

– Um sinal da nossa magia – explicou Kell. – *Antari.* É assim que nos chamam. Magos de sangue.

Lila mordeu o lábio.

– Há outros com quem me deva preocupar? – perguntou, e Kell julgou vislumbrar-lhe algo – seria medo? – no rosto, logo enterrado sob os traços teimosos do maxilar.

– Não – retorquiu, abanando a cabeça lentamente. – Somos os únicos.

Esperava que ela ficasse aliviada, mas a sua expressão tornou-se mais séria.

– Foi por isso que não te matou?

– Que queres dizer?

Lila inclinou-se na cadeira.

– Bom, ele podia ter-te matado, se o quisesse fazer. Para quê sangrar-te? Por diversão? Não parecia estar a divertir-se muito.

Ela tinha razão. Holland poderia ter-lhe cortado a garganta. Mas não o fizera.

É mesmo muito difícil matar um Antari. As palavras de Holland ecoaram-lhe na cabeça. *Mas não me posso dar ao luxo de...*

Não se pode dar ao luxo de quê?, questionou-se Kell. Acabar com a vida de um *Antari* podia ser difícil, mas não impossível. Teria Holland estado a lutar contra as suas ordens ou a segui-las?

– Kell? – pressionou Lila.

– O Holland nunca se diverte – replicou, entredentes, olhando brus-camente para ela. – Onde está a pedra?

Lila lançou-lhe um longo olhar, antes de retorquir:

– Tenho-a comigo.

– Então, devolve-ma – exigiu Kell, surpreendido com a sua própria urgência. Disse para si para consigo que estaria mais segura na sua posse, mas a verdade é que a queria *segurar*, convencido de que, se o fizesse, os músculos doridos encontrariam alívio e o sangue, enfraquecido, reco-braria a força.

Lila revirou os olhos.

– Não vamos recomeçar com isto.

– Lila, ouve o que te digo. Não fazes ideia do que...

– Por acaso – interrompeu-o ela, levantando-se –, até tenho uma ideia bastante boa daquilo que é capaz de fazer. Se a queres de volta, conta-me o resto.

– Não irias compreender – retorquiu Kell, automaticamente.

– Tenta – desafiou-o.

Kell estreitou os olhos, estudando aquela rapariga tão estranha. Lila Bard parecia conseguir perceber bem as coisas. Ainda estava viva. Só de si, isso dizia muito. *E* voltara atrás para o salvar. Kell não sabia porquê – assassinos e ladrões raramente eram conhecidos pelos seus códigos morais de conduta –, mas sabia que, sem ela, decerto estaria num estado bem pior.

– Muito bem – replicou, tirando as pernas de cima da cama. – A pedra é de um lugar conhecido como Londres Negra.

– Já tinhas mencionado outras Londres – respondeu-lhe ela, como se o conceito fosse curioso, mas não inteiramente impossível. Não se perturbava com facilidade. – Quantas existem?

Kell passou uma mão pelo cabelo castanho-arruivado, todo espetado, consequência da chuva e de ter estado a dormir.

– Existem quatro mundos – explicou ele. – Pensa neles como casas diferentes, construídas sobre os mesmos alicerces. Têm muito pouco em comum, salvo a sua geografia e o facto de todos terem uma versão desta cidade em volta deste rio, neste país insular, chamada Londres.

– Isso deve ser confuso.

– Não é, acredita, quando vives apenas numa delas e nunca tens necessidade de pensar nas outras. Mas, como alguém que viaja por elas, utilizo cores para as identificar. Londres Cinzenta, que é a tua. Londres Vermelha, que é a minha. Londres Branca, que é a do Holland. E Londres Negra, que não é de ninguém.

– E porquê?

– Porque desapareceu – explicou Kell, massajando a parte de trás do pescoço onde os cordões tinham sido arrancados. – Perdeu-se na escuridão. A primeira coisa que deves compreender sobre a magia, Lila, é que não é inanimada. Está viva. De uma forma diferente de mim e de ti, mas, ainda assim, bastante viva.

– Foi por isso que se zangou? – indagou a rapariga. – Quando me tentei livrar dela?

Kell franziu o sobrolho. Nunca tinha visto a magia assim *tão* viva.

– Há quase três séculos – explicou lentamente, fazendo as contas (parecia mais, tanto que já só era referido como «o passado») –, os quatro mundos estavam interligados. A magia e os que a utilizavam eram capazes de se mover entre eles com relativa facilidade através de uma das muitas fontes.

– Fontes?

– Reservatórios de um imenso poder natural – explicou Kell. – Alguns são pequenos e discretos (um matagal de árvores no Extremo Oriente ou uma ravina no Continente), outros, vastos, como o teu Tamisa.

– O Tamisa? – exclamou Lila com uma risada trocista. – Uma fonte de magia?

– Talvez a maior do mundo. Não que o pudesses ver aqui, mas se o visses como ele é na *minha* Londres... – Kell perdeu-se. – Como estava a dizer, as portas entre os mundos estavam abertas e as quatro cidades confundiam-se. Porém, apesar dessa comunicação constante, não eram totalmente iguais no seu poder. Se a verdadeira magia fosse um fogo, então, a Londres Negra era a cidade que mais perto das chamas se encontrava.

Segundo aquela lógica, a Londres Branca era a segunda no que respeitava à força, e Kell sabia-o, embora não o conseguisse imaginar.

– Acreditava-se que ali o poder não só corria forte nas veias, como também era uma segunda alma a pulsar em todas as coisas. A dada altura, tornou-se demasiado forte e venceu o hospedeiro. O mundo assenta no equilíbrio – continuou Kell. – De um lado, a humanidade; do outro, a magia. As duas coexistem, sendo que, num mundo perfeito, ocorre uma espécie de harmonia, nenhuma excede a outra. No entanto, grande parte dos mundos não é perfeita. Na Londres Cinzenta, a tua Londres, a humanidade ficou mais forte e a magia enfraqueceu. Na Londres Negra, aconteceu o contrário. As pessoas não só tinham magia nos corpos como a deixaram entrar nas mentes, acabando reféns dela, que lhes queimava as vidas como combustível para alimentar o seu poder. Tornaram-se recipientes, veículos, para a vontade da magia. Através deles, ela fez de desejos realidade, esbateu fronteiras, deitando-as abaixo, criando, destruindo e corrompendo tudo o que existia.

Lila não falou, limitou-se a escutá-lo e a andar de um lado para o outro no quarto.

– Foi como uma praga – continuou Kell –, e os restantes três mundos fecharam-se sobre si e trancaram as portas para impedir que aquela doença se espalhasse.

Kell não disse que fora a retirada da Londres *Vermelha*, o seu autoimposto isolamento, que forçara as outras cidades a seguir-lhe o exemplo, deixando a Londres Branca presa entre as portas fechadas e a magia em ebulição da Londres Negra. Não disse que esse mundo se viu forçado a lutar contra a escuridão sozinho.

– Com as fontes restritas e as portas seladas, as três cidades remanescentes ficaram isoladas e começaram a divergir, tornando-se o que são hoje. No entanto, nunca se soube ao certo o que aconteceu com a Londres Negra nem com o resto do seu mundo. A magia precisa de um hospedeiro vivo, só prospera onde há vida. Por isso, muitos assumem que a praga consumiu os seus hospedeiros, ficando sem pavio por onde arder e deixando na sua esteira apenas os restos queimados. Ninguém sabe, ao certo. Com o passar do tempo, a Londres Negra transformou-se numa história de terror. Um conto de fadas. Narrado tantas vezes que alguns nem acreditam ser real.

– Mas a pedra... – disse Lila, ainda caminhando de um lado para o outro.

– A pedra não deveria existir – retorquiu Kell. – Uma vez seladas as portas, todas as relíquias da Londres Negra foram localizadas e destruídas como precaução.

– Conforme se pode constatar, nem *todas* elas o foram – observou Lila.

Kell abanou a cabeça.

– Supostamente, a Londres Branca executou a tarefa ainda com mais fervor do que nós. Tens de compreender que eles temiam que as portas não se aguentassem, temiam que a magia as deitasse abaixo e os consumisse. Na sua purga, não se detiveram apenas nos objetos e artefactos. Cortaram as gargantas de todos os que suspeitassem estar em contacto, ou tê-lo tido, com a magia corrupta da Londres Negra. – Levou os dedos ao olho negro. – Dizem que alguns confundiram as marcas dos *Antari* com tal corrupção e os arrastaram de casa na calada da noite. Uma geração inteira foi chacinada antes que se apercebessem de que, sem portas, tais magos seriam a única maneira de comunicar com os outros mundos. – A mão de Kell caiu. – Mas não, agora parece óbvio que não destruíram *todas* as relíquias.

Kell ponderou se não seria esse o motivo pelo qual a pedra se encontrava partida, se não teriam tentado destruí-la, mas falhado e enterrado o objeto. Pensou se não teria sido uma outra pessoa a encontrá-la.

– A pedra não devia existir porque não podemos permitir que exista. É...

Lila estacou a meio de um passo.

– Maligna?

– Não – respondeu ele, abanando a cabeça. – É *Vitari*. De certa forma, suponho que seja pura. Mas trata-se de potencial puro, poder puro, *magia* pura.

– Sem humanidade – concluiu Lila. – Sem harmonia.

Kell aquiesceu.

– A pureza sem equilíbrio é, por si só, uma corrupção. Os danos que este talismã poderia causar nas mãos erradas...– *Em qualquer mão*, pensou. – A magia da pedra é a magia de um mundo em ruínas. Não pode ficar aqui.

– Bom – disse Lila –, que tencionas fazer?

Kell fechou os olhos. Não sabia quem encontrara inicialmente a pedra, nem sequer como, mas compreendia o medo que tal pessoa sentira. Lembrar-se dela nas mãos de Holland – e a mera ideia de cair nas mãos de Athos ou Astrid – deixava-o agoniado. A sua própria pele cantava pelo talismã, estava sedenta dele, e isso assustava-o mais do que qualquer outra coisa. A Londres Negra caíra graças a magia como aquela. Que horror traria às Londres que restavam? Que traria à Branca, faminta, à Vermelha, amadurecida, ou à Cinzenta, indefesa?

Não, a pedra tinha de ser destruída.

Mas como? Não era semelhante a outras relíquias. Não era coisa que se lançasse a uma fogueira ou se esmagasse sob um machado. Tinha todo o aspeto de ter sido submetida a isso, e, contudo, a orla partida não lhe parecia diminuir em nada as capacidades, o que significava que, mesmo que conseguisse estilhaçá-la, isso poderia resultar apenas na criação de mais pedaços e, consequentemente, de mais armas. Não era um mero objeto. A pedra tinha vida – vontade própria – e revelara-o mais do que uma vez. Apenas uma magia forte conseguiria destruir tal coisa, mas, visto que o talismã era magia pura, Kell duvidava de que magia o conseguisse destruir.

Sentiu-se agoniado ao perceber aquilo. Tinha de ser descartado. Enviado para longe, para onde não pudesse causar danos. E existia apenas um lugar onde estaria seguro e onde todos estariam a salvo dele.

Kell sabia o que tinha de fazer. Parte dele soubera-o desde o momento em que lhe tocara pela primeira vez.

– Isto pertence à Londres Negra – disse ele. – Tenho de o levar de volta para lá.

Lila inclinou a cabeça.

– Mas como vais fazer tu isso? Não sabes o que resta dela e, mesmo que soubesses, disseste que o mundo estava interditado.

– Não sei o que resta dela, mas a magia dos *Antari* foi inicialmente usada para criar portas entre os mundos. Logo, deve ter sido usada para as encerrar. Portanto, parece-me lógico que a nossa magia seja capaz de as reabrir. Ou, pelo menos, criar uma fenda.

– Então, porque não o fizeste já? – desafiou-o Lila, um brilho no olhar. – Porque nunca tentaram? Sei que és de uma espécie rara, mas não me vais dizer que em todos estes séculos desde que os mundos se isolaram uns dos outros, nenhum *Antari* teve a curiosidade de tentar reentrar nesse em particular.

Kell contemplou-lhe o sorriso desafiador, sentindo-se grato, para o bem da humanidade, por Lila não ter magia para tentar tal proeza.

No que tocava a Kell, é claro que sentira essa curiosidade. Em criança, uma pequena parte de si nunca acreditara que a Londres Negra fosse *real* ou que alguma vez tivesse existido. As portas estavam seladas há tanto tempo. Que criança não gostaria de saber se as histórias de embalar eram produto de ficção ou realidade? Porém, mesmo que quisesse quebrar o vínculo – o que não quis, não o suficiente para se arriscar à escuridão do outro lado – nunca o tentara.

– Talvez tenha havido quem sentisse essa curiosidade – explicou Kell. – Mas um *Antari* precisa de duas coisas para criar uma porta: a primeira é sangue; a segunda, um objeto do lugar para onde quer ir. Ora, como te disse, todos os objetos foram destruídos.

Lila esbugalhou os olhos.

– Mas a pedra é um desses objetos.

– A pedra é um desses objetos – ecoou Kell.

Lila gesticulou na direção da parede por onde o *Antari* entrara pela primeira vez.

– Então, abres uma porta para a Londres Negra... e depois? Atiras a pedra lá para dentro? Do que raio tens estado à espera?

Kell abanou a cabeça.

– Não consigo fazer uma porta daqui para lá.

Lila emitiu um som exasperado.

– Mas acabaste de dizer que...

– As outras Londres encontram-se no meio – explicou. Na mesa de cabeceira, junto à cama, repousava um pequeno livro. Kell folheou- -o. – Os mundos são como folhas de papel, uns pousados em cima dos outros – explicou. Sempre os imaginara assim. – Tens de seguir uma certa ordem. – Pegou nalgumas folhas. – Londres Cinzenta – disse, sol- tando uma. – Londres Vermelha – continuou, libertando a segunda folha. – Londres Branca. – Largou uma terceira página, que esvoaçou enquanto caía. – E a Negra. – As restantes páginas tombaram.

– Então, tens de as *atravessar* – rematou Lila.

Dito daquela forma, parecia tão simples. Mas não o seria. Certamente, a realeza já andaria à sua procura na Londres Vermelha e sabe Deus quem mais (teria Holland compelido outros lá? Estariam eles também no seu encalço?). Sem os seus pendentes, teria de procurar um novo objeto para conseguir atravessar desta Londres até à Branca. Uma vez aí chegado – *se* chegasse tão longe –, e assumindo que os Dane não o atacariam no preciso momento em que lá pousasse os pés *e* que seria capaz de quebrar a proteção e abrir uma porta para a Londres Negra, não podia simplesmente atirar a pedra. As portas não funcionavam assim. Kell teria de a transpor. Tentou não pensar nisso.

– Portanto – disse Lila, os olhos a brilhar –, quando partimos?

Kell olhou para ela.

– Não *partimos*.

Lila encontrava-se encostada à parede, mesmo junto do sítio onde ele a algemara à madeira – a tábua estava estragada no local onde ela se libertara – como que para o lembrar tanto das suas ações como das dela.

– Quero ir – insistiu a rapariga. – Não te digo onde está a pedra. Não o farei até concordares em deixar-me ir.

As mãos de Kell enrolaram-se em punhos.

– Aquelas correntes que conjuraste para o Holland não vão durar muito tempo. A magia dos *Antari* é forte o suficiente para as desfazer. Assim que ele acordar, não levará muito até que o compreenda, se liberte e nos procure outra vez. O que significa que não tenho tempo para jogos.

– Isto não é um jogo – retorquiu ela de forma simples.

– Então, o que é?

– Uma oportunidade. – Afastou-se da parede. – Uma oportunidade para sair daqui.

A calma que havia nela desvaneceu um pouco, e, por instantes, Kell conseguiu vislumbrar tudo o que ela ocultava. O desejo, o medo, o desespero.

– Queres sair daqui – explicou ele. – Mas não fazes ideia no que te estás a *meter*.

– Não quero saber – disse ela. – Quero ir.

– Não podes – rematou ele, erguendo-se. Foi assolado por uma vaga de tonturas e segurou-se à cama, esperando que passasse.

Ela soltou uma risadinha trocista.

– Não estás em condições de ir sozinho.

– *Não* podes vir, Lila – repetiu ele. – Só os *Antari* conseguem viajar entre mundos.

– Aquela minha pedra...

183

– Não é tua.

– Neste momento, é. Tu próprio disseste que é magia pura. *Faz* magia. Vai deixar-me atravessar.

Lila disse-o como se estivesse certa daquilo.

– E se não deixar? – desafiou-a ele. – E se não for omnipotente? E se for apenas uma bagatela para conjurar pequenos feitiços?

Ela não parecia acreditar naquilo. Ele próprio não sabia se acreditava nas suas palavras. Segurara na pedra. Sentira-lhe o poder e parecera-lhe infinito. Contudo, não desejava que Lila o testasse.

– Nunca poderás ter a certeza.

– Esse é um risco que eu assumo, não tu.

Kell manteve o olhar fixo no dela.

– Porquê? – perguntou.

Lila encolheu os ombros.

– Sou um homem procurado.

– Não és um homem.

Lila esboçou um sorriso triste.

– As autoridades ainda não o sabem. Se calhar, é por isso que ainda só sou procurada e não fui enforcada.

Kell recusou-se a mudar de assunto.

– Porque queres mesmo fazer isto?

– Porque sou uma idiota.

– *Lila...*

– Porque não posso ficar aqui – ripostou ela, o sorriso desaparecendo- -lhe do rosto. – Quero ver o mundo, mesmo que não seja o meu. E porque te vou salvar a vida.

Loucura, pensou Kell. Uma loucura absoluta. Ela nunca conseguiria atravessar a porta. Mesmo que, de alguma maneira, a pedra funcionasse, que acontecia depois? A transferência era traição. Ora, Kell estava bas- tante certo de que a lei se estendia a pessoas, em particular a fugitivos. Contrabandear uma caixa de música era uma coisa; passar uma ladra, outra totalmente diferente. *E contrabandear uma relíquia da Londres Negra?,* repreendeu-se. Esfregou os olhos. Conseguia sentir os de Lila fixos nele. Não obstante a traição, uma coisa era certa: ela era do mundo Cinzento; não pertencia à Londres dele. Era demasiado perigoso, uma loucura, e ele seria louco se a deixasse tentar... Porém, Lila tinha razão num aspeto: Kell não se sentia forte o suficiente para o fazer sozinho. Pior ainda, não o queria fazer sozinho. Tinha medo – mais do que gostaria de admitir – da tarefa e do destino que o aguardava no final. Alguém teria de informar o trono Vermelho – de contar à sua mãe, ao seu pai e a Rhy – do que acontecera. Não podia deixar-lhes aquele sarilho à porta, mas podia pedir a Lila que lhes contasse.

– Não sabes nada sobre estes mundos – disse ele, mas a contrariedade esvaía-se-lhe da voz.

– Sei, pois – ripostou Lila, alegremente. – Há a Londres Aborrecida, a Londres do Kell, a Londres Sinistra e a Londres Morta – recitou, contando-as pelos dedos e acrescentando: – Vês? Sou uma aluna atenta.

E também és humana, pensou Kell. Uma estranha humana teimosa e assassina, mas, no fundo, apenas humana. Uma luz, ténue e lavada pelo aguaceiro, começava a surgir no céu. Não se podia dar ao luxo de ficar ali à espera de que a chuva parasse.

– Dá-me a pedra, e eu deixo-te vir – propôs ele.

Lila conteve um riso mordaz.

– Acho que o melhor é ficar com ela até atravessarmos.

– E se não sobreviveres? – desafiou Kell.

– Então, podes procurá-la no meu cadáver – retorquiu ela, secamente. – Duvido de que me vá incomodar.

Kell olhou para ela, derrotado. Seria aquela fanfarronice uma fachada ou teria ela mesmo assim tão pouco a perder? Tinha uma vida, e uma vida era algo que se podia sempre perder. Como era possível que não temesse nada, nem mesmo a morte?

Tens medo de morrer?, perguntara-lhe Holland no beco. E Kell tinha. Sempre tivera, desde que se lembrava de ser gente. Temia *não viver*, deixar de existir. O mundo de Lila podia acreditar no Paraíso e no Inferno, mas o dele acreditava nas cinzas. Fora ensinado desde cedo que a magia reivindica magia, que a terra reivindica terra e que ambas se dividem quando o corpo morre, cessando a pessoa a quem tinham dado vida de existir, perdida para sempre. Nada durava. Nada restava.

Em criança, tivera pesadelos nos quais se desfazia de súbito, num minuto estava a correr pelo pátio ou nos degraus do palácio; no seguinte, disperso pelo ar, em cinzas. Acordava alagado em suor, arfando, com Rhy a abanar-lhe o ombro.

– Não tens medo de morrer? – perguntava agora a Lila.

A rapariga olhou para ele como se aquela fosse uma pergunta estranha. E, depois, abanou a cabeça.

– A morte calha a todos – retorquiu, simplesmente. – Não tenho medo de morrer, mas tenho medo de morrer *aqui*. – Com a mão, abarcou o quarto, a taverna, a cidade. – Prefiro mil vezes morrer numa aventura a viver parada.

Kell estudou-a durante um longo momento, após o que disse:

– Muito bem.

Lila franziu o sobrolho, desconfiada.

– Que queres dizer com «muito bem»?

– Podes vir – esclareceu Kell.

Lila esboçou um enorme sorriso, que lhe iluminou a cara de uma maneira inédita, fazendo-a parecer mais nova. Olhou para a janela.

– O sol está quase a nascer – disse ela. – E é provável que o Holland esteja à nossa procura. Tens forças suficientes para partir?

É mesmo muito difícil matar um Antari.

Kell anuiu enquanto Lila, com movimentos rápidos e eficientes, passava o manto por cima dos ombros e guardava as armas nos coldres, como que receosa de que ele revogasse a oferta caso demorasse muito tempo. Ele limitou-se a ali ficar, maravilhado.

– Não queres despedir-te? – perguntou, gesticulando para as tábuas do chão e para o que estava algures sob elas: Barron.

Lila hesitou, olhando para as botas e o mundo por baixo delas.

– Não – retorquiu, suavemente, a voz incerta pela primeira vez desde que se conheciam.

Kell não sabia como as vidas de Lila e Barron se haviam cruzado, mas deixou o assunto morrer. Não a culpava. Afinal de contas, também ele não tencionava fazer um desvio ao palácio para ver o irmão uma última vez. Disse de si para consigo que era demasiado perigoso ou que Rhy não o deixaria partir, mas sabia que, na verdade, o que mais temia era despedir-se.

Atravessou o quarto para buscar o casaco pendurado na cadeira. Virou-o do avesso da esquerda para a direita, trocando o preto desbotado pelo vermelho rubi.

A curiosidade luziu discretamente no olhar de Lila, embora não a manifestasse, e Kell supôs que isso se prendia com o facto de ela própria ter visto o truque enquanto lhe remexia nos bolsos na noite anterior.

– Quantos casacos achas que tens dentro desse? – perguntou ela, despreocupadamente, como quem fala do tempo e não de um encantamento complexo.

– Não tenho bem a certeza – retorquiu Kell, mergulhando a mão num bolso bordado a ouro e suspirando de alívio quando os dedos encontraram uma moeda. – De tempos a tempos, quando penso tê-los encontrado a todos, deparo-me com um novo. Por vezes, os mais antigos perdem-se. Aqui há uns anos, deparei-me com um casaco curto, uma coisa verde e feia com cotovelos remendados. Nunca mais o voltei a ver.

Pegou no *lin* da Londres Vermelha e beijou-o. As moedas eram chaves perfeitas. Na teoria, podia usar qualquer coisa de um mundo – quase tudo o que Kell usava vinha da Londres Vermelha –, mas as moedas eram simples, sólidas, específicas e nunca falhavam. Não se podia dar ao luxo de cometer um erro, não quando tinha uma segunda vida nas mãos (e assim era, por mais que ela dissesse o contrário).

Enquanto procurara o objeto, Lila tirara todo o dinheiro que tinha nos bolsos – um conjunto bastante eclético de xelins, *pennies* e *farthings* – e empilhou tudo na cómoda junto à cama. Kell tirou-lhe um *halfpenny* para substituir a moeda Cinzenta que perdera, enquanto Lila mordia o lábio e contemplava as moedas por uns instantes, as mãos nos bolsos interiores do manto. Remexia em algo e, pouco depois, tirou de lá um elegante relógio prateado, pousando-o junto à pilha.

– Estou pronta – anunciou, afastando os olhos do relógio.

Eu não, pensou Kell, encolhendo os ombros no casaco e aproximando-se da porta. Ao abri-la, foi assolado por outra onda de tonturas, desta vez mais breve do que a anterior.

– Espera – disse Lila. – Pensei que iriamos por onde vieste. Pela parede.

– As paredes nem sempre estão onde deveriam – respondeu Kell.

Na verdade, o Stone's Throw era um dos poucos lugares onde as paredes *não* se alteravam, mas isso não o tornava, de forma alguma, mais seguro. O Setting Sun podia encontrar-se sobre os mesmos alicerces na

Londres Vermelha, mas era também o local onde Kell negociava e um dos primeiros sítios onde o poderiam procurar.

– Além disso, não sabemos o que... ou quem... – corrigiu, lembrando-se dos assassinos sob compulsão – espera por nós do outro lado. É preferível passarmos perto do nosso destino antes de nos arriscarmos a lá ir. Compreendes?

Lila parecia não compreender, mas, ainda assim, aquiesceu.

Os dois deslizaram escada abaixo, passando por um patamar que se abria para um corredor estreito com quartos em ambos os lados. Lila deteve-se junto da porta mais próxima e pôs-se à escuta. Ouviu um ressonar ruidoso e baixo. Barron. Tocou por instantes na porta e depois passou por Kell, descendo as restantes escadas sem olhar para trás. Deu a volta ao trinco da porta das traseiras e apressou-se a sair para a rua. Kell seguiu-a, parando apenas o tempo necessário para erguer a mão e ordenar que o trinco se fechasse atrás de si. Escutou o som metálico, após o que se voltou, encontrando Lila à sua espera, as costas propositadamente voltadas para a taverna, como se o seu presente fosse já passado.

II

A chuva parara e deixara as ruas tristes e húmidas, mas, apesar do chão molhado e do frio de outubro, Londres começava a despertar. O som das carroças vacilantes nas ruas enchia o ar, cruzando-se com o aroma do pão fresco e do lume a arder. Mercadores e clientes retomavam a atividade, abrindo as portas e as persianas das lojas, e preparavam-se para o novo dia. Kell e Lila percorreram uma cidade que despertava, movendo-se rapidamente à luz nascente.

– De certeza que tens a pedra? – pressionou Kell.

– Sim – replicou Lila, franzindo os lábios. – E, se estás a pensar roubá-la, aconselho-te a não tentares, porque terás de me revistar e, com ou sem magia, aposto que a minha faca encontra o teu coração antes de a tua mão encontrar a pedra.

Disse-o com uma tal confiança que Kell suspeitou de que tivesse razão, mas não tinha qualquer desejo de o comprovar. Em vez disso, observou com atenção as ruas em volta, tentando imaginar como estariam num outro mundo.

– Estamos quase lá.

– Onde é esse «lá»? – perguntou ela.

– Whitbury Street– explicou ele.

Já tinha atravessado ali (ficava perto dos seus aposentos no Ruby Fields, o que significava que podia guardar quaisquer itens recém-adquiridos antes de regressar ao palácio). Porém, mais importante ainda, a fileira de lojas em Whitbury não se encontrava *diretamente* em cima do Ruby Fields, mas a dois quarteirões. Aprendera havia muito que não devia entrar num mundo exatamente no local onde pretendia estar. Se o esperassem problemas, cairia mesmo em cima deles.

– Há uma taverna na Londres Vermelha – explicou ele, tentando não pensar na última vez em que lá estivera, no feitiço de localização, no ataque e nos cadáveres dos homens naquele beco. Cadáveres, *por sua culpa*. – Tenho um quarto lá, onde encontrarei o que preciso para abrir uma porta para a Londres Branca.

Lila não se apercebeu do singular na frase, em vez do plural, ou não se dignou a corrigi-lo. Na verdade, parecia perdida nos seus próprios pensamentos enquanto ziguezagueavam por entre a teia de ruas secundárias. Kell manteve-se sempre de cabeça erguida, os sentidos apurados.

– Não me vou deparar comigo mesma, pois não? – perguntou Lila, quebrando o silêncio.

Kell olhou para ela.

– Que queres dizer com isso?

Lila deu um pontapé numa pedra solta.

– Bom, quero dizer, é outro mundo, certo? Outra versão de Londres? Haverá outra versão de mim?

Kell franziu o sobrolho.

– Nunca conheci *alguém* como tu.

Não tencionava elogiá-la, mas Lila encarou aquilo como um elogio, brindando-o com um enorme sorriso.

– Que posso dizer? – retorquiu. – Sou única.

Kell conseguiu imitar-lhe o sorriso, e ela emitiu um suspiro de surpresa.

– Que é isso que tens na cara?

O sorriso desapareceu.

– O quê?

– Deixa estar – retorquiu ela, rindo-se. – Já desapareceu.

Kell limitou-se a abanar a cabeça – não compreendeu a piada –, mas, fosse o que fosse, parecia ter encantado Lila, que soltou risadinhas todo o caminho até Whitbury.

Ao chegarem à pequena e agradável ruela, Kell deteve-se na esquina da fachada de duas lojas. Uma era de um dentista e a outa de um barbeiro (na Londres Vermelha, eram um ervanário e um ferreiro). Se estreitasse os olhos, ainda conseguia ver vestígios do seu sangue na parede de tijolo diante de si, a superfície abrigada por um beiral estreito. Lila olhava atentamente para a parede.

– É aqui que eles estão? Os teus aposentos?

– Não – replicou ele. – Mas é aqui que atravessamos.

Lila abriu e fechou as mãos. O *Antari* julgou que ela estaria com medo, mas, quando a contemplou, os olhos dela brilhavam e havia um vislumbre de um sorriso nos seus lábios.

Kell engoliu em seco e aproximou-se da parede, seguido de Lila. Hesitou.

– De que estás à espera?

– De nada – disse Kell. – É só que...

Despiu o casaco e enrolou-o em volta dos ombros dela, como se a magia pudesse ser tão facilmente enganada. Como se não soubesse distinguir um humano de um *Antari*. Duvidava de que o casaco fizesse alguma diferença – a pedra ou permitiria que ela atravessasse ou não –, mas, ainda assim, abdicou do casaco.

Em resposta, Lila pegou no seu lenço – naquele que lhe tinha dado quando o roubara e que recuperara quando ele estivera inconsciente – e meteu-lho dentro do bolso de trás das calças.

– Que estás a fazer? – perguntou Kell.

– Parece-me correto, de certa forma – explicou a rapariga. – Deste-me algo teu. Eu dou-te algo meu. Agora, estamos ligados.

– As coisas não funcionam assim – retorquiu Kell.

– Mal não pode fazer– rematou Lila, encolhendo os ombros.

O *Antari* admitia que ela tinha razão. Desembainhou a faca, passou o gume pela palma, e uma fina linha de sangue borbotou. Tocou-lhe e, com os dedos, fez uma marca na parede.

– Tira a pedra – pediu.

Lila olhou-o, desconfiada.

– Vais precisar dela – insistiu o rapaz.

Ela suspirou e retirou o chapéu de aba larga de uma das dobras do casaco. Estava amachucado, mas, com um movimento rápido, desdobrou-o e mergulhou uma mão lá dentro, qual ilusionista, pegando na pedra negra. Algo em Kell se contorceu ao vislumbrá-la, um desejo no sangue, e precisou de reunir todas as suas forças para não tentar pegar no talismã. Travou o impulso e pensou, pela primeira vez, que talvez fosse melhor não o segurar.

Lila fechou os dedos em volta da pedra, e Kell pousou a mão sobre a dela. Parecia-lhe *sentir* o talismã a vibrar-lhe por entre a pele e os ossos. Tentou não pensar no chamamento.

– Tens a certeza disto? – perguntou uma última vez.

– Vai funcionar – respondeu Lila, mas Kell reparou que a voz parecia muito menos segura naquele instante do que momentos antes, como se acreditasse menos, mas desejasse mais. – Tu próprio o disseste. Todos temos uma mistura de humanidade e magia. Isso significa que eu também tenho. – Olhou-o nos olhos. – E agora?

– Não sei – disse ele, honestamente.

Lila aproximou-se, ficou tão perto que as costelas de ambos se tocavam; Kell conseguiu sentir-lhe o coração. Ela era tão boa a esconder o medo. Não lhe transparecia nos olhos ou nas linhas do rosto, mas o pulsar do coração traía-a. Foi então que os lábios da rapariga esboçaram um sorriso largo, e Kell se questionou se seria medo ou algo completamente diferente.

– Não vou morrer – disse ela. – Não até conseguir ver.

– Ver o quê?

– Tudo – retorquiu, o sorriso tornando-se ainda mais rasgado.

Kell sorriu-lhe de volta. Lila levou a mão livre ao queixo dele e puxou-lhe a boca para junto da sua. O beijo veio e foi, como um dos seus sorrisos.

– Para que foi isso? – perguntou ele, atordoado.

– Para dar sorte – retorquiu ela, encostando os ombros à parede. – Não que vá precisar.

Kell olhou-a durante uns momentos e, depois, forçou-se a encarar os tijolos manchados de sangue. Fechou a mão sobre a dela e levou os dedos à marca.

– *As Travars* – disse.

A parede cedeu; o viajante e a ladra deram um passo em frente, transpondo-a.

III

Barron acordou com um som.

Era a segunda vez naquela manhã.

Barulho era algo bastante comum numa taverna, mais alto ou mais baixo, de acordo com a hora, por vezes ensurdecedor, outras um murmúrio, mas, de alguma forma, sempre presente. Mesmo fechado, o Stone's Throw nunca se encontrava em silêncio. Porém, Barron conhecia todos barulhos da sua taverna, desde o chiar das tábuas do chão ao lamento das portas, passando pelo murmúrio do vento que soprava nas centenas de rachas nas velhas paredes.

Conhecia-os a todos.

E aquele era diferente.

Há muito que Barron era dono da taverna naquela fissura entre mundos – eis como encarava o velho e dorido edifício. Há tempo suficiente para compreender as coisas estranhas que andavam à deriva e que ali entravam quais destroços. Há tempo suficiente para que o estranho lhe parecesse normal. E, embora não participasse desse fenómeno, não tendo o menor interesse ou afinidade na prática daquela coisa bizarra a que os outros chamavam magia, desenvolvera uma espécie de sensibilidade a ela.

E conseguia ouvi-la.

Tal como ouvia agora o barulho no andar de cima. Não era alto, de todo, mas parecia-lhe deslocado e provocava-lhe uma sensação que se lhe entranhava na pele e nos ossos. Uma sensação de que algo não estava certo. De perigo. Os pelos dos braços eriçaram-se-lhe e o coração, sempre constante, acelerou em sinal de alerta.

O som voltou a fazer-se ouvir e reconheceu o ranger de passos no velho chão de madeira. Sentou-se na cama. Mesmo acima do dele, encontrava-se o quarto de Lila. Porém, os passos não eram dela.

Quando duas pessoas vivem tempo suficiente sob um mesmo telhado (como ocorrera com Lila e ele), ficam a conhecer os sons que fazem – não apenas a voz, mas a forma como se movem num espaço. Ora, Barron reconhecia os passos de Lila quando desejava ser ouvida, assim como a forma como caminhava quando desejava não o ser. Este barulho não se assemelhava a nenhum dos dois. Além disso, já acordara com o som de Lila e Kell a saírem da taverna não muito antes (não a impedira por saber, desde há muito, que seria infrutífero, tendo decidido, também há bastante tempo, que funcionaria como uma âncora, sempre presente e disponível para quando ela regressasse, o que invariavelmente ocorria).

Mas, se não era Lila, quem seria?

Barron levantou-se, o sentimento gélido de que algo estava errado a tornar-se mais intenso enquanto puxava pelos suspensórios, os enfiava nos ombros largos e calçava as botas.

Pendurada sobre a porta, encontrava-se uma espingarda, meio enferrujada pela falta de uso (quando havia rixas lá em baixo, a sua constituição forte era, por norma, o suficiente para as resolver). Naquele momento, porém, pegou na arma pelo cano. Abriu a porta, encolhendo-se com o chiado, e dirigiu-se escada acima até ao quarto de Lila.

Nem valia a pena tentar ser furtivo. Barron nunca fora pequeno e os degraus rangiam ruidosamente enquanto subia. Quando chegou à pequena porta verde no cimo das escadas, hesitou, encostando um ouvido à madeira. Não ouviu nada e, por uma fração de segundo, duvidou de si mesmo. Talvez estivesse a dormir um sono solto desde que Lila partira, sonhando a ameaça por estar preocupado com ela. A mão que agarrava com força a espingarda, de tal forma que ficara com os nós dos dedos brancos, começou a afrouxar. Barron suspirou e pensou em voltar para a cama. Porém, nesse momento, ouviu o som metálico de moedas a caírem e a dúvida extinguiu-se como uma vela. Abriu a porta de rompante, a espingarda erguida.

Lila e Kell haviam partido, mas o quarto não estava vazio: junto à janela, encontrava-se um homem, contemplando atentamente o relógio prateado, que pousara na mão. A lanterna em cima da mesa queimava uma luz estranhamente pálida, iluminando um indivíduo com uma bizarra falta de cor, do cabelo à pele pálida e às roupas cinzentas desbotadas. Quando o seu olhar se ergueu despreocupadamente do relógio e pousou em Barron – parecia que a arma não o perturbava nem um pouco –, o dono da taverna viu que um dos seus olhos era verde; o outro, preto como a noite.

Lila tinha-lhe descrito aquele homem e dado um nome.

Holland.

Barron não hesitou. Puxou do gatilho, e a espingarda disparou com um som ensurdecedor que lhe deixou os ouvidos a zunir. Porém, quando a nuvem de fumo se desfez, o descolorido intruso encontrava-se exatamente no mesmo sítio, ileso. Barron olhou-o, incrédulo. O ar em frente de Holland cintilava levemente, e o dono da taberna demorou um instante até se aperceber de que estava repleto de chumbinhos. As pequenas contas de metal encontravam-se suspensas diante do peito de Holland. De seguida, caíram, retinindo no chão qual granizo.

Antes que Barron conseguisse disparar uma segunda vez, os dedos de Holland torceram-se. A arma saltou das mãos do dono da taberna, atravessou o quarto estreito, esbarrando contra a parede. Barron lançou-se a ela ou, pelo menos, assim o tencionava fazer, mas o corpo não lhe obedeceu, permanecendo no mesmo lugar, não fruto do medo, mas devido a algo mais forte. *Magia.* Ordenou que os membros se mexessem; contudo, a força incrível comandava que permanecessem imóveis.

– Onde estão eles? – perguntou Holland, num tom baixo, frio e oco.

Uma gota de suor desceu pelo rosto de Barron enquanto lutava contra a magia, sem qualquer sucesso.

– Partiram – retorquiu ele, a voz um troar baixo.

Holland franziu o sobrolho, desapontado. Desembainhou uma faca curva que trazia no cinto.

– Nisso já eu tinha reparado.

Atravessou o quarto numa passada uniforme que ecoava no soalho e levou a lâmina lentamente à garganta de Barron. Estava muito fria e afiada.

– Para onde foram?

De perto, Kell cheirava a lírios e relva; Holland, a cinzas, sangue e metal.

Barron encarou o olhar do mago. Era tão parecido com o de Kell. E tão diferente. Ao olhá-lo, via ira, ódio e dor, coisas que nunca transpareciam, nunca lhe alteravam os restantes traços do rosto.

– Então? – pressionou ele.

– Não faço ideia – rosnou Barron. Era a verdade. Esperava que estivessem bem, bem longe.

– Resposta errada – retorquiu Holland, esboçando um esgar triste.

Deslizou-lhe a lâmina pela garganta; Barron sentiu um calor escaldante e, depois, nada.

NOVE

FESTIVAL E FOGO

I

A Londres Vermelha recebeu Kell como se nada de errado se passasse. Não chovera e o céu estava riscado de nuvens e de uma luz carmesim, como se fora um reflexo do Isle. As carruagens rodavam ruidosamente sobre as pedras da calçada, nos seus trilhos gastos; no ar pairava o aroma doce a especiarias e chá, e, na distância, ecoavam sons de uma celebração.

Teriam mesmo só passado umas horas desde que Kell fugira dali ferido e confuso? A calma simples e animadora, a sensação de que tudo estava certo naquele lugar, abalou-o e fê-lo duvidar, mesmo que por apenas meros segundos, de que algo pudesse estar mal. Porém, sabia que a paz era superficial – algures no palácio que unia as margens o rio, a sua ausência teria decerto sido notada; algures, na cidade, dois homens jaziam mortos e outros, de olhar vazio, andariam no seu encalço e no do seu prémio. Todavia, ali, no lugar que instantes antes fora Whitbury e que agora se apelidava de Ves Anash, a luz do rio derramando-se de um dos lados e a do sol do outro, a Londres Vermelha parecia alheia ao perigo em que se encontrava, ao perigo que a atravessava.

Uma pequena pedra negra capaz de criar ou destruir qualquer coisa. Estremeceu ante o pensamento e apertou a mão de Lila, só então se apercebendo de que ela não estava ali.

Girou sobre os calcanhares, esperando encontrá-la por perto, esperando que só se tivessem afastado um passo ou dois. Mas estava sozinho. O eco da magia *Antari* cintilava debilmente na parede, marcando o local por onde entrara com Lila.

Só que Lila desaparecera.

E, com ela, a pedra.

Kell bateu com a mão na parede, reabrindo o corte, que começara a sarar. Sangue escorreu-lhe pelo pulso, e o rapaz praguejou e desatou à procura de um lenço no casaco, esquecendo-se de que o passara em volta dos ombros de Lila. Estava prestes a praguejar novamente quando se lembrou do que ela lhe tinha dado em troca.

Parece-me correto, de certa forma, dissera ela. *Deste-me algo teu. Eu dou-te algo meu. Agora, estamos ligados.*

Ligados, pensou Kell. Sentiu-se intrigado enquanto retirava o lenço do bolso. Funcionaria? Não, se ela tivesse sido desfeita ou se encontrasse presa entre mundos (contavam-se histórias de não-*Antari* que tentaram abrir portas e ficaram presos). Mas, se ela nunca tivesse chegado a atravessar ou se ali estivesse, algures, viva ou morta, resultaria.

Levou o lenço ensanguentado à parede e pressionou a mão contra o eco da sua mais recente marca.

– *As Enose* – ordenou à magia. – *As Enose* Delilah Bard.

*

Lila abriu os olhos e viu vermelho.

Não um vermelho arrojado, qual tinta salpicada nos edifícios, mas um matiz subtil, penetrante, como se estivesse a olhar através de um vitral. Lila piscou os olhos, tentando afastar a cor, mas ela permaneceu. Quando Kell apodara esta cidade de Londres Vermelha, ela assumira que a cor fora escolhida por uma razão arbitrária, ou, pelo menos, vulgar. Agora, percebia que fora literal. Inspirou fundo e sentiu flores no ar. Lírios, calêndulas e lírios orientais. O aroma era avassalador, roçando o nauseante, como um perfume – não admira que se colasse a Kell. Ao cabo de alguns minutos, enfraqueceu (tal como o matiz), à medida que os seus sentidos se ajustaram ao novo ambiente, mas, ao inspirar demasiado fundo, voltou a assaltá-la.

Lila tossiu e deixou-se ficar quieta. Estava deitada de costas, numa ruela, diante de uma porta vermelha muito bonita (pintada, não tingida pela luz). Uma pedra solta da calçada cravava-se-lhe nas costas através do casaco. O casaco de Kell. Estava por baixo dela, no chão, ondulando quais asas.

Mas Kell não se encontrava ali.

Dobrou os dedos para se certificar de que os conseguia mexer e sentiu a pedra negra aninhada na mão, ainda a vibrar. *Funcionou*, pensou ela, soltando um suspiro aliviado ao sentar-se. *Funcionara* mesmo.

Não de forma perfeita. Se assim tivesse sido, ela e Kell estariam no mesmo local, mas ei-la ali, isto é, *lá*. Algures num sítio *novo*.

Tinha-o conseguido.

Delilah Bard finalmente escapara, zarpara para longe. Não num barco, mas numa pedra.

Quanto ao local *preciso* onde se encontrava, não fazia a menor ideia. Levantou-se e apercebeu-se de que o matiz vermelho não vinha do céu, mas do chão. O mundo à sua direita era consideravelmente mais vermelho do que à esquerda. E, apercebeu-se também, bastante mais barulhento. Não se tratava apenas do bulício habitual de pessoas e carroças, pois as Londres pareciam ter isso em comum, mas o alvoroço de uma multidão crescente, em saudações, gritos e celebrações. Uma parte de si sabia que devia ficar quieta e esperar que Kell a encontrasse, mas a outra encaminhava-se já rumo àquele núcleo de luz, cor e som.

Kell encontrara-a uma vez, pensou de si para consigo. Encontrá-la--ia de novo.

Guardou a pedra negra no bolso secreto do seu manto puído (a tontura quando a libertou foi breve e superficial). De seguida, pegou no casaco de Kell, sacudiu-lhe o pó e vestiu-o. Esperava que lhe estivesse largo, ou pelo menos que não lhe assentasse bem, mas, para sua surpresa, caía-lhe na perfeição, os botões prateados uniformes e direitos no rico tecido preto.

Estranho, pensou Lila, enfiando as mãos nos bolsos. Não era a coisa mais estranha do mundo, mas, ainda assim, estranho.

Ziguezagueou pelas ruas estreitas e labirínticas, que eram tal qual as da sua Londres e, porém, tão diferentes. Em vez de pedra áspera e vidro sujo de fuligem, as lojas eram de madeira escura e pedra lisa, vidro colorido e metal cintilante. Tinham um aspeto forte e estranhamente delicado, sendo todas elas, aliás, *tudo*, atravessadas por espécie de energia (não conseguia pensar noutra palavra). Caminhou na direção da multidão, maravilhando-se com as alterações forjadas neste mundo, um mundo cujo esqueleto era igual ao do seu, mas cujo corpo se revelava novo e glorioso.

Virou uma esquina e viu a fonte de todo o alarido. Dezenas de pessoas tinham-se juntado perto de uma artéria principal, fervilhando de antecipação. Pareciam plebeus e, contudo, vestiam-se de forma muito mais fina do que no seu mundo. O estilo em si não era muito distinto – os homens usavam casacos elegantes de colarinho alto, as mulheres, vestidos cintados por baixo de capas –, mas os materiais fluíam como metal derretido, e fios de ouro atravessavam-lhes os cabelos, os chapéus e os punhos.

Lila ajeitou o casaco de botões prateados de Kell, grata por conseguir esconder o manto puído em baixo. Nas brechas por entre a multidão que se acotovelava, conseguiu um vislumbre do rio vermelho, ao longe, onde o Tamisa devia estar, a sua estranha luz espraiando-se pelas margens.

O Tamisa? Uma fonte de magia?

Talvez a maior fonte no mundo. Não que o consigas ver aqui, mas se o visses como ele é na minha Londres...

Era efetivamente magnífico. E, contudo, Lila sentiu-se menos atraída pela água e mais pelos navios que nela repousavam. Embarcações de todos os tamanhos e feitios, desde brigues e galeotes a escunas e fragatas, flutuando nas águas vermelhas, as velas ondeantes. Dezenas de emblemas marcavam o tecido nos mastros ou flancos, mas, em todos eles, haviam sido pendurados estandartes vermelhos e dourados. Cintilavam, como que chamando por ela. *Sobe a bordo*, pareciam dizer. *Posso ser teu.*

Não poderia tê-los desejado mais, se tivesse nascido homem e eles fossem belas donzelas a levantar as saias. *Para o diabo os vestidos elegantes*, pensou. *Eu fico com um navio.*

Porém, apesar de aquela frota dissonante ser o suficiente para arrancar um suspiro de aprovação a *Lila*, a multidão não estava interessada nem nos navios deslumbrantes nem no rio vermelhíssimo.

Ao longo da avenida, avançava um desfile.

Lila aproximou-se da turba mesmo a tempo de ver uma fileira de homens marchar com faixas de um tecido negro em volta dos braços e pernas, como se os membros fossem rolos. Os homens levavam fogo nas mãos e, quando dançaram e giraram, este arqueou-se, desenhando um trilho e sustendo-se no ar, atrás deles. Os lábios moviam-se em simultâneo, as palavras silenciadas pelos sons do desfile, e Lila deu consigo a avançar, para o meio da turba, para ver melhor. Num instante, os homens desapareceram, mas na sua esteira surgiu uma fileira de mulheres; envergando vestidos soltos, executaram uma versão mais fluida da mesma dança, desta vez com água. Lila observou, os olhos esbugalhados. O líquido parecia uma fita nas mãos delas, torcendo-se e enrolando-se no ar, como que por magia.

Mas é claro que é por magia, pensou Lila.

As dançarinas de água deram lugar a outras com terra, seguidas das do metal e, por fim, do vento, visível, graças ao pó colorido que sacudiam das mãos.

Cada dançarina estava vestida à sua maneira, mas todas traziam faixas vermelhas e douradas em volta dos braços e das pernas, esvoaçando como caudas de cometa, enquanto atravessavam a cidade.

Uma música crescia atrás de si, forte como um tambor, mas suave como cordas, arrancando de instrumentos que ela nunca vira notas que ela nunca ouvira. Os músicos seguiram caminho, mas a música permaneceu no ar, pairando sobre a multidão como o teto de uma tenda, como se o próprio o som pudesse tornar-se tangível. Era hipnótica.

Foi então que surgiram os cavaleiros nas suas montadas, as armaduras brilhando ao sol e as capas vermelhas ondulando atrás de si. Os próprios cavalos eram animais gloriosos, todos de um branco, de um cinzento sólido ou até de um negro lustroso, sem quaisquer manchas, e quase tão belos, pensou Lila, como os navios. Os olhos lembravam contas polidas, alguns castanhos, outros azuis ou verdes. As crinas brilhavam, negras, prateadas ou douradas, e moviam-se com uma graça que não coincidia com aquele tamanho ou passada.

Todos os cavaleiros empunhavam estandartes lembrando lanças de justa, um sol nascente a elevar-se num céu vermelho.

Naquele preciso instante, um grupo de rapazinhos atravessou-se diante de Lila, as faixas ondulando-lhes nos braços e pernas. Ela agarrou num deles pelo colarinho.

– Que se está a passar? – perguntou à criança que se contorcia.

Os olhos do rapaz esbugalharam-se de espanto, e cuspiu uma série de palavras num idioma que ela não reconheceu. Decerto, não era inglês.

– Estás a perceber-me? – perguntou ela, muito devagar, mas o rapaz limitou-se a abanar a cabeça, soltando-se e papagueando numa estranha língua até ela o deixar partir.

Uma nova saudação, desta vez mais forte, varreu a multidão, e Lila viu uma carruagem aberta aproximar-se. Era puxada por vários cavalos brancos e flanqueada por uma guarda armada. Ostentava estandartes mais ornamentados e elaborados: o sol erguia-se agora acima de um cálice, como se o seu conteúdo fosse a luz matinal, marcado com um M floreado, tudo tecido em fio de ouro sobre seda vermelha.

Na carruagem, encontravam-se, de pé, um homem e uma mulher, de mãos dadas, as capas carmesim caindo-lhes pelos ombros e pousando no chão polido da carruagem. Tinham ambos a pele beijada pelo sol e um cabelo negro evidenciava o dourado brilhante das coroas. (*Realeza*, pensou Lila. *Pois claro*. Era um mundo diferente. Um rei e uma rainha diferentes. Mas havia *sempre* realeza.)

Entre o rei e a rainha, um pé pousado no assento, qual conquistador, encontrava-se um jovem rapaz, uma coroa fina a cintilar-lhe nos caracóis negros, uma capa de ouro puro tombando-lhe dos ombros largos. Um príncipe. Levantou uma mão num aceno, e os súbditos deliraram.

– *Vares Rhy*! – Um grito elevou-se do outro lado do desfile e foi abraçado e repetido por uma dezena de novas vozes. – *Vares Rhy! Vares Rhy!*

O príncipe esboçou um sorriso deslumbrante e, a poucos metros de Lila, uma jovem rapariga chegou inclusive a desmaiar. Lila troçou daquela infantilidade, mas, quando se voltou de novo para o desfile, topou com o príncipe a olhar para *ela*. Intensamente. Sentiu-se enrubescer. Ele não sorriu, não piscou o olho, limitou-se a olhá-la nos olhos por um longo, longo momento, o sobrolho ligeiramente franzido como se soubesse que ela não pertencia ali, como se olhasse através dela e visse algo diferente. Lila sabia que deveria fazer uma vénia ou, no mínimo, afastar o olhar. Contudo, enfrentou-o. E o momento passou. O príncipe sorriu novamente, olhando para os seus súbditos, e a carruagem seguiu caminho, deixando na sua esteira faixas, dançarinas e cidadãos entusiasmados.

Lila voltou a si. Não se apercebera quanto caminhara com o resto da multidão até ouvir um grupo de raparigas conversar a seu lado.

– Onde estava ele? – murmurou uma delas. Lila sobressaltou-se, aliviada por ouvir *alguém* falar o seu idioma.

– *Ser asina gose* – retorquiu outra, e então, num inglês com muito sotaque: – Estás a soar bem.

– *Rensa tav* – declarou a primeira. – Estou a praticar para esta noite. Também o devias fazer, se queres dançar. – Pôs-se em bicos dos pés para acenar ao príncipe que desaparecia.

– O teu parceiro de dança – afiançou uma terceira num inglês muito fraco – anda desaparecido.

A primeira rapariga carregou o sobrolho.

– Ele está sempre no desfile. Espero que se encontre bem.

– *Mas aven* – declarou a segunda, revirando os olhos. – A Elissa está apaixonada pelo príncipe de olhos negros.

Lila franziu o sobrolho. Príncipe de olhos negros?

– Não podes negar que ele é deslumbrante. De uma forma meio assombrada.

– *Anesh*. De uma forma meio *assustadora*.

– *Tac*. Ele em nada se compara ao Rhy.

– Desculpem – interrompeu Lila. O trio de raparigas voltou-se para ela. – O que é tudo isto? – perguntou, apontando para o desfile. – Qual o propósito?

A rapariga que falara num inglês muito fraco soltou uma gargalhada surpreendida, como se Lila estivesse a brincar.

– *Mas aven* – disse a segunda. – De onde és tu para não saberes o que isto é? É o aniversário do príncipe Rhy, pois claro.

– Pois claro – ecoou Lila.

– O teu sotaque é incrível – afiançou a rapariga que procurara pelo seu príncipe de olhos negros. Elissa. – Quem é o teu professor?

Agora foi a vez de Lila rir. As raparigas limitaram-se a olhar para ela. Foi então que trompetes, ou, pelo menos, algo similar, começaram a soar da zona para onde a realeza e o restante desfile haviam partido. A multidão, agora no fim, seguiu a música, levando aquele grupo de raparigas consigo. Lila afastou-se da turba e levou a mão ao bolso, para se certificar de que a pedra negra ainda lá estava. E assim era. Vibrava, desejando ser agarrada, mas Lila resistiu ao impulso. A pedra podia ser engenhosa, mas também ela o era.

Sem o desfile a bloquear-lhe a vista, a rapariga conseguiu ver o rio cintilante do outro lado da estrada. Brilhava com uma incrível luz vermelha, como se fosse iluminado por dentro. *Uma fonte*, chamara-lhe Kell, e Lila conseguia compreender porquê. *Vibrava* de poder. O desfile real deveria ter atravessado uma ponte, porque agora descia pela margem oposta em cânticos e saudações distantes. Os olhos de Lila percorreram as águas até pousarem numa enorme estrutura abobadada que só poderia ser o palácio. Ao contrário do parlamento, não se encontrava junto à margem, mas por *cima* do próprio rio, cobrindo-o qual ponte. Parecia feito de vidro, ou cristal, as juntas fundidas com cobre e pedra. Lila estudou a estrutura com um olhar ávido. O palácio parecia uma joia. Não. Uma coroa de joias, mais adequada a uma montanha do que a uma cabeça.

Os trompetes soavam na escadaria, onde criados em capas curtas vermelhas e douradas seguravam bandejas com comida e bebida para o povo.

O aroma no ar – a comida exótica, bebida e magia – era absolutamente intoxicante. Lila sentiu-se inebriada conforme avançava.

A multidão começou a diluir-se e, entre a rua que esvaziava e o rio vermelho, brotava um mercado lembrando uma sebe de rosas.

Uma parte da turba seguira o desfile real, mas a restante dirigiu-se para o mercado, e Lila optou por aí.

– *Crysac!* – gritou uma mulher, erguendo gemas de um vermelho-fogo. – *Nissa lin.*

– *Tessane!* – instava outra, com o que parecia ser um bule de metal fumegante. – *Cas tessane.* – Ergueu dois dedos. – *Sessa lin.*

Por toda a parte, mercadores anunciavam os seus produtos num idioma desconhecido. Lila tentou apanhar umas quantas palavras e ligá-las aos objetos erguidos no ar – *cas* parecia significar quente e *lin*, supunha, uma espécie de moeda. Porém, tudo era brilhante, colorido e vibrante de poder, e Lila mal se conseguia concentrar o suficiente para compreender o que quer que fosse em volta.

Aconchegou-se no casado de Kell e passeou pelas tendas e bancas com um olhar devorador. Não trazia dinheiro, mas tinha dedos rápidos. Passou por uma banca marcada com a palavra ESSENIR e reparou numa mesa com uma enorme pilha de pedras polidas de todas as cores, não

apenas vermelhas ou azuis, mas imitações perfeitas da natureza: amarelo-
-fogo, verde-relva estival, azul noturno. O mercador estava de costas
para ela, e Lila não se conseguiu conter.

Esticou o braço na direção do berloque mais próximo, uma lindís-
sima pedra azul-esverdeada, da cor do alto-mar (ou, pelo menos, a que
ela julgava que ele teria, a cor que vira em pinturas), com pequenas
marcas brancas, lembrando a espuma das ondas. Mas, quando os dedos
se dobraram em volta do objeto, uma dor flamejante trespassou-lhe
a pele.

Arquejou, mais do choque do que da queimadura em si, e escondeu a
mão chamuscada. Antes que conseguisse afastar-se, o mercador agarrou-
-a pelo pulso.

– *Kers la?* – exigiu. Quando ela não respondeu (não o conseguiria
fazer), começou a gritar mais depressa e alto, as palavras colando-se
umas às outras.

– Largue-me – exigiu ela.

O mercador franziu o sobrolho quando a ouviu.

– Acha que se safa por falar a língua fina? – inquiriu ele num inglês
gutural.

– Não faço a menor ideia do que está para aí a falar – ripostou Lila.
– Agora, *largue-me*.

– Fale arnesiano. Fale inglês. Não importa. Não deixa de ser uma
gast. Uma ladra.

– Não sou uma *gast* – rosnou Lila.

– *Viris gast*. Ladra idiota. A tentar roubar de uma tenda encantada.

– Não sabia que estava encantada – replicou Lila, agarrando no
punhal que trazia à cintura.

– *Pilse* – rosnou o mercador, e Lila teve a sensação de que aca-
bara de ser insultada. Foi então que o homem levantou a voz. – *Strast!*
– gritou. Quando Lila girou sobre si, tentando libertar-se da mão dele,
viu guardas armados na orla do mercado. – *Strast!* – voltou ele a chamar,
e um dos homens inclinou a cabeça e aproximou-se.

Merda, pensou Lila, libertando-se do mercador, mas caindo logo
num novo par de mãos, que lhe apertaram os ombros. Estava prestes a
desembainhar a faca quando o mercador empalideceu.

– *Mas aven* – disse, inclinando-se numa vénia.

As mãos que seguravam Lila desapareceram. Ela girou sobre os calcanhares, topando com Kell, o habitual sobrolho franzido, olhando o mercador.

– Que se passa aqui? – perguntou. Lila não soube o que a surpreendeu mais: se o seu aparecimento repentino se os moldes em que se dirigiu ao mercador (num tom despreocupado, arrogante) se a forma como este o olhou, num misto de pasmo e medo.

O cabelo arruivado estava puxado para trás, o olho negro à vista à luz vermelha da manhã.

– *Aven vares*. Se soubesse que estava con-convosco... – balbuciou o mercador antes de retomar o arnesiano, ou lá como se chamava aquele idioma. Lila ficou surpreendida por o ouvir dos lábios de Kell, enquanto tentava acalmar o mercador. Apanhou novamente a palavra, *gast*, proferida pelo mercador, e lançou-se a ele. Kell afastou-a.

– Já chega –rosnou-lhe Kell ao ouvido. – *Solase* – disse ao mercador, em jeito de desculpa. – É estrangeira. Pouco civilizada, mas inofensiva.

Lila lançou-lhe um olhar sombrio.

– *Anesh, mas vares* – retorquiu o mercador, numa vénia ainda mais acentuada. – Perigosa o suficiente para roubar...

Com a cabeça baixa, o mercador não viu Kell olhar por cima do ombro, para o guarda que se aproximava. Não viu o mercador, mas Lila viu.

– Comprarei o que ela tentou tirar – propôs Kell, apressadamente, mergulhando a mão no bolso do casaco, sem se lembrar de que Lila ainda o trazia posto.

O mercador endireitou-se e começou a abanar a cabeça.

– *An. An.* Não poderei aceitar moeda de vós.

O guarda aproximava-se e decerto Kell não queria ali estar quando ele chegasse, porque retirou uma moeda do casaco e pousou-a na mesa com um estalido.

– Pela confusão – disse, afastando-se com Lila. – *Vas ir*.

Não esperou pela resposta, limitando-se a empurrar Lila entre a multidão, para longe da banca e do guarda que quase lá chegara.

– *Pouco civilizada*? – rosnou Lila quando o *Antari* a agarrou pelo ombro e a guiou para fora do mercado.

– Cinco minutos! – exclamou Kell, tirando-lhe o casaco dos ombros e pousando-o nos seus, após o que endireitou a gola. – Não consegues manter essas mãos quietas durante cinco minutos! Diz-me que não decidiste ir já vender a pedra.

Lila soltou um silvo irritado.

– Inacreditável – ripostou ela enquanto ele a afastava da turba e do rio, na direção de uma das ruas mais estreitas. – Estou tão feliz por estares bem, Lila – papagueou ela. – Graças a Deus que a pedra não te desfez em mil pedacinhos.

A mão de Kell sobre o seu ombro afrouxou.

– Nem acredito que tenha resultado.

– Não estejas tão entusiasmado – rematou Lila, secamente.

Kell deteve-se e voltou-a para si.

– Não estou entusiasmado – explicou ele. O olho azul parecia preocupado, o negro era ilegível. – Fico feliz por não te teres magoado, Lila, mas as portas entre os mundos deviam estar interditas a todos os não-*Antari* e o facto de a pedra te ter garantido passagem só prova quão perigosa é. Aterroriza-me cada minuto que passa aqui, no meu mundo.

Lila deu consigo a olhar para o chão.

– Bom – disse –, então, vamos lá tirá-la daqui.

Um ligeiro sorriso grato aflorou aos lábios de Kell. Lila tirou a pedra do bolso, erguendo-a. Kell soltou um som assustado e pousou a mão sobre a dela, envolvendo-a e escondendo a pedra de vista. Algo lhe brilhou no olhar quando tocou nela, mas Lila quase apostava que não fora a sua pele a ter aquele efeito nele. A pedra estremeceu-lhe ligeiramente na mão, como se sentisse a presença de Kell e quisesse estar com ele. Lila sentiu-se um pouco insultada.

– *Sanct!* – praguejou-lhe. – Mete-a à vista de todos, já agora, não?

– Pensei que a quisesses de volta! – ripostou ela, exasperada. – Contigo nunca se ganha.

– Fica com ela – silvou ele. – E, pelos reis, mantém-na escondida.

Lila voltou a guardá-la no bolso do manto e proferiu uma série de palavras menos amáveis entredentes.

– E já que estamos tão expressivos – disse Kell –, devo alertar-te de que não podes falar tão abertamente aqui. O inglês não é um idioma comum.

– Já reparei. Obrigada pelo aviso.

– Eu disse-te que os mundos seriam diferentes. Mas tens razão, devia ter-te avisado. Aqui, o inglês é a língua usada pela elite e por aqueles que se desejam associar a ela. Falá-la chamará as atenções sobre ti.

Os olhos de Lila estreitaram-se.

– E que propões que faça? Que *não* fale?

– A ideia passou-me pela cabeça – retorquiu Kell. Lila fez uma careta. – Mas, como duvido de que isso seja possível, peço-te apenas que fales mais baixo.

Sorriu, e Lila sorriu-lhe de volta, resistindo ao impulso de lhe partir o nariz.

– Agora que resolvemos isso... – Girou sobre os calcanhares e pôs-se a caminho.

– *Pilse* – resmungou ela enquanto o seguia, esperando que significasse algo mesmo muito feio.

II

Aldus Fletcher não era um homem honesto.

Detinha uma loja de penhores num dos becos perto das docas e todos os dias o visitavam marinheiros, alguns à procura de coisas, outros à procura de se livrar de coisas. Fletcher tratava de ambas as situações. Com os habitantes locais, também. Constava nos cantos mais obscuros da Londres Vermelha que a sua loja era o lugar onde se podia encontrar aquilo que não se deveria ter.

De quando em quando, entrava gente *honesta* pela porta, claro, à procura ou a querer desfazer-se de cachimbos e outros instrumentos de fumo, tábuas divinatórias, pedras com runas e castiçais. Fletcher não se importava de encher a loja com essa mercadoria, não fosse a guarda real fazer alguma inspeção. Porém, o seu verdadeiro negócio assentava no risco e na raridade.

Um painel de pedra lisa pendia na parede ao lado do balcão, do tamanho de uma janela e negro como a noite. Na superfície, fumo branco movia-se, cintilava e espalhava-se como giz, anunciando o itinerário completo das celebrações do aniversário do príncipe. Um eco da cara sorridente de Rhy surgiu, qual fantasma, na tábua divinatória sobre a notificação. Sorria abertamente enquanto piscava o olho e, sob a sua garganta, pairava uma mensagem:

O rei e a rainha convidam-no
a celebrar o vigésimo aniversário
do príncipe na escadaria do palácio
após o desfile anual.

Ao cabo de uns segundos, a mensagem e o rosto do príncipe dissolveram-se. Por instantes, a tábua divinatória escureceu, regressando, de seguida, à vida com uns quantos anúncios.

– *Erase es ferase?* – troou a voz profunda de Fletcher. *De chegada ou de partida?*

A pergunta fora dirigida a um rapaz – *era* mesmo um miúdo, com meia dúzia de pelos na barba – que se encontrava a observar atentamente uma mesa com talismãs junto à porta. *De chegada* significava um comprador, *de partida*, um vendedor.

– Nenhum dos dois – murmurou o rapaz. Fletcher manteve-se atento às mãos deambulantes do miúdo, mas não estava muito preocupado. A loja encontrava-se protegida contra roubos. Era um dia calmo, e o homem quase desejou que o rapaz tentasse. Precisava de se entreter um pouco. – Estou apenas a ver – acrescentou ele, nervosamente.

Na loja de Fletcher raramente entrava gente só para ver. Quem ali ia tinha um propósito em mente. E precisava de o dar a conhecer. Se o miúdo procurava algo, não estava aflito o ponto de o dizer.

– Se precisar, estou aqui – rematou Fletcher.

O rapaz anuiu, mas continuou a lançar olhares esquivos a Fletcher. Ou melhor, aos braços dele, que se encontravam apoiados no balcão. Lá fora, o ar estava pesado para uma manhã tão tardia na estação de colheita (seria expectável que, dada a clientela, a loja funcionasse num horário noturno, mas Fletcher descobrira que os melhores vigaristas sabiam fazer do crime algo casual), e o dono da loja tinha as mangas arregaçadas até aos cotovelos, expondo inúmeras marcas e cicatrizes ao longo dos antebraços bronzeados. A pele era um mapa da sua vida, e fora uma vida dura.

– É ve'dade o que dizem? – perguntou finalmente o rapaz.

– Sobre o quê? – replicou Fletcher, a sobrancelha erguida.

– Sob'e ti. – O olhar do gaiato encaminhou-se para as marcas nos pulsos. Os limitadores rodeavam-nos lembrando algemas, marcados na carne e mais fundo. – Posso vê-los?

– Ah, estes? – perguntou Fletcher, levantando as mãos. As marcas eram um castigo dado apenas àqueles que desafiavam a regra áurea da magia. – Não usarás o teu poder para controlar outrem – recitou ele, esboçando um esgar. Perante tal crime, a realeza mostrava muito pouca misericórdia. Os culpados eram *limitados*, marcados com torniquetes ao seu poder.

Porém, os de Fletcher estavam partidos. As marcas no interior dos pulsos encontravam-se esborratadas, turvas, lembrando elos quebrados numa corrente de metal. Fora até aos confins do mundo para partir aquelas correntes, trocara sangue, alma e anos de vida, mas ali estava ele. Livre, de novo. De certa maneira. Continuava preso à loja e à ilusão de impotência, uma ilusão que mantinha, não fossem os guardas descobrir a sua regeneração e voltar para exigir mais do que a magia. É claro que o facto de alguns lhe deverem favores ajudava. Toda a gente – até os ricos e a realeza – quer aquilo que não deveria ter. Ora, essa era a especialidade de Fletcher.

O rapaz continuava a olhar para as marcas, pálido e de olhos esbugalhados.

– *Tac* – disse Fletcher, voltando a apoiar os braços no balcão. – Já chega de ver. Vais comprar alguma coisa ou não?

O rapaz saiu, de mãos a abanar, e Fletcher suspirou, pegando no cachimbo que guardava no bolso de trás. Estalou os dedos e uma pequena chama azul dançou-lhe na ponta do polegar, com a qual acendeu as folhas prensadas no fornilho. Depois, retirou um objeto do bolso da camisola e pousou-o em cima do balcão de madeira.

Tratava-se de uma peça de xadrez. Uma pequena torre branca, para ser exato. Um indicador de uma dívida que ainda teria de pagar, e que pagaria.

A torre pertencera outrora ao rapazote *Antari*, Kell, mas chegara à loja de Fletcher uns anos antes, saída de uma pilha de ganhos numa ronda de Sanct.

Sanct era o tipo de jogo no qual os lucros iam aumentando. Misto de estratégia, sorte e uma boa cota de batota, podia terminar em minutos ou durar horas. E a última mão da noite já durava havia quase duas. Eram os derradeiros jogadores, Fletcher e Kell, e, à medida que a noite avançara, também o prémio aumentara. Não estavam a jogar a dinheiro, naturalmente. A mesa encontrava-se repleta de talismãs, objetos e magias raras. Um frasco de areia de esperança. Uma espada de água. Um casaco com um número infinito de lados.

Fletcher jogara todas as cartas, exceto três: um par de reis e um santo. Estava certo de que ganharia. Porém, Kell jogou três santos. Eis, contudo, o problema: só existiam três no baralho. Ora, Fletcher tinha um. No entanto, mal Kell mostrou a sua mão, a carta do seu adversário cintilou, metamorfoseando-se num criado, a menos valiosa do baralho.

Fletcher enrubesceu enquanto assistia àquilo. O menininho da corte colocara uma carta encantada no baralho e enganara Fletcher com arte e mestria. Ora, isso era a melhor e a pior coisa do Sanct. Nada era proibido. Não era necessário ganhar de forma honesta. Apenas obter uma vitória.

Fletcher não tinha qualquer outra hipótese que não mostrar a mão liquidada. A sala explodiu em comentários jocosos e apupos. Kell limitou-se a sorrir, encolhendo os ombros antes de se levantar. Pegou num objeto que estava no cimo da pilha – uma peça de xadrez de uma outra Londres – e atirou-a a Fletcher.

– Sem ressentimentos – retorquiu, piscando o olho, antes de agarrar nos ganhos e partir.

Sem ressentimentos.

Os dedos de Fletcher apertaram a pequena estátua de pedra. O sino sobre a porta de entrada da loja tilintou quando um novo cliente entrou, um homem alto e esguio com uma barba grisalha e um brilho esfomeado no olhar. Fletcher devolveu a torre ao bolso e conseguiu esboçar um esgar.

– *Erase es ferase*? – perguntou. *De chegada ou de partida*?

III

Enquanto caminhavam, Kell conseguia *sentir* a pedra no bolso de Lila.

Por momentos, quando os seus dedos envolveram os dela, a pele roçando no talismã, só quisera tirar-lho. Sentia que tudo ficaria bem, se o segurasse. O que era absurdo. Nada estaria bem enquanto a pedra existisse. No entanto, ela puxava-lhe pelos sentidos; Kell estremeceu e tentou não pensar naquilo enquanto conduzia Lila pela Londres Vermelha, afastando-a do barulho e rumo ao Ruby Fields.

As celebrações de Rhy durariam todo o dia, atraindo a grande maioria da cidade (pessoas e guardas) para as margens do rio e do palácio vermelho.

Sentiu-se assolado pela culpa. Devia ter participado no desfile, devia ter seguido na carruagem aberta com a família real, devia lá ter estado e gozado com Rhy pela forma como este adorava toda a atenção.

Kell tinha a certeza de que o príncipe amuaria semanas a fio devido à sua ausência. Depois, lembrou-se de que nunca teria oportunidade de lhe pedir desculpa. O pensamento dilacerava-o como uma faca, apesar de dizer de si para consigo que precisava de ser assim, que, quando chegasse o momento, Lila explicaria tudo. E Rhy? Rhy perdoá-lo-ia.

O *Antari* manteve a gola levantada e a cabeça baixa, mas, ainda assim, sentiu olhares nele enquanto caminhavam pelas ruas. Não parava de olhar por cima do ombro, incapaz de se abstrair da sensação de que estava a ser seguido. O que era verdade, estava a sê-lo por Lila, que o escrutinava enquanto ziguezagueavam pelas ruas.

Algo claramente a incomodava, mas nada disse. Por momentos, Kell questionou-se se ela estaria a obedecer ao seu pedido ou à espera do momento certo. Foi então que, quando o aparecimento de dois guardas reais, os capacetes colocados descontraidamente por baixo do braço, forçou Kell (e, por necessidade, Lila) a fugir apressado para o vão de uma entrada, ela finalmente quebrou o silêncio.

– Diz-me uma coisa, Kell – declarou, ao regressarem à rua depois de os homens terem desaparecido de vista. – Os plebeus tratam-te como nobreza e, no entanto, foges dos guardas como um ladrão. Qual das duas coisas és?

– Nenhuma – respondeu, desejando que ela deixasse o assunto morrer. Porém, Lila não cedeu.

– És alguma espécie de nobre criminoso? – pressionou. – Um Robim dos Bosques, herói do povo e bandido perante a realeza?

– Não.

– És procurado por algo?

– Não propriamente.

– De acordo com a minha experiência – observou Lila –, uma pessoa ou é procurada ou não é. Porque te esconderias dos guardas se não és procurado?

– Porque pensei que poderiam estar à minha procura.

– E porque fariam eles isso?

– Porque ando desaparecido.

Ouviu os passos de Lila abrandar.

– Porque se preocupariam eles? – perguntou, detendo-se. – Quem és tu? Kell encarou-a.

– Já te disse...

– Não – retorquiu ela, os olhos reduzidos a uma fenda. – Quem és tu *aqui*? Quem és tu para *eles*?

Kell hesitou. Só queria atravessar a cidade o mais rapidamente possível, buscar um objeto da Londres Branca aos seus aposentos e tirar a maldita pedra negra daquele mundo. Mas Lila não parecia querer dar nem mais um passo antes que ele antes lhe respondesse.

– Pertenço à família real – explicou Kell.

Nas poucas horas que haviam decorrido desde que conhecera Lila, percebera que era raro surpreender-se, mas, com aquela afirmação, os olhos finalmente esbugalharam-se-lhe de pasmo.

– És um *príncipe?*

– Não – retorquiu com firmeza.

– Como o rapaz engraçado na carruagem? É teu irmão?

– Chama-se Rhy, e não. – Kell fez uma careta quando disse aquilo. – Bom... não exatamente.

– Então, *tu* és o príncipe de olhos negros. Tenho de admitir que nunca imaginei que fosses um...

– Não sou um príncipe, Lila.

– Bem vistas as coisas, até não é assim tão estranho. És bastante arrogante e...

– *Não* sou um...

– Mas que anda um membro da família real a fazer...

Kell empurrou-a contra a parede de tijolo do beco.

– Não sou um *membro* da família real – disparou ele. – *Pertenço*-lhes.

Lila franziu o sobrolho.

– Que queres dizer?

– Sou deles – explicou, encolhendo-se ante as próprias palavras. – Sou como um bem. Um objeto. Percebes? Cresci no palácio, mas não é a minha casa. Fui educado pela realeza, mas eles não são a minha família nem o meu sangue. Sou valioso para eles e por isso têm-me, mas não é o mesmo que ser um deles.

As palavras queimavam-no. Kell sabia que não estava a ser justo com o rei e a rainha, que sempre o haviam tratado com carinho, se não amor, ou com Rhy, que sempre o vira como um irmão. Mas era verdade, não era? Por mais que isso lhe doesse. Independentemente do carinho que nutria por eles e vice-versa, não deixava de ser verdade que era uma arma, um escudo, uma ferramenta a ser utilizada. Não era um príncipe. Não era um filho.

– Pobrezinho – disse Lila, fria, afastando-o. – Que queres? Pena? Olha que de mim não a vais ter.

Kell cerrou o maxilar.

– Eu não...

217

– Tens uma casa, mesmo que não seja um lar – cuspiu ela. – Tens pessoas que se preocupam contigo. Podes não ter tudo o que desejas, mas aposto que tens tudo aquilo de que *precisas* e ainda tens a ousadia de o desdenhar só porque não é amor.

– Eu...

– Não é o amor que nos impede de morrer de frio, Kell – continuou ela. – Ou de fome ou esfaqueados pelas moedas que temos no bolso. O amor não nos compra nada; por isso, dá-te por contente de teres o que tens e quem tens, porque podes desejar coisas, mas não *precisas* de nada.

Quando terminou, estava ofegante, os olhos cintilantes e o rosto corado.

Pela primeira vez, Kell viu Lila. Não como ela queria ser, mas a que na verdade era. Uma rapariga assustada, ainda que sagaz, que tentava desesperadamente manter-se viva. Uma rapariga que, decerto, passara frio, fome e lutara – e quase de certeza matara – só para se segurar a uma frágil existência, guardando-a qual vela contra um vento implacável.

– Diz alguma coisa – desafiou-o.

Kell engoliu em seco, cerrou as mãos em punhos e olhou-a fixamente.

– Tens razão – disse ele.

A admissão deixou-o estranhamente fraco e, naquele instante, só queria regressar a casa (porque era uma casa, muito mais do que Lila provavelmente tinha). Queria que a rainha lhe tocasse na cara, que o rei lhe pousasse uma mão no ombro. Queria passar o braço por cima de Rhy, brindar ao seu aniversário e ouvi-lo divagar e rir.

Desejava-o tanto que doía.

Mas não podia voltar.

Cometera um erro. Pusera-os a todos em perigo e tinha de resolver o problema.

Porque era o seu dever protegê-los.

E porque os amava.

Lila ainda o olhava, esperando que ele continuasse, mas Kell não o fez.

– Tens razão – disse ele, de novo. – Desculpa. Comparada com a tua, a minha vida parece um conto de...

– Não te atrevas a sentir pena de mim, menino mágico – rosnou Lila, a faca na mão. E eis que em menos de nada aquela menina de rua assustada desaparecera e a assassina voltara. Kell sorriu ao de leve. Não havia como ganhar estas batalhas contra Lila, mas sentiu-se aliviado ao vê-la de regresso ao tom ameaçador. Desviou o olhar do dela e contemplou o céu, o vermelho do Isle refletindo-se nas nuvens baixas. Aproximava-se tempestade. Rhy também amuaria por isso, rancoroso com tudo o que pudesse reduzir o esplendor do seu dia.

– Vamos – disse Kell. – Estamos quase a chegar.

Lila embainhou a faca e seguiu-o, desta vez com um olhar menos mordaz.

– Este sítio para onde nos dirigimos – disse ela. – Tem algum nome?

– Is Kir Ayes – retorquiu Kell. – Ruby Fields.

Ainda não contara a Lila que a viagem dela terminaria ali. Que teria de terminar. Em nome da sua paz de espírito e da segurança dela.

– Que esperas encontrar lá?

– Um objeto – explicou Kell. – Algo que nos dê passagem para a Londres Branca. – Mentalmente, passou revista a todas as prateleiras e gavetas, aos vários objetos das várias cidades que agora brilhavam por detrás dos seus olhos. – A estalagem é gerida por uma mulher chamada Fauna. Vocês deverão dar-se esplendidamente.

– E porquê?

– Porque são ambas...

Kell preparava-se para dizer «casmurras como tudo», mas ao dobrar a esquina deteve-se bruscamente, as palavras a morrer-lhe na boca.

– Aquilo é o Ruby Fields? – perguntou Lila ao seu lado.

– Sim – disse Kell, calmamente. – Ou era.

Nada restava além de cinza e fumo.

A estalagem, e tudo o que nela estivera, fora reduzida a zero.

IV

Não tinha sido um fogo comum.

Os fogos comuns não consomem metal e madeira. E os fogos comuns alastram-se. Este não. Delimitara o edifício e queimara só a estalagem: umas poucas gavinhas chamuscavam as pedras da calçada em redor.

Não, aquilo era feitiço.

E recente. Os destroços ainda emanavam calor enquanto Kell e Lila por eles deambulavam, procurando algo – *qualquer coisa* – que pudesse ter sobrevivido. Mas nada sobrevivera.

Kell sentiu-se maldisposto.

Aquele tipo de fogo era veloz, e as extremidades sugeriam um círculo de contenção. Não teria contido apenas as chamas. Conteria tudo. Todos. Quantas pessoas haviam ficado presas lá dentro? Quantos cadáveres se encontrariam ali, naqueles destroços, reduzidos a ossos ou cinzas?

Foi então que se lembrou do seu quarto.

Anos de coleção – caixas de música, medalhões, instrumentos e ornamentos, coisas preciosas, coisas simples e coisas estranhas – haviam desaparecido.

O aviso de Rhy – *deixa-te disso antes que sejas apanhado* – ecoou-lhe na mente e, por instantes, Kell sentiu-se grato por tudo ter desaparecido antes que pudesse ser descoberto. Foi então que se apercebeu do alcance do que ocorrera. Quem fizera aquilo, não tencionara roubá-lo. Haviam--no destituído de tudo o que o pudesse ajudar a sair dali. Um *Antari* não podia viajar sem objetos. Estavam a tentar encurralá-lo, a certificar-se de que, caso conseguisse voltar à Londres Vermelha, não teria nada à sua disposição.

A minúcia com que tudo fora pensado levava-o a crer que naquilo havia mão de Holland, mão essa que também lhe arrancara as moedas de Londres do pescoço e as atirara à escuridão.

Lila tocou com a ponta do pé no que restava de uma chaleira derretida.

– E agora?

– Não há nada aqui – retorquiu Kell, deixando que um punhado de cinza lhe escorresse por entre os dedos. – Vamos ter de encontrar outro objeto.

Sacudiu a poeira das mãos, pensativo. Não era a única pessoa na Londres Vermelha com semelhantes artefactos, mas tratava-se de uma lista curta, e ele trocara muito mais da curiosa e inofensiva Londres Cinzenta do que da Branca, corrompida e violenta. O próprio rei tinha um desses objetos, passado de geração em geração. Fauna também; dera-lho como parte do acordo (embora temesse que a taberneira estivesse enterrada algures nos destroços).

Oferecera um outro a Fletcher.

Kell estremeceu.

– Conheço um homem – disse ele, o que estava longe de ser toda a verdade, mas que lhe parecia sem dúvida mais simples do que explicar que Fletcher era um criminoso de segunda categoria que perdera para ele num jogo de Sanct, quando Kell era muito mais novo e arrogante. O *Antari* oferecera-lhe um objeto da Londres Branca enquanto gesto de paz (se lhe apetecesse mentir a si mesmo) ou de insulto (caso preferisse ser mais honesto). – O Fletcher. Tem uma loja nas docas. Terá um objeto.

– Pois, então, esperemos que não *lhe* tenham queimado a loja também.

– Não me importaria de os ver tent... – As palavras morreram-lhe na garganta. Alguém se aproximava. Alguém com um odor a sangue seco e a metal incandescente. Kell lançou-se a Lila, que nem chegou a ter tempo de protestar antes que ele lhe tapasse a boca com a mão e lhe enfiasse a outra no bolso. Os seus dedos encontraram a pedra, envolveram-na, e o poder percorreu-lhe o corpo, permeou-lhe o sangue. Kell susteve a respiração e um arrepio assaltou-o, mas não havia tempo para pensar naquela sensação – simultaneamente entusiasmante e aterrorizante – nem para hesitações. *Convicção*, dissera Holland, *a convicção é a chave*. Por isso, Kell não se deteve, não perdeu tempo. – Esconde-nos – ordenou ao talismã.

E a pedra obedeceu. Pareceu ganhar vida, o poder percorrendo-o enquanto – em menos de nada – fumo negro os envolvia aos dois. Pousou sobre eles qual sombra, um véu. Quando lhe tocou, os dedos encontraram algo mais espesso do que ar, mas menos do que tecido. No momento em que olhou para Lila, conseguiu vê-la, o mesmo acontecendo com ela; também o mundo à sua volta continuava perfeitamente visível, embora matizado pelo feitiço. Kell susteve a respiração, esperando que a pedra tivesse feito o que lhe fora pedido. Não havia outra escolha. Não havia tempo para fugir.

Naquele preciso instante, Holland apareceu ao fundo da rua.

Kell e Lila ficaram hirtos ao vê-lo. Parecia bastante amarfanhado por ter estado preso ao chão naquele beco. Os pulsos estavam vermelhos e em carne viva sob a capa curta; o gancho prateado, manchado; o colarinho, salpicado de lama e a expressão, o mais perto da ira que Kell alguma vez lhe vira. Uma ruga desenhava-se-lhe entre as sobrancelhas; o maxilar, tenso.

Kell conseguiu sentir a pedra estremecer-lhe na mão e questionou-se se Holland se sentiria atraído por ela ou vice-versa.

O outro *Antari* segurava algo perto dos lábios – um cristal achatado, lembrando uma carta de jogo – e falava-lhe no seu típico tom baixo.

– *Öva sö taro* – disse no seu idioma nativo. *Ele está na cidade.* – Kell não conseguiu ouvir a resposta da outra pessoa, mas, após uma pausa, Holland declarou: – *Kösa. Tenho a certeza.* – E mergulhou novamente o cristal no bolso.

O *Antari* encostou o ombro à parede e estudou os destroços carbonizados da estalagem. Ali se deixou ficar, como que perdido em pensamentos.

Ou à espera.

O seu olhar fixo fez com que Lila se encostasse ligeiramente a Kell, que lhe tapou com mais força a boca.

Holland estreitou os olhos. Talvez refletindo. Talvez esquadrinhando-
-os. De seguida, falou.

– Gritaram enquanto o edifício ardia – disse em inglês, a voz alta de
mais para que se destinasse aos seus botões. – Todos acabam por gritar.
Até a mais velha.

Kell rangeu os dentes.

– Sei que estás aqui, Kell – continuou Holland. – Nem sequer os
destroços queimados conseguem esconder o teu cheiro. E nem sequer a
magia da pedra consegue esconder a própria pedra. Não de mim. Chama-
-me como te chama a ti. Encontrar-te-ei aonde quer que vás, mais vale
acabares esta loucura e enfrentares-me.

Kell e Lila permaneceram paralisados em frente dele, a pouco mais
de uns quantos passos.

– Não estou com disposição para jogos – avisou Holland, a sua habi-
tual calma agora tingida de irritação.

Quando nem Kell nem Lila se moveram, suspirou e tirou do bolso do
manto um relógio prateado. Kell reconheceu-o. Lila deixara-o a Barron.
Sentiu-a ficar hirta quando Holland o atirou na direção deles. O objeto
saltitou pelas pedras enegrecidas da cidade, parando junto dos destroços
carbonizados da estalagem. Do sítio onde estava, Kell conseguia ver que
se encontrava manchado de sangue.

– Ele morreu por tua culpa – disse Holland, dirigindo-se a Lila.
– Porque fugiste. Foste cobarde. Continuas a sê-lo?

Lila debateu-se para se libertar dos braços de Kell, mas ele segurou-a
com todas as forças, encostando-a ao seu peito. Sentiu lágrimas desliza-
rem-lhe pela mão que lhe tapava a boca, mas não a largou.

– Não – pediu-lhe, arquejante, ao ouvido. – Aqui, não. Não desta
forma.

Holland suspirou.

– Vais morrer como uma cobarde, Delilah Bard. – Retirou uma lâmina
curva de baixo do manto. – Quando isto terminar, vão ambos desejar
ter aparecido.

Ergueu a mão livre e um vento envolveu as cinzas da estalagem,
elevando-as no ar. Kell olhou para a nuvem que pairava sobre eles e
rezou entredentes.

– Última hipótese – rematou Holland.

Perante o seu silêncio, baixou a mão e as cinzas começaram a cair. Kell apercebeu-se do que iria acontecer. As cinzas desceriam, pousariam no véu, expondo-os, e Holland atacá-los-ia de imediato. Atrapalhado, estava prestes a invocar novamente o poder da pedra que apertava com cada vez mais força quando as cinzas tocaram no véu... e o atravessaram.

Passaram diretamente através do incrível tecido e depois por eles, como se ali não estivessem. Como se não fossem reais. A ruga entre os olhos bicolores de Holland vincou-se enquanto os últimos resquícios de cinza pousavam de novo nos destroços. Kell sentiu-se (muito ligeiramente) reconfortado com a frustração do *Antari*. Podia ser capaz de os sentir, mas não os conseguia ver.

Por fim, quando o vento se desfez, o chão se manteve tranquilo, e Kell e Lila permaneceram escondidos pelo poder da pedra, a certeza de Holland esmoreceu. Embainhou a lâmina curva e deu um passo atrás, girando sobre os calcanhares e afastando-se, o manto a ondular atrás de si.

Alguns momentos depois, a mão de Kell soltou Lila, que se libertou dele e do feitiço e correu para o relógio prateado.

– Lila – chamou ele.

Ela pareceu não o ouvir, e Kell não percebeu se isso se deveria ao facto ter saído de baixo do véu protetor se seria fruto de o seu mundo se ter reduzido ao tamanho e forma de um pequeno relógio ensanguentado. Observou-a pousar um joelho no chão e pegar no objeto com dedos trémulos.

Aproximou-se da rapariga e levou-lhe uma mão ao ombro, ou tentou, mas atravessou-a por completo. Então, sempre tinha razão. O véu não os tornara apenas invisíveis. Deixava-os incorpóreos.

– Revela-me – ordenou à pedra. A energia afastou-se e, instantes depois, o véu dissolveu-se. Por breves momentos, Kell ficou maravilhado com a facilidade com que aquilo ocorrera, ajoelhando-se ao lado dela. A magia viera sem esforço, mas era a primeira vez que desaparecia de bom grado. Não se podiam dar ao luxo de ali ficar, expostos; por isso, Kell pegou-lhe no braço e, silenciosamente, voltou a invocar a magia para os esconder. Ela obedeceu, cobrindo-os novamente com o véu de sombras.

Lila tremia, e ele queria dizer-lhe que tudo estava bem, que Holland podia ter agarrado no relógio e deixado Barron vivo, mas não lhe queria mentir. Holland era muitas coisas – a maior parte muito bem escondida

–, mas não era nem um pouco sensível. Se alguma vez fora compassivo, ou, pelo menos, misericordioso, Athos esvaíra-lhe isso há muito, arrancando-lho como lhe arrancara a alma.

Não, Holland era implacável.

E Barron estava morto.

– Lila – disse Kell, gentilmente. – Lamento.

Os dedos dela fecharam-se em volta do relógio enquanto se levantava. Kell ergueu-se também e, apesar de a rapariga não o olhar nos olhos, ele conseguiu ver-lhe a raiva e a dor nos contornos da face.

– Quando isto terminar – garantiu ela, guardando o relógio num dos bolsos do manto –, quero ser eu a cortar-lhe a garganta. – Endireitou-se e soltou um ligeiro suspiro trémulo. – Mas agora... Onde mora esse tal Fletcher?

DEZ

UMA TORRE BRANCA

I

Booth começou a desfazer-se.

Naquela Londres, cinzenta e sinistra, o corpo do bêbedo não durara muito tempo, para grande tristeza da coisa que ardia dentro dele. Não era culpa da magia. Havia tão pouco a que se agarrar ali, tão pouco de que se alimentar. As pessoas não tinham mais do que uma chama de vela dentro de si, nada que se assemelhasse ao fogo a que a escuridão estava habituada. Tão pouco calor, tão facilmente extinguível. Assim que entrava, reduzia-os a nada, queimando-lhes, num piscar de olhos, todo o sangue e osso.

Os olhos negros de Booth pousaram nos dedos queimados. Com uma acendalha tão fraca, não parecia conseguir espalhar-se, não era capaz de permanecer muito tempo num corpo.

Não por falta de tentativa. Bem vistas as coisas, deixara um rasto de invólucros descartados ao longo das docas.

Ardera naquela zona a que chamavam Southwark em apenas uma hora.

Porém, o seu corpo atual – aquele de que se apoderara no beco junto da taverna – começava a desfazer-se. A mancha negra na camisola pulsou, tentando impedir que os últimos resquícios de vida se derramassem. Talvez não devesse ter esfaqueado o bêbedo, mas parecera-lhe a forma mais rápida de entrar.

No entanto, aquele débil invólucro e a falta de alternativas tinham-no deixado num apuro. Parecia estar a apodrecer.

Pedaços de pele escamavam a cada passo. Na rua, olhavam-no e afastavam-se, como se aquilo que o estivesse a devorar fosse contagioso, o que, sem dúvida, era. A magia tratava-se de uma doença verdadeiramente bela. Mas apenas quando os hospedeiros eram fortes o suficiente. Puros o suficiente. Estas pessoas não o eram.

Caminhou pela cidade – naquele momento, arrastava-se, manquejava. O poder dentro do invólucro pouco mais era do que uma pequena brasa que rapidamente arrefecia.

No seu desespero, sentiu-se atraído – ou atraído *de volta* – ao lugar onde tinha começado: o Stone's Throw. Estranhou o magnetismo daquela pequena e velha taverna. Uma centelha de calor numa cidade fria e morta. Um vislumbre de luz, de vida, de magia.

Se lá conseguisse entrar, talvez ainda conseguisse encontrar lume.

Estava tão angustiado com a necessidade de chegar à taverna que nem reparou no homem à porta, nem na carruagem que se aproximava, veloz, no preciso momento em que dobrou a curva e entrou na rua.

*

Edward Archibald Tuttle encontrava-se à porta do Stone's Throw, o sobrolho franzido enquanto pensava nas horas.

A taverna já deveria estar aberta, mas o ferrolho ainda se encontrava trancado, as janelas, fechadas e tudo parecia estranhamente tranquilo. Verificou o relógio de bolso. Já passava do meio-dia. Que estranho. *Suspeito*, ponderou. *Nefasto, até.* A mente pensou numa miríade de possibilidades, todas elas sombrias.

A família insistia que tinha uma imaginação demasiado fértil, mas ele estava convencido de que o resto do mundo é que não conseguia ver nem sentir a magia, um dom que ele naturalmente possuía. Pelo menos, procurava possuir. Na verdade, temera nunca a vir a ter e começara a acreditar (apesar de nunca o admitir) não existir.

Até ter encontrado o viajante. O mago de renome conhecido apenas como Kell.

Aquele encontro, único e peculiar, reacendera-lhe a crença, alimentara a chama mais do que nunca.

Portanto, Edward fizera o que lhe havia sido dito, regressando ao Stone's Throw na esperança de encontrar o mago uma segunda vez e de receber o prometido saco de areia. Com esse propósito, dirigira-se para a taverna na véspera e, com esse propósito, voltaria a fazê-lo no dia seguinte e no outro depois, até que a ilustre figura reaparecesse.

Enquanto esperava, Ned – era assim que os amigos e familiares o chamavam – tecia histórias mentalmente, tentando imaginar como decorreria o eventual encontro e como terminaria. Os pormenores alteravam-se, mas o final era sempre idêntico: o mago Kell inclinava a cabeça e contemplava-o com o seu olho negro.

– Edward Archibald Tuttle – diria ele. – Posso tratar-te por Ned?

– Todos os meus amigos o fazem.

– Bom, Ned, vejo algo de especial em ti...

Nesse preciso momento, insistiria em tornar-se mentor dele ou, melhor ainda, seu parceiro. Depois disso, a fantasia decaía quase sempre num longo elogio.

Ned estava perdido em mais um destes devaneios à entrada do Stone's Throw. Trazia os bolsos cheios de bugigangas e moedas, tudo o que o mago pudesse querer em troca do saco de areia. Porém, Kell não viera, e a taverna parecia estar fechada. Depois de sussurrar aquilo que parecia ser, em igual medida, um feitiço, uma reza e um disparate pegado, tentando, sem grande sucesso, ordenar ao trinco que se abrisse, Ned estava prestes a interromper esta sua demanda e passar umas quantas horas num estabelecimento aberto, quando ouviu um estrondo atrás de si, na rua.

Cavalos relincharam e rodas chiaram antes de estacarem. Várias caixas com maçãs tombaram de uma carruagem no momento em que o cocheiro puxou bruscamente as rédeas. O homem parecia ainda mais assustado do que os cavalos.

– Que se passa? – perguntou Ned, aproximando-se.

– Caramba – disse o condutor –, acertei-lhe. Bati em alguém.

Ned olhou em volta.

– Acho que não bateu em nada.

– Estará debaixo da carruagem? – continuou o condutor. – Oh, meu Deus, não o consigo ver!

Porém, quando Ned se ajoelhou para inspecionar o espaço sob a carruagem e entre os raios das rodas, mais não viu do que um amontoado de fuligem – por estranho que pareça assemelhava-se vagamente a uma silhueta humana –, já a esvoaçar pelas pedras da calçada. Um pequeno montículo pareceu deslocar-se, mas, logo de seguida, desmoronou-se e desapareceu. *Que estranho*, pensou, o sobrolho franzido. *Que sinistro*. Inspirou fundo e tocou no pedaço de poeira da cor do carvão, esperando que ganhasse vida. Os dedos pousaram nas cinzas e... nada aconteceu. Esfregou a fuligem entre o polegar e o indicador, desapontado.

– Nada aqui, senhor – declarou, levantando-se.

– Juro – disse o condutor. – Juro que estava aqui alguém. Mesmo aqui.

– Deve ter-se enganado.

O condutor abanou a cabeça, balbuciando, após o que desceu da carruagem e acartou as caixas, olhando umas quantas vezes para baixo do veículo, não fosse o diabo tecê-las.

Ned aproximou os dedos da luz, contemplando a fuligem. Sentira algo – ou *julgara* sentir –, um formigueiro quente, mas a sensação logo se desvanecera. Cheirou a fuligem e espirrou energicamente, limpando de seguida a cinza às calças e encaminhando-se para o fundo da rua.

II

Kell e Lila atravessaram as docas, invisíveis às pessoas que por eles passavam. Não só invisíveis, mas *intangíveis*. Tal como a cinza os atravessara na estalagem destruída, o mesmo acontecendo com a mão de Kell em Lila, também agora o faziam as pessoas na rua. Não conseguiam senti-los ou ouvi-los. Era como se, por baixo daquele véu, não participassem do mundo à sua volta. Como se existissem fora dele. Ora, tal como o mundo não lhes conseguia tocar, eles não conseguiam tocar no mundo. Quando Lila tentou distraidamente roubar uma maçã de uma carroça, a mão passou pelo fruto e o fruto passou pela mão. Eram fantasmas na cidade agitada.

Tratava-se de uma magia forte, mesmo numa Londres vibrante de poder. A energia da pedra zunia pelo corpo de Kell, em uníssono com a sua própria energia, uma segunda pulsação. A voz nos confins da sua mente alertava-o para ter cuidado com aquilo que lhe corria pelo corpo, mas Kell afastou tais pensamentos. Pela primeira vez desde que fora ferido, não se sentia zonzo nem fraco, e agarrou-se a isso com tanta força quanto o fez à pedra enquanto encaminhava Lila pelas docas.

A rapariga permanecera em silêncio desde que se haviam afastado dos destroços, dando uma mão a Kell e segurando no relógio com a outra.

Quando, por fim, falou, a voz era baixa e mordaz.

– Antes que penses que o Barron e eu éramos do mesmo sangue, deixa-me dizer-te que não éramos – explicou, enquanto caminhavam lado a lado. – Não éramos família. Não, na realidade.

As palavras soavam duras e cavernosas, mas o modo como cerrava o maxilar e esfregava os olhos (quando julgava que ele não estava a ver) contavam uma outra história. Contudo, Kell deixou que Lila se agarrasse àquela mentira.

– Tens alguma? – perguntou ele, lembrando-se dos comentários incisivos que ela proferira acerca da sua situação com a realeza. – Família, quero dizer...

Lila abanou a cabeça.

– A minha mãe morreu quando eu tinha dez anos.

– Não tens pai?

Lila soltou uma gargalhada seca.

– O meu *pai*... – Disse-o como se fosse um palavrão. – Da última vez que *o* vi, tentou vender-me para pagar a conta que tinha no bar.

– Lamento – retorquiu Kell.

– Não lamentes – disse Lila, esboçando um ligeiríssimo esgar. – Cortei a garganta ao tipo antes que ele conseguisse tirar o cinto. – Kell pôs-se hirto. – Tinha quinze anos – continuou ela, despreocupadamente. – Lembro-me de me surpreender com a quantidade de sangue, com a forma como jorrava dele...

– Foi a primeira vez que mataste alguém? – perguntou Kell.

– Sim, na verdade – replicou ela, o sorriso cada vez mais pesaroso. – Mas julgo que o que matar tem de bom é que se vai tornando mais fácil.

O sobrolho de Kell franziu-se.

– Não deveria assim ser.

O olhar de Lila encontrou o dele.

– E *tu* já mataste alguém? – perguntou ela.

– Já – retorquiu ele, a ruga na testa ainda mais vincada.

– E?

– E o quê? – desafiou ele. Esperava que lhe perguntasse quem, onde, quando ou como. Mas não o fez. Lila quis saber *porquê*.

– Porque não tive alternativa – explicou ele.

– Gostaste de o fazer? – quis a rapariga saber.

– Claro que não.

– Eu gostei. – Havia um vislumbre de amargura naquela admissão. – Quer dizer, não gostei do sangue nem do som gorgolejante que ele fazia enquanto morria ou da forma como o corpo ficou. Vazio. Mas gostei do momento em que decidi fazê-lo e do momento imediatamente depois, quando a faca entrou, e eu compreendi o que tinha feito. Senti-me... – Lila procurou a palavra. – Poderosa. – Estudou Kell. – É assim que a magia nos faz sentir? – inquiriu, honestamente.

Talvez na Londres Branca, pensou o *Antari*, onde o poder era empunhado como uma faca, uma arma a ser usada contra os que se atravessassem no nosso caminho.

– Não – retorquiu. – Isso não é magia, Lila. É apenas homicídio. A magia é...

Deteve-se, distraído pelo quadro divinatório mais próximo que, de súbito, se pusera negro.

Por toda a cidade, os quadros afixados nos postes de luz e nas fachadas das lojas ficaram negros. Kell abrandou. Durante toda a manhã, haviam passado anúncios às celebrações de Rhy, revelando o itinerário do dia – e da semana –, dos desfiles e banquetes públicos, festivais e bailes privados. Quando inicialmente escureceram, Kell assumira que se encontravam tão-só a trocar de histórias. Porém, nesse preciso instante, todos eles começaram a piscar a mesma mensagem alarmante. Uma única palavra:

DESAPARECIDO

As letras brilhavam num branco arrojado em todos os quadros, encimando uma imagem de Kell. Cabelo ruivo, olho negro e um casaco de botões prateados. A imagem movia-se, ligeiramente, mas ele não sorria, limitando-se a observar o mundo. Uma segunda palavra desenhou-se sob o retrato:

RECOMPENSA

Sanct.

Kell parou bruscamente e Lila, meio passo atrás, tropeçou nele.

– Que aconteceu? – perguntou ela, afastando-lhe o braço. Foi então que também viu. – Oh...

Um idoso estacou a uns metros para ler o quadro, alheio ao facto de que o homem desaparecido se encontrava mesmo atrás de si. Sob a imagem do busto de Kell, desenhou-se um círculo vazio a giz. As instruções ao lado rezavam:

SE O VIR, TOQUE AQUI.

Kell praguejou, entredentes. Já era mau o suficiente estar a ser perseguido por Holland; agora, toda a cidade estaria alerta. Ora, eles não poderiam manter-se invisíveis para sempre. Kell não conseguiria pegar num dos objetos, quanto mais usá-lo, enquanto se encontrassem a coberto do véu.

– Vamos.

Estugou o passo, arrastando Lila até às docas. Por toda a parte, o seu busto olhava-os, um ligeiro esgar.

Quando chegaram à loja de Fletcher, deram com a porta trancada, um pequeno sinal pendendo à entrada: RENACHE. *Ausente.*

– Esperamos? – perguntou Lila.

– Aqui fora, não – retorquiu Kell.

A porta encontrava-se trancada com três voltas e, provavelmente, encantada, mas não precisavam que lhes fosse permitida entrada. Passaram diretamente pela madeira, tal como haviam feito com meia dúzia de pessoas na rua.

Uma vez seguros no interior, Kell ordenou à magia que desfizesse o véu. De novo, ela ouviu e obedeceu sem qualquer protesto, dissolvendo-se e dissipando-se por completo. *Convicção*, ponderou ele enquanto o feitiço se desfazia, a sala tornando-se mais nítida à sua volta. Holland estava certo. Tinha tudo que ver com manter o controlo. Tal como Kell fizera.

Lila soltou-lhe a mão e encarou-o, ficando paralisada.

– Kell – disse, cuidadosamente.

– Que foi? – perguntou ele.

– Larga a pedra.

O *Antari* franziu o sobrolho, olhou para o talismã e ficou sem ar. As veias nas costas da mão estavam negras, tão negras que se destacavam qual tinta na pele, as linhas subindo rumo ao cotovelo. O poder que sentira pulsar nele estava de facto a pulsar *dentro* de si, escurecendo-lhe o sangue. Focara-se tanto na energia renovada e no próprio feitiço, em manter-se escondido, que não tinha sentido – não quisera sentir – o calor da magia a trepar-lhe pelo braço como veneno. Contudo, deveria ter reparado, deveria ter sabido. Essa é que é a verdade. Kell *sabia* como funcionavam as coisas. Sabia quão perigosa a pedra era e, ainda assim, mesmo naquele instante, contemplando as suas veias enegrecidas, esse perigo parecia-lhe estranhamente longínquo. Uma calma tenaz atravessou-o a par e passo com a magia da pedra, dizendo-lhe que tudo estaria bem, desde que continuasse a segurá-la...

Uma faca enterrou-se na coluna junto da sua cabeça e a divisão voltou a ganhar cor.

– Ficaste surdo? – rosnou Lila, libertando outra lâmina. – Já te *disse para a largares*.

Antes que a calma se apoderasse novamente dele, Kell obrigou-se a soltar a pedra. De início, os dedos mantiveram-se fechados em volta do talismã enquanto um calor – e, com ele, uma espécie de formigueiro – o atravessava. Levou a mão livre e imaculada ao pulso enegrecido e agarrou-o com força, obrigando os dedos que resistiam a abrir-se, a libertar a pedra.

Por fim, relutantemente, conseguiu.

O talismã tombou-lhe da mão, e o joelho de Kell cedeu imediatamente. Agarrou-se ao canto da mesa, arfando enquanto tudo em volta girava. Não sentira a pedra a roubar-lhe energia, mas, agora que já não a tinha, era como que se alguém lhe tivesse consumido o calor interno. Tudo ficou frio.

A pedra brilhava no chão de madeira, uma linha de sangue na extremidade dentada onde Kell a apertara com demasiada força. Mesmo sem já lhe tocar, precisou de reunir toda a sua vontade para não a agarrar de novo. Embora tremendo de frio, desejava segurá-la. Havia quem vagueasse pelos cantos mais obscuros de Londres, perseguindo aquele tipo de emoção, mas Kell nunca fora assim, nunca desejara o poder puro. Nunca precisara disso. A magia não era algo que cobiçasse, tratava-se de uma coisa que simplesmente *tinha*. Mas, agora, as suas veias estavam esfomeadas, famintas *de* magia.

Antes que ele perdesse aquela batalha, Lila ajoelhou-se junto à pedra.

– Que coisinha mais engenhosa – retorquiu, alcançando-a.

– Não... – começou Kell, mas ela já usara o lenço para pegar no talismã.

– Alguém tem de a transportar – disse ela, mergulhando a pedra no bolso. – Parece-me que, por agora, sou a melhor escolha.

Kell agarrou-se à mesa enquanto sentia a magia retirar-se, as veias no braço a perder a coloração negra pouco a pouco.

– Estás bem? – perguntou Lila.

Kell engoliu em seco e aquiesceu. A pedra era um veneno e precisava de se livrar dela. Endireitou-se.

– Estou.

Lila ergueu uma sobrancelha.

– Sim. Todo tu emanas saúde.

Kell suspirou e deixou-se cair numa cadeira. Lá fora, nas docas, as celebrações estavam ao rubro. Fogos de artifício intercalavam a música e os aplausos, o som abafado, embora não muito, pelas paredes da loja.

– Como é que ele é? – perguntou Lila, olhando para um armário. – O príncipe.

– O Rhy? – Kell passou uma mão pelo cabelo. – Ele é... encantador e mimado, generoso, caprichoso e hedonista. Lança charme até a uma cadeira e nunca leva nada a sério.

– Mete-se em tantos sarilhos quanto tu?

Kell esboçou um sorriso aberto.

– Em muito mais. Acredites ou não, eu sou o mais responsável dos dois.

– Mas são muito próximos?

O sorriso de Kell desfez-se e ele anuiu uma vez.

– Sim. O rei e a rainha podem não ser meus pais, mas o Rhy é meu irmão. Morreria por ele. Mataria por ele. Aliás, já o fiz.

– Ai, sim? – perguntou Lila, admirando um chapéu. – Conta, conta.

– Não é uma história agradável – retorquiu Kell, inclinando-se.

– Agora ainda estou mais interessada – disse Lila.

Kell estudou-a e suspirou, baixando o olhar para as mãos.

– Quando o Rhy tinha treze anos, foi raptado. Estávamos a brincar a um jogo estúpido no pátio do palácio quando o levaram. Embora, conhecendo o Rhy, é bem possível que, de início, tenha ido de boa vontade. Em miúdo, sempre confiou demasiado nas pessoas.

Lila pousou o chapéu.

– Que aconteceu?

– A Londres Vermelha é um bom lugar – insistiu Kell. – A realeza é bondosa e justa, e quase todos os súbditos são felizes. Mas já estive nas três Londres e de uma coisa te posso assegurar: não existe nenhuma versão que não sofra de alguma maneira.

Pensou na opulência, na riqueza reluzente, no que pareceria aos que não a tinham. Àqueles que haviam sido despojados do seu poder por crimes ou que nunca tinham sido abençoados com ele. Não podia deixar de imaginar o que seria de Rhy Maresh, caso não fosse da família real. Onde estaria? É claro que sobreviveria graças ao seu charme e sorriso. Conseguiria dar a volta a tudo.

– O meu mundo é um mundo de magia – explicou. – Os que possuem o dom, colhem as dádivas, e a família real quer acreditar que os que não o possuem também as colhem. Que a sua generosidade e preocupação se estendem a todos os cidadãos. – Encontrou os olhos de Lila. – Mas eu já vi as partes mais obscuras desta cidade. No teu mundo, a magia é rara. No meu, a falta dela é igualmente estranha. E aqueles que não possuem qualquer dom são encarados como menores, indignos e maltratados por isso. Aqui, as pessoas acreditam que a magia escolhe o seu caminho. Que julga. Portanto, também eles o podem fazer. *Aven esse*, eis como lhe chamam. *Um equilíbrio divino*.

Por essa lógica, a magia escolhera Kell. Ora, ele não acreditava nisso. Qualquer outra pessoa podia ter acordado ou nascido com a marca dos *Antari* e ter sido levada à próspera e vermelha escadaria do palácio.

– Vivemos de forma resplandecente – continuou Kell. – Para o bem e para o mal, a nossa cidade arde com vida. Com luz. E onde existe luz... bom... Há alguns anos, começou a formar-se um grupo. Intitulavam-se As Sombras. Meia dúzia de homens e mulheres, alguns com poder e outros sem ele, que acreditavam que a cidade queimava a magia com demasiado esplendor e muito pouca preocupação, esbanjando-a. Para eles, o Rhy não era apenas um rapaz, mas um símbolo de tudo o que estava errado. Portanto, raptaram-no. Descobri, mais tarde, que tencionavam enforcá--lo à porta do palácio. Pela graça dos reis, nunca tiveram oportunidade.

«Tinha catorze anos quando isso aconteceu; era um ano mais velho do que o Rhy e ainda não sabia bem como controlar o meu poder. Quando o rei e a rainha souberam do sequestro do filho, mandaram a guarda real vigiar a cidade. Todos os quadros divinatórios em todas as praças públicas e casas privadas queimaram com a mensagem urgente para encontrar o príncipe raptado. E eu sabia que eles nunca o encontrariam. Sentia-o nas minhas entranhas.

«Fui até aos aposentos do Rhy. Lembro-me do quão vazio o palácio estava, com todos os guardas à procura dele. Encontrei a primeira coisa que sabia ser verdadeiramente sua, um pequeno cavalo de madeira que ele tinha esculpido, do tamanho da palma de uma mão. Já tinha feito portas com objetos, mas nunca uma como aquela, nunca para uma pessoa em vez de um lugar. Existe uma palavra *Antari* para *encontrar* e pensei que funcionasse. Tinha de funcionar. Assim foi. A parede do quarto dele abriu-se para o convés de um barco. O Rhy jazia no chão. E não respirava.

Lila assobiou, mas não o interrompeu.

– Tinha aprendido ordens de sangue para muitas coisas – explicou Kell. – *As Athera*. Para crescer. *As Pyrata*. Para queimar. *As Illumae*. Para iluminar. *As Travars*. Para viajar. *As Orense*. Para abrir. *As Anasae*. Para desfazer. *As Hasari*. Para curar. Por isso, tentei curá-lo. Cortei a mão, encostei-a ao seu peito e disse as palavras. Não funcionou. – Kell nunca mais se esqueceria da imagem de Rhy deitado no chão húmido do convés, pálido e inerte. Foi uma das poucas vezes na vida em que se sentiu deveras inútil. – Não sabia o que fazer – continuou Kell. – Pensei que talvez não tivesse usado sangue suficiente. Por isso, cortei os pulsos.

Conseguia sentir o olhar fixo de Lila enquanto baixava o seu para as mãos, de palmas para cima, contemplando as cicatrizes.

– Lembro-me de me ajoelhar diante dele, uma dor surda a subir-me pelos braços enquanto pressionava as palmas contra o seu corpo e repetia as palavras uma e outra e outra vez. *As Hasari. As Hasari. As Hasari*. Na altura, não compreendi que um feitiço de regeneração, mesmo uma ordem de sangue, leva tempo. Já estava a funcionar, tinha estado a funcionar desde a primeira invocação. Pouco depois, o Rhy acordou.

Kell esboçou um sorriso triste.

– Olhou para mim e viu-me ajoelhado em cima dele, ensanguentado; a primeira coisa que disse não foi «O que aconteceu?» ou «Onde estamos?» Tocou no sangue que tinha no peito e perguntou: «É teu? É todo teu?» Quando fiz que sim, irrompeu em lágrimas, e eu levei-o para casa.

Ao olhar para Lila, viu que os olhos escuros dela estavam esbuga-lhados.

– Mas que aconteceu às Sombras? – perguntou, quando era mais do que óbvio que ele acabara a sua história. – Os que o tinham levado? Estavam no barco? Voltaste para os apanhar? Enviaste os guardas?

– Enviei – retorquiu Kell. – O rei e a rainha encontraram todos os membros das Sombras. E o Rhy perdoou-os a todos.

– *O quê?* – exclamou Lila, ofegante. – Depois de o terem tentado matar?

– O meu irmão é mesmo assim. É obstinado e pensa com todas as partes do corpo menos com a cabeça, mas é um bom príncipe. Tem algo que falta a muitos: *empatia*. Perdoou os seus captores. Compreendeu o motivo pelo qual tinham feito o que fizeram e sentiu o seu sofrimento. Estava convencido de que, se lhes mostrasse misericórdia, eles não ten-tariam magoá-lo novamente. – O olhar de Kell pousou no chão. – E eu certifiquei-me de que nunca o magoariam.

Lila observou-o, o sobrolho carregado, percebendo as implicações do que ele dissera.

– Pensei que tinhas dito que...

– Disse que o *Rhy* os perdoou. – Kell levantou-se. – Nunca disse que eu o tinha feito.

Lila olhou para ele, não chocada ou horrorizada, mas com um certo respeito. Kell girou os ombros e alisou o casaco.

– Acho que é melhor começarmos à procura.

Ela piscou os olhos uma, duas vezes, tentando claramente continuar a conversa, mas Kell deixou claro que a discussão terminara.

– De que estamos à procura? – perguntou ela, finalmente.

Kell olhou em volta, para as prateleiras cheias, as vitrinas e armários lotados.

– De uma torre branca.

III

Apesar de todo o cuidado que tivera a perscrutar os destroços do Ruby Fields, Kell não reparara no beco onde tinha sido atacado e onde deixara dois corpos, meras horas antes. Se por lá se tivesse aventurado, teria visto que um deles – o do assassino outrora enclausurado em pedra – já ali não se encontrava.

Esse mesmo assassino cruzava agora a esquina, cantarolando alegremente enquanto apreciava o calor do sol e os sons distantes de celebração.

O seu corpo não estava lá muito bom. Sempre ia melhor do que o outro invólucro, é claro, o do bêbedo na Londres mais aborrecida. Esse não durara quase nada. Este provara ser muito, muito melhor, mas, agora, encontrava-se todo queimado por dentro e começava a enegrecer por fora, a escuridão a espalhar-se pelas veias e sobre a pele como uma nódoa. Cada vez se parecia menos com um homem e mais com um pedaço de madeira carbonizada.

Mas aquilo era expectável. Afinal de contas, estivera ocupado.

Na noite anterior, as luzes de um prostíbulo tinham brilhado, intensas e chamativas, na escuridão, e uma mulher chamara por ele à porta, um sorriso pintado e o cabelo da cor do fogo, da vida.

– *Avan, res nastar* – ronronara-lhe ela num arnesiano suave, levantando a saia e revelando um vislumbre do joelho. – Não queres entrar?

E ele entrara, as moedas do assassino tilintando-lhe no bolso.

A mulher conduzira-o por um corredor – estava escuro, muito mais escuro do que lá fora –, e ele deixara-a guiá-lo, apreciando o toque da mão dela – ou, na verdade, a sua pulsação – na dele. Ela nunca o olhara nos olhos; caso contrário, teria visto que eram mais escuros do que o corredor em volta. Em vez disso, concentrara-se nos lábios, no colarinho, no cinto.

Estava ainda a aprender as subtilezas do seu novo corpo, mas conseguira encostar os lábios gretados à boca delicada da mulher. Algo passara entre eles – uma centelha de uma chama de negro puro –, e a mulher estremecera.

– *As Besara* – sussurrara-lhe ele ao ouvido. *Toma.*

Despira-lhe os ombros e beijara-a com mais vigor, a escuridão a passar-lhe pela língua e a atravessar a cabeça dela, intoxicante. Poder. Todos o desejavam, todos desejavam estar mais perto da magia, mais perto da fonte. E ela recebera-a de bom grado. Abrira-lhe as portas, *a ele*. Os nervos formigaram enquanto a magia se apoderava deles, alimentando-se da corrente de vida, do sangue, do corpo. Tomara o bêbedo, Booth, pela força, mas um hospedeiro recetivo era sempre melhor. Ou, pelo menos, tendia a durar mais.

– *As Herena* – murmurara ele, pressionando o corpo dela contra a cama. *Dá.*

– *As Athera* – gemera ela enquanto se tomavam. *Cresce.*

Moveram-se em simultâneo numa pulsação perfeita, um esvaindo-se no outro, e, quando terminaram e os olhos da mulher se abriram, refletiam os dele, ambos de um negro lustroso. A coisa dentro da pele dela contorcera os lábios pintados num esgar.

– *As Athera* – ecoara a mulher, levantando-se da cama. Ele erguera-se e seguira-a, partindo ambos – uma mente em dois corpos –, primeiro do prostíbulo e depois rumo à noite.

Sim, estivera ocupado.

Conseguia sentir-se a espalhar pela cidade enquanto abria caminho até ao rio que o esperava, a pulsação de magia e da vida estendendo-se diante de si como um festim prometido.

IV

A loja de Fletcher lembrava um labirinto, disposta de uma forma que só aquela víbora conseguiria compreender. Kell passara os últimos dez minutos a revirar gavetas e descobrira uma série de armas, amuletos e uma sombrinha relativamente inofensiva, mas nem uma torre branca. Resmungou e atirou a sombrinha para um canto.

– Não podes encontrar o raio da coisa com magia? – perguntou Lila.

– Toda a loja está protegida contra feitiços de localização e roubos; por isso, guarda o que aí tens onde estava.

Lila deixou cair no balcão o objeto que estava prestes a surripiar.

– Então – disse ela, contemplando os conteúdos de uma vitrina de vidro –, tu e o Fletcher são amigos?

Kell lembrou-se da expressão do adversário na noite em que perdera o jogo.

– Não propriamente.

Lila ergueu uma sobrancelha.

– Ótimo – retorquiu. – Tem mais piada roubar de inimigos.

Inimigos era uma boa palavra. O mais estranho é que poderiam ter sido parceiros.

– Um contrabandista e um recetador – dissera-lhe ele. – Seríamos a equipa perfeita.

– Não, obrigado – retorquira-lhe Kell. Mas, quando o jogo de Sanct chegara à última mão e percebera que o ganharia, tentara Fletcher com a única coisa que ele não recusaria.

– *Anesh* – concedera. – Se ganhares, trabalho para ti.

Fletcher esboçara um sorriso ganancioso e lançara a sua última carta.

Kell sorrira-lhe de volta e jogara a sua mão, ganhando tudo e deixando Fletcher apenas com um ego ferido e uma pequena torre branca.

– *Sem ressentimentos*.

Agora, o *Antari* revirava a loja à procura do objeto, espreitando, de quando em quando, para a porta, enquanto o seu busto assistia do quadro divinatório na parede.

DESAPARECIDO

Entretanto, Lila tinha parado de procurar e olhava para um mapa emoldurado. Semicerrou os olhos e inclinou a cabeça, o sobrolho franzido como se algo estivesse em falta.

– Que foi? – perguntou Kell.

– Onde está Paris? – inquiriu ela, apontado para o lugar onde deveria estar.

– Não existe Paris – explicou Kell, remexendo no armário. – Nem França. Nem sequer Inglaterra.

– Mas como pode existir uma Londres sem uma Inglaterra?

– Já te tinha dito, a cidade é uma curiosidade linguística. Aqui, Londres é a capital de Arnes.

– Então, Arnes é o vosso nome para Inglaterra.

– Não – explicou, rindo e abanando a cabeça enquanto se aproximava dela. – Arnes ocupa mais de metade da tua Europa. Esta ilha, a tua Inglaterra, é chamada *raska*. *A coroa*. Mas é apenas a ponta do império. – Passou pelas linhas do território com um dedo. – A seguir ao nosso país, está Vesk, a norte, e Faro, a sul.

– E mais além?

Kell encolheu os ombros.

– Outros países. Alguns grandes, outros pequenos. Bem vistas as coisas, é um mundo.

O olhar dela, brilhante de entusiasmo, percorreu o mapa, e um ligeiro sorriso aflorou-lhe aos lábios.

– Pois é.

Afastou-se e deambulou até outra divisão. Pouco depois, gritou:

– Ah!

– Encontraste-a? – perguntou-lhe Kell, sobressaltado.

Ela ressurgiu, erguendo um prémio, mas não era a torre. Tratava-se de uma faca. A esperança de Kell esfumou-se.

– Não – retorquiu ela. – Mas não achas isto inteligente? – Levantou o punhal para que Kell o visse. O punho da faca era bem mais do que apenas isso. O metal curvava-se em volta dos nós dos dedos num laço antes de regressar à coronha – Para bater – explicou Lila, como se Kell não compreendesse qual o fito de uma soqueira de metal. – Podes esfaqueá-los, podes partir-lhes os dentes ou fazer ambas as coisas. – Levou um dedo à ponta da lâmina. – Não ao mesmo tempo, claro.

– Claro – ecoou Kell, fechando um armário. – Gostas muito de armas.

Lila lançou-lhe um olhar vago.

– Quem não gosta?

– E já tens uma faca – assinalou ele.

– E então? – perguntou Lila, admirando o punho. – Facas nunca são demais.

– És um bom bocado violenta.

Lila agitou a lâmina.

– Nem todos nós podemos transformar sangue e sussurros em armas.

Kell indignou-se.

– Não sussurro. E não estamos aqui para roubar coisas.

– Pensei que era *exatamente* por isso que aqui estávamos.

Kell suspirou, continuando a procurar. Dera a volta a tudo, incluindo ao quartito atafulhado de Fletcher, nos fundos, e não tinha encontrado o que procurava. O dono da loja não a venderia... ou fá-lo-ia? Kell fechou os olhos, dando rédea aos outros sentidos, como se assim conseguisse sentir a magia estrangeira. Porém, aquele sítio vibrava de poder, os tons atropelavam-se uns aos outros e tornavam impossível destrinçar o que era estrangeiro e proibido do apenas proibido.

– Tenho uma pergunta a fazer-te – avançou Lila, os bolsos tilintando de maneira duvidosa.

– Mas é claro que tens – suspirou Kell, abrindo os olhos. – Pensei que tinha dito para não roubares nada.

Ela mordeu o lábio e tirou do bolso umas quantas pedras e uma engenhoca de metal que nem Kell sabia para que servia, colocando-as numa cómoda.

– Disseste que os mundos estavam isolados uns dos outros. Então, como é que este homem, este Fletcher, tem um objeto da Londres Branca?

Kell examinou minuciosamente uma secretária que jurava já ter revistado, após o que lhe passou a mão por baixo para ver se existiam gavetas secretas.

– Porque eu lhe dei.

– Então, o que estavas *tu* a fazer com aquilo? – Os olhos dela reduziram-se a duas fendas. – Roubaste?

Kell franziu o sobrolho. Era verdade que sim.

– Não.

– Mentiroso.

– Não a roubei para mim – retorquiu Kell. – Poucas pessoas no teu mundo têm conhecimento do meu. As que têm, os Colecionadores e os Entusiastas, estão dispostas a pagar uma quantia avultada por algo do meu. Um objeto. Um talismã. No meu mundo, quase toda a gente sabe da existência do teu. Há quem se sinta tão intrigado com a vossa banalidade quanto vocês se sentem com a nossa magia, mas todos sabem da existência da *outra* Londres. A Londres Branca. E, por um pedaço desse mundo, há quem pague muito.

Lila esboçou um sorriso enviesado.

– És um contrabandista.

– Diz a ladra – contra-atacou Kell, defensivo.

– Eu sei que sou uma ladra – retorquiu Lila, pegando num *lin* vermelho que se encontrava em cima da cómoda e rolando-o pelos nós dos dedos. – Já o aceitei. Não tenho culpa de que não tenhas feito o mesmo. – A moeda desapareceu. Kell abriu a boca para protestar, mas, um segundo depois, o *lin* ressurgiu na palma da outra mão. – Mas não compreendo. Se fazes parte da realeza...

– Não faço parte da...

Lila lançou-lhe um olhar fulminante.

– Se *vives* com a realeza, *comes* com eles e *pertences*-lhes, decerto não precisas de dinheiro. Para quê correr riscos?

Kell cerrou o maxilar, pensando no pedido de Rhy para acabar com aqueles jogos idiotas.

– Não irias compreender.

Lila ergueu uma sobrancelha.

– O crime não é assim tão complicado – rematou. – As pessoas roubam porque tirar algo lhes dá algo. Se não o fazem pelo dinheiro, fazem-no pelo controlo. O ato de tirar, de quebrar as regras, fá-las sentirem-se poderosas. Fazem-no apenas e exclusivamente pela rebeldia. – Girou sobre os calcanhares, voltando-lhe as costas. – Há quem roube para se manter vivo e quem o faça para se sentir vivo. É tão simples quanto isso.

– E em que categoria encaixas tu? – perguntou Kell.

– Roubo pela liberdade – retorquiu Lila. – Acho que sou um pouco das duas. – Dirigiu-se para um pequeno corredor entre duas divisões. – Então foi assim que encontraste a pedra negra? – perguntou-lhe lá do fundo. – Fazia parte de um negócio?

– Não – respondeu Kell. – Cometi um erro. Um erro que tenciono corrigir, se conseguir encontrar o raio da torre.

Bateu com a gaveta, frustrado.

– Tem cuidado – alertou uma voz áspera em arnesiano. – Ainda partes alguma coisa.

Kell girou sobre si para encontrar o dono da loja perto dele, o ombro encostado a um guarda-roupa, o olhar vagamente divertido.

– Fletcher – exclamou o *Antari*.

– Como conseguiste entrar? – perguntou o lojista.

Kell forçou-se a encolher os ombros, olhando de relance na direção de Lila, que teve o bom senso de se manter no corredor e fora de vista.

– Parece-me que as tuas defesas estão a começar a perder força.

– Duvido – retorquiu o outro, cruzando os braços.

Kell relanceou uma vez mais na direção de Lila, mas ela já não se encontrava no corredor. Uma onda de pânico assolou-o, submergindo-o um segundo depois quando a rapariga reapareceu atrás de Fletcher. Moveu-se silenciosamente, a faca a cintilar-lhe numa das mãos.

– *Tac* – disse Fletcher, levando a mão à cabeça. – A tua amiga é muito rude.

Quando o disse, Lila ficou estática, um pé ainda no ar. Lia-se-lhe o esforço no rosto enquanto tentava lutar contra a força invisível que a mantinha fixa, mas não valia a pena. Fletcher tinha o raro e perigoso talento de controlar *ossos* e, consequentemente, *corpos*. Tratava-se do dom que lhe valera as cicatrizes dos limitadores, de que tanto se orgulhava de ter partido.

Lila não parecia impressionada. Murmurou umas quantas coisas muito violentas, e Fletcher abriu os dedos. Kell ouviu um som semelhante a gelo a partir-se, e a rapariga soltou um grito abafado, a faca caindo-lhe da mão.

– Pensei que preferias trabalhar sozinho – comentou Fletcher em tom ligeiro.

– Solta-a – ordenou Kell.

– Vais obrigar-me, *Antari*?

Os dedos de Kell cerraram-se num punho – a loja estava protegida de inúmeras formas, contra intrusos, ladrões e, com a sorte de Kell, qualquer pessoa que quisesse magoar Fletcher –, mas o outro soltou uma gargalhada e baixou a mão. Lila caiu de joelhos, agarrada ao pulso e a praguejar com redobrada veemência.

– *Anesh* – disse ele, descontraidamente. – Que te traz até à minha humilde loja?

– Em tempos, dei-te uma coisa – começou Kell. – Gostaria que ma emprestasses.

Fletcher soltou uma risada trocista.

– O meu forte não são os empréstimos.

– Então, eu compro-a.

– E se não estiver à venda?

Kell obrigou-se a sorrir.

– Tu, de todas as pessoas – replicou ele –, sabes bem que *tudo* está à venda.

Fletcher mimou-lhe o sorriso, frio e seco.

– Não te vendo a ti, mas poderei vender-lha a ela – propôs, olhando para Lila, que se levantara e recuara até à parede mais próxima, à qual se encostara a praguejar. – Pelo preço certo.

– Ela não fala arnesiano – explicou Kell. – Não faz a menor ideia do que estás para aí a dizer.

– Ai, não? – Fletcher levou uma mão ao fundilho das calças. – Aposto que consigo que ela compreenda – retorquiu abanando-se na direção dela.

Os olhos de Lila reduziram-se a duas fendas estreitas.

– Arde nos infernos, seu ca...

– Não me meteria com ela – interrompeu Kell. – Olha que morde.

Fletcher suspirou e abanou a cabeça.

– Em que espécie de sarilho te meteste, *Mestre Kell*?

–Em nenhum.

– Em algum te deves ter metido para vires até aqui. Além disso – acrescentou o homem, o sorriso ainda mais aguçado –, não meteram a tua cara nos quadros só porque sim.

Os olhos de Kell dirigiram-se para o quadro divinatório na parede, onde o seu busto se encontrava exposto durante a última hora. Depois, empalideceu. O círculo na parte de baixo, onde se lia SE O VIR, TOQUE AQUI, pulsava num tom verde brilhante.

– Que fizeste? – rosnou o rapaz.

Fletcher limitou-se a sorrir.

– Sem ressentimentos – disse, sombriamente, mesmo antes de as portas da loja se abrirem de rompante e deixarem entrar a guarda real.

Kell teve apenas uns instantes para se recompor, se obrigar a serenar o pânico, antes de os guardas irromperem por ali adentro, cinco no total, enchendo a divisão de movimento e barulho.

Não podia fugir – não havia *para* onde –, e não queria magoá-los nem a Lila... Bom, não fazia ideia de onde ela estaria. Num instante ei-la ali mesmo, encostada à parede, e, no seguinte, desaparecera (embora Kell lhe tenha visto os dedos mergulharem no bolso do casaco segundos antes de se esfumar e tenha ouvido o subtil zunir da magia da pedra, tal como Holland teria sentido no Ruby Fields).

Kell obrigou-se a permanecer quieto, a fingir-se calmo, embora o coração lhe saltasse do peito. Tentou lembrar-se de que não era um criminoso, de que os reis só estariam preocupados com o seu desaparecimento. Não fizera nada de mal, não aos olhos da *coro*a. Nada que eles *soubessem*. A menos que, na sua ausência, Rhy tivesse contado as suas transgressões aos pais. Não seria capaz – Kell *esperava* que não –, mas, mesmo que o tivesse feito, ele era um *Antari*, um membro da família real, alguém respeitado e até temido. Revestiu-se daquelas certezas e encostou--se preguiçosamente, quase de maneira arrogante, à mesa atrás de si.

Quando os membros da guarda real o viram vivo e despreocupado, ficaram confusos. Esperariam um corpo? Uma rixa? Dois deles ajoelharam-se, outros dois levaram as mãos aos punhos das espadas e um ficou ali, o sobrolho franzido, no meio.

— Ellis — cumprimentou Kell, acenando ao líder da guarda real.

— Mestre Kell — retorquiu Ellis, dando um passo em frente. — Encontrai-vos bem?

— Claro.

Ellis estava inquieto.

— Temos estado preocupados convosco. Todo o palácio.

— Não quis preocupar ninguém — explicou ele, estudando os guardas. — Como podes ver, estou perfeitamente bem.

Ellis olhou em volta, pousando de seguida o olhar em Kell.

— É só que... senhor... quando não regressastes da vossa incumbência no estrangeiro...

— Sofri um atraso — redarguiu Kell, esperando que isso travasse as perguntas.

— Não vistes os sinais? Estão por toda a parte — contrapôs Ellis, franzindo o sobrolho.

— Acabei agora mesmo de regressar.

— Então, peço desculpa — concedeu Ellis, apontando para a loja. — Mas que estais a fazer *aqui*?

Fletcher cerrou o sobrolho. Apesar de só falar arnesiano, compreendia o bastante do idioma real para saber que estava a ser insultado.

— A comprar um presente ao Rhy — explicou, forçando um ligeiríssimo sorriso.

Um esgar nervoso aflorou aos lábios dos guardas.

— Então, vireis connosco? — perguntou Ellis, e Kell compreendeu o que ficara implícito. *Sem dar luta.*

— Mas é claro — replicou o *Antari*, endireitando-se e alisando o casaco.

Os guardas pareceram aliviados. O *Antari* estava a pensar em mil coisas, quando se voltou para Fletcher e lhe agradeceu a ajuda.

— *Mas marist* — respondeu sombriamente o dono da loja. *O prazer foi meu.* — Estou apenas a cumprir o meu dever cívico.

— Regressarei — disse Kell em inglês (o que gerou uma certa perplexidade entre os guardas). — Mal tenha tudo resolvido. Para encontrar o que procurava.

As palavras eram dirigidas a Lila. Ainda a sentia ali, ainda sentia a pedra que a escondia. Sussurrava-lhe.

– Senhor – disse Ellis, gesticulando para a porta. – Depois de vós.

Kell aquiesceu e saiu da loja.

*

Assim que ouviu os guardas entrarem de rompante, Lila teve o bom senso de fechar a mão em volta da pedra e dizer: *Esconde-me*.

Uma vez mais, o talismã obedecera.

Sentiu uma palpitação subir-lhe pelo braço, mesmo sob a pele, uma sensação maravilhosa – fora assim tão agradável da última vez que o usara? –, após o que o véu tombou sobre ela, fazendo-a desaparecer. Tal como anteriormente, conseguia ver-se a si própria, mas mais ninguém o conseguia. Nem os guardas, nem Fletcher, nem sequer Kell, cujos olhos bicolores se dirigiam a ela, mas pareciam encontrar apenas o sítio onde estivera e não o sítio onde estava.

Porém, apesar de ele não a conseguir ver, Lila via-o, a ele, lendo-lhe no rosto uma preocupação disfarçada na voz, mas não na postura, e um aviso, tecido entre a falsa calma que lhe permeava as palavras.

Fica, parecia apelar-lhe, mesmo antes de ter proferido as palavras, lançadas ao ar, mas claramente dirigidas a Lila. Por isso, ela ficou, esperou e viu Kell e outros quatro dos cinco membros da guarda saírem dali. Contemplou o único que se deixou ficar para trás, a face oculta sob a viseira baixa do capacete.

Fletcher estava a dizer-lhe algo, gesticulando para a palma da mão, o sinal universal de pagamento. O guarda anuiu, o punho encaminhando-se para o cinto enquanto Fletcher se voltava para ver Kell através da janela.

Lila previu o que ia acontecer.

Fletcher não.

Em vez de pegar num porta-moedas, o guarda agarrou na lâmina. O metal brilhou uma única vez à parca luz da loja, antes de encontrar o queixo de Fletcher e lhe desenhar uma linha vermelha e silenciosa na garganta.

*

Uma carruagem fechada, puxada por cavalos brancos, com fitas douradas e vermelhas ainda enroladas às crinas, esperava por Kell diante da loja.

Ao aproximar-se, o *Antari* despiu o casaco e virou-o da esquerda para a direita, enfiando os braços nas mangas agora vermelhas da sua indumentária real. Pensava no que diria ao rei e à rainha. Decerto, a verdade não seria. Mas o próprio rei tinha um objeto da Londres Branca, um ornamento que repousava numa prateleira dos seus aposentos. Ora, se Kell lhe conseguisse deitar mão e regressar a Lila e à pedra... Lila e a pedra, à solta pela cidade – eis um pensamento perturbador. Com sorte, ela não sairia dali, pelo menos durante um bocado. Manter-se-ia longe de sarilhos.

Ellis estava um passo atrás de Kell, três outros guardas na sua esteira. O último ficara na loja a falar com Fletcher, muito provavelmente a acertar a questão da recompensa (embora Kell tivesse quase a certeza de que o lojista o odiava o suficiente para o entregar mesmo sem que houvesse dinheiro envolvido).

Ao fundo, perto do rio, junto do palácio, as celebrações diurnas esmoreciam – não, não esmoreciam, *transformavam-se* –, dando lugar às festividades noturnas. A música suavizara-se, e as multidões ao longo das docas e pelo mercado tinham-se reduzido, migrando para os vários bares e estalagens da cidade para continuar a brindar em nome de Rhy.

– Entrai, senhor – pediu Ellis, segurando a porta da carruagem aberta. Em vez de bancos frente a frente, esta carruagem tinha dois conjuntos de assentos, ambos virados para os cavalos. Dois dos guardas ocuparam os da retaguarda e um outro foi postar-se ao lado do condutor, enquanto Ellis se sentou no banco da frente junto de Kell e fechou a porta da carruagem. – Vamos para casa.

O peito do *Antari* doía-lhe só de pensar naquilo. Tentara não se lembrar de casa, no quanto lá queria estar, desde que a pedra – e a cruel tarefa de a eliminar – lhe caíra nas mãos. Agora, só queria ver Rhy, abraçá-lo uma última vez, ficando secretamente feliz pela oportunidade.

Expirou e encostou-se no banco enquanto Ellis fechava as cortinas da carruagem.

– Peço desculpa por isto, senhor – disse ele, e Kell estava prestes a perguntar o motivo, quando uma mão lhe tapou a boca com um pano e os seus pulmões se encherem de algo agridoce. Tentou libertar-se, mas luvas blindadas apertaram-lhe os pulsos, segurando-o contra o banco. Segundos depois, tudo ficou negro.

*

Lila inspirou fundo, escondida sob o véu, quando o guarda largou o ombro de Fletcher e este caiu para a frente, com um baque inanimado contra as desgastadas tábuas de madeira da loja.

O guarda ficou ali parado, inabalado pelo homicídio e aparentemente insensível ao facto de estar salpicado com o sangue de outrem. Passou os olhos pela divisão, por ela, mas, pela brecha do seu capacete, Lila julgou ter-lhe visto um cintilar estranho nos olhos. Algo similar a magia. Satisfeito por não existir mais ninguém para matar, voltou a embainhar a espada, girou sobre os calcanhares e abandonou a loja. Ao sair, um sino tocou monótono e, momentos mais tarde, Lila ouviu a carruagem ganhar vida e estremecer rua fora.

O corpo de Fletcher jazia no chão, o sangue ensopando-lhe o fino cabelo louro e manchando as tábuas. A presunção desaparecera-lhe do rosto, substituída por uma expressão de surpresa, preservada pela morte como um inseto em âmbar. Os olhos estavam abertos e vazios, mas algo pálido lhe caíra do bolso, repousando agora entre o corpo e o chão.

Algo que se assemelhava muito a uma torre branca.

Lila olhou em volta para se certificar de que estava sozinha, após o que desfez o encantamento. Desfazer a magia foi relativamente fácil; já largar a pedra, isso, revelou-se consideravelmente mais difícil. Demorou bastante tempo e, quando, por fim, largou o talismã e o mergulhou no bolso, o quarto girou. Um arrepio atravessou-lhe o corpo, roubando-lhe calor e algo mais. Sem a magia, sentia-se... *vazia*. Lila estava habituada a passar fome, mas a pedra deixava-a faminta no âmago. Sentia-se oca.

Raio da pedra, pensou, enfiando a biqueira da bota debaixo do ombro morto de Fletcher e virando-o, o olhar vazio do homem agora voltado para o teto e para ela.

Ajoelhou-se, com cuidado, tentando evitar a mancha vermelha que se alastrava velozmente, e pegou na peça de xadrez salpicada de sangue.

Praguejou de alívio e endireitou-se, pesando o objeto como quem o avalia. À primeira vista, parecia bastante corriqueiro e, contudo, quando agarrou naquela pedra – ou osso, ou qualquer material de que fosse esculpido –, quase conseguiu sentir a diferença entre a sua energia e a da Londres que a rodeava. Era subtil e talvez até o estivesse a imaginar, mas a torre lembrava-lhe uma brisa fria num quarto quente. Fria o suficiente para parecer deslocada.

Afastou a sensação do pensamento e guardou a peça de xadrez dentro da bota (não sabia como a magia funcionava, mas não lhe parecia boa ideia guardar os dois talismãs perto um do outro, pelo menos até serem precisos, e não queria voltar a tocar na pedra matreira outra vez, a menos que fosse mesmo necessário). Limpou o sangue de Fletcher nas calças.

Tendo em conta tudo que se passara, sentiu-se bastante satisfeita. Afinal de contas, tinha a pedra da Londres Negra *e* o objeto da Londres Branca. Agora, só precisava de Kell.

A rapariga girou para a porta e hesitou. Kell pedira-lhe para ali ficar, mas, contemplando o cadáver de Fletcher, Lila temia que ele estivesse metido em sarilhos. Só estava na Londres Vermelha havia um dia, mas não parecia um lugar onde a guarda real andasse a cortar gargantas. Talvez Kell estivesse bem. Mas e se assim não fosse?

O seu instinto dizia-lhe para ir. Ora, se havia coisa que anos de roubar para sobreviver lhe haviam ensinado, era seguir o instinto. Além disso, pensou, ninguém na cidade andava à procura *dela*.

Lila dirigiu-se até à porta e, quando estava prestes a abri-la, voltou a pousar os olhos na faca, aquela que lhe chamara tanto a atenção, pousada na cómoda onde a deixara. Kell alertara-a para não roubar na loja, mas o dono estava morto e a faca, simplesmente ali, negligenciada. Pegou nela, passando um dedo cauteloso pela lâmina. Era mesmo magnífica. Olhou para a porta, ponderando se as proteções contra roubos teriam morrido com o seu criador. *Mais vale testar*. Com cuidado, abriu a porta e pousou a arma no chão, usando a biqueira da bota para pontapear a faca. Encolheu-se, esperando uma retaliação – uma corrente de energia, uma onda de dor, ou até o regresso do objeto à loja –, mas nada ocorreu.

Lila sorriu, gananciosa, e saiu. Pegou na faca, colocou-a no cinto e partiu à procura – o mais certo, era tratar-se de uma operação de *salvamento* – de Kell.

VI

Parrish e Gen passeavam pelo festival, capacetes numa mão e canecas de vinho na outra. Parrish reouvera o seu dinheiro – na verdade, entre os constantes jogos de cartas e de azar, o dinheiro de bolso de ambos parecia mudar constantemente de mãos sem que um ou outro tivesse grande lucro ou perda. Ora, visto que era o mais atencioso dos dois, ofereceu-se para pagar uma bebida a Gen.

Afinal de contas, tratava-se de uma celebração.

O príncipe Rhy fora atencioso a ponto de dar aos seus dois mais chegados membros da guarda privada algumas horas de descanso para aproveitarem as festividades com a turba que se juntava no Isle. Parrish, sempre preocupado, hesitara, mas Gen convencera-o de que, naquele dia, mais do que em qualquer outro, Rhy estaria muito bem rodeado sem eles. Pelo menos, por algum tempo. Portanto, ambos se aventuraram na barafunda do festival.

As celebrações abraçavam o rio, o mercado do triplo do tamanho habitual, as bancadas à cunha com clientes, saudações, música e magia. Todos os anos, as festividades pareciam tornar-se mais grandiosas, e o que outrora fora uma simples hora ou duas de animação metamorfoseara--se num dia de folia (seguido de vários de recuperação, o entusiasmo esmorecendo lentamente até que a vida regressava ao normal). Porém, naquele dia, o desfile da manhã deu lugar a uma tarde de comida, bebida e animação e a uma noite de baile.

Este ano, seria de máscaras.

A grandiosa escadaria do palácio já estava a ser limpa, as flores reunidas para embelezar o átrio. Orbes de luz límpida eram pendurados quais estrelas baixas, tanto fora quanto dentro do palácio, tapetes azuis-escuros, estendidos, para que, naquela noite, os domínios reais parecessem flutuar não sobre o rio, lembrando um sol nascente, mas muito acima, qual lua num esplendoroso céu noturno. Por toda a Londres, jovens belos da elite entravam nas suas carruagens, praticando o inglês entredentes enquanto se encaminhavam para o palácio, sob máscaras, vestidos e capas. Uma vez chegados, idolatrariam o príncipe como que se fosse divino, bebendo em sua honra como sempre faziam, com regozijo e bom ânimo.

Ao baile no palácio só acediam os convidados, mas, no exterior, junto das margens do rio, a festa estava aberta a todos e seguiria até depois da meia-noite, começando de seguida a esmorecer lentamente, os poucos resistentes caminhando juntos para casa.

Dali a pouco, Gen e Parrish seriam chamados de novo para junto do príncipe, mas, por agora, encontravam-se encostados ao poste de uma tenda, no mercado, contemplando a multidão e divertindo-se imenso com isso. De quando em quando, Parrish dava uma cotovelada a Gen ou um toque silencioso para que se mantivesse atento à turba. Embora não estivessem oficialmente de serviço, tinham (pelo menos, Parrish) um enorme orgulho no seu trabalho (embora ajudasse, e muito, o facto de as senhoras gostarem de um homem fardado) e estavam sempre atentos a sinais de perigo. Durante grande parte da tarde, os problemas assumiram a forma de alguém a celebrar o aniversário de Rhy com um entusiasmo um pouco exagerado, mas, aqui e ali, rebentava uma rixa e era preciso a intervenção de uma arma ou de um pouco de magia.

Gen parecia estar muitíssimo satisfeito, mas Parrish começava a ficar agitado. O companheiro atribuía o mal-estar ao facto de Parrish só ter bebido um copo, mas ele não pensava ser isso. Havia uma energia no ar e, embora soubesse que era provável que o zumbido proviesse do próprio festival, não conseguia deixar de estar nervoso. Não era só o sentir que existia *mais* poder do que habitualmente. Era *diferente*. Girou a caneca vazia nas mãos e tentou não pensar nisso.

Um grupo de magos de fogo atuava ali perto, fazendo das chamas dragões, cavalos e pássaros. Enquanto Parrish os observava, a luz do seu fogo encantado desfocou-lhe a visão. Quando a voltou a focar, reparou, ao longe, no olhar de uma mulher muito bonita, de lábios vermelhos, cabelo louro e um peito voluptuoso, semidescoberto. Arrastou o olhar do peito para os olhos e franziu o sobrolho. Não eram azuis, verdes ou castanhos.

Eram negros.

Negros como um céu sem estrelas ou um quadro divinatório.

Negros como o olho direito de Mestre Kell.

Estreitou os olhos, tentando ver melhor, chamando de seguida Gen. Quando o companheiro não respondeu, virou-se e viu que olhava para um jovem rapaz – não, uma *rapariga* vestida de rapaz, um traje estranhamente desbotado – a atravessar a multidão e encaminhando-se para o palácio.

Gen tinha o sobrolho ligeiramente franzido, como se ela lhe parecesse estranha, deslocada, o que era verdade, mas não tanto como a mulher de olhos negros. Parrish pegou no braço do companheiro e obrigou-o a prestar-lhe atenção.

– *Kers*? – rosnou Gen, quase entornando o vinho. *Que foi?*

– A mulher ali, de azul – disse Parrish, virando-se para a multidão. – Os olhos dela... – Mas a frase morreu ali. A mulher de olhos negros desaparecera.

– Estás apaixonado, é?

– Não é isso. Juro-te que os olhos dela... eram *pretos*.

Gen levantou uma sobrancelha e bebeu um gole.

– Bom, sempre és capaz de ter exagerado um bocadinho na celebração – retorquiu ele, dando-lhe uma palmada no braço. Por cima do ombro, Parrish viu a rapariga vestida de rapaz desaparecer numa tenda antes de Gen esboçar uma careta e acrescentar: – Parece-me que não és o único.

Parrish seguiu-lhe o olhar e viu um homem, de costas voltadas para eles, a abraçar uma mulher no meio do mercado. As mãos dele passeavam-se demasiado, até mesmo para um dia de celebrações, e a mulher não parecia estar a gostar muito. Levou os punhos ao peito do homem, como quem tenta afastá-lo, mas ele ainda a beijou com mais força. Os guardas abandonaram o posto e encaminharam-se para o casal. Foi então que, de repente, a mulher parou de se debater. As mãos baixaram-se e a cabeça tombou para trás. No momento em que o homem a largou, ela oscilou e caiu numa cadeira. Entretanto, o indivíduo limitara-se a girar sobre os calcanhares, afastando-se, trôpego, entre a multidão.

Parrish e Gen seguiram-no, aproximando-se de forma lenta e firme, procurando não o surpreender. O homem apareceu e desapareceu entre a turba, até que finalmente abriu caminho por entre as tendas rumo à margem do rio. Os guardas estugaram o passo e alcançaram-no.

– Tu aí – chamou Gen, avançando. Tomava sempre a dianteira. – Para. – O homem que se dirigia para o Isle abrandou o passo e deteve-se. – Vira-te – ordenou Gen já bem perto dele, uma mão pousada na espada.

O homem obedeceu. Os olhos de Parrish esbugalharam-se de surpresa quando pousou o olhar no estranho. Duas lagoas, de um negro tão brilhante como pedras de rio à noite, repousavam no lugar dos olhos, a pele em volta tingida de negro. Mal o homem esticou a boca num sorriso, a pele soltou-se lembrando cinza.

– *Asan narana* – disse num idioma que não era arnesiano. Estendeu uma mão e Parrish deu um passo atrás ao ver que era totalmente negra, as pontas dos dedos afunilando-se em ossos chamuscados.

– Em nome dos reis... – começou Gen, mas não teve oportunidade de terminar porque o homem sorriu e com a mão trespassou a armadura e o peito do guarda.

– Coração negro – declarou, desta vez em inglês.

Parrish gelou, em choque e horrorizado, enquanto via o homem, ou o que quer que fosse, retirar a mão, o que lhe restava dos dedos ensopado de sangue. Gen caiu redondo. Parrish conseguiu mexer-se. Lançou-se ao inimigo, desembainhando a curta espada real e trespassando o monstro de olhos negros.

Por uma fração de segundos, a criatura pareceu divertida. Eis que então a espada do guarda começou a brilhar enquanto o encantamento se desfazia na lâmina e despojava o outro da sua magia. Os olhos do indivíduo esbugalharam-se de espanto, o negro desaparecendo tanto deles quanto das veias, até o deixar com o aspeto de um homem bastante vulgar (embora moribundo). Inspirou por entre um som rouco e agarrou-se à armadura de Parrish. Tinha um X, a marca dos assassinos, nas costas da mão. Depois, desfez-se em cinzas.

– *Sanct* – praguejou Parrish, olhando para o monte de fuligem que começava a esvoaçar.

Eis que, vinda do nada, uma dor fortíssima se lhe instalou nas costas, e ele viu a ponta de uma espada rasgar-lhe o peito, após o que deslizou para fora com um terrível som molhado. Os joelhos do guarda cederam enquanto o atacante o contornava.

Inspirou, ofegante, os pulmões enchendo-se de sangue, e olhou para cima, para ver Gen diante de si, a espada manchada a seu lado.

– Porquê? – suspirou Parrish.

Gen devolveu-lhe o olhar, dois olhos negros e um sorriso sombrio.

– *Asan harana* – disse ele. – *Coração nobre.*

De seguida, ergueu a espada acima da cabeça, baixando-a violentamente.

ONZE

O BAILE DE MÁSCARAS

I

O palácio surgia como um segundo sol sobre o Isle enquanto a luz do dia mergulhava atrás dele, num halo dourado. Lila encaminhou-se rumo à estrutura brilhante, serpenteando pelo mercado sobrelotado – o local acolhia agora um festival bastante barulhento –, o pensamento focado na forma como entraria no palácio. A pedra pulsava-lhe no bolso, atraindo-a com uma solução simples, mas ela decidira não voltar a usar a magia, a menos que não existisse alternativa. Tirava demasiado e fazia-o com a astúcia silenciosa de um ladrão. Não, se existisse uma outra forma de entrar, ela encontrá-la-ia.

Foi então que, aproximando-se do palácio e da escadaria, viu a sua oportunidade.

As portas principais estavam abertas, um tapete azul sedoso derramando-se qual água noturna pelas escadas, que acolhiam uma corrente constante de foliões. Pareciam prestes a entrar num baile.

Não num baile qualquer, apercebeu-se, olhando para aquele rio de convidados.

Um baile de máscaras.

Todos usavam um disfarce. Algumas máscaras eram simples, de pele tingida, outras, muito mais ornamentadas, adornadas com chifres, penas ou joias; havia as que cobriam tão-só os olhos e as que não revelavam nada. Lila esboçou um sorriso perverso. Não precisava de ser um membro da sociedade para entrar. Nem sequer precisava de mostrar a cara.

Porém, havia mais uma coisa que todos os convidados pareciam ter: *um convite*. Isso, temia ela, seria mais difícil de conseguir. Todavia, naquele preciso instante, como que por pura sorte ou providência, ouviu uma doce e sonora sinfonia de risos. Mal se voltou, deu consigo perante três raparigas, não mais velhas do que ela, saindo de uma carruagem, os vestidos tufados e os sorrisos largos, enquanto tagarelavam, palravam e se posicionavam na rua. Lila reconheceu-as de imediato. Eram as do desfile dessa manhã, as raparigas que tinham estado a fazer olhinhos a Rhy e à procura do «príncipe de olhos negros», que Lila sabia agora ser Kell. As raparigas que haviam estado a praticar o inglês. Mas *é claro*. Porque o inglês era o idioma da realeza e dos que queriam com ela conviver. Sorriu ainda mais. Talvez Kell tivesse razão: em qualquer outro lugar, o seu sotaque fá-la-ia destacar-se. Porém, ali, ajudá-la-ia a passar despercebida, a *pertencer*.

Uma das raparigas – a que se vangloriara do seu inglês – tinha na mão um convite enfeitado a ouro, e as três contemplaram-no por alguns instantes antes de ela o colocar debaixo do braço. Lila aproximou-se.

– Desculpem – disse ela, pousando uma mão no cotovelo da rapariga –, a que horas começa o baile?

A rapariga não parecia lembrar-se dela. Lançou a Lila um olhar avaliador – o tipo de olhar que a fazia querer partir-lhe uns quantos dentes – antes de esboçar um sorriso contrafeito.

– Está agora a começar.

– Mas é claro – replicou ela, imitando o sorriso da sua interlocutora, enquanto esta se libertava, insciente de que agora lhe faltava um convite.

As raparigas apressaram-se rumo à escadaria do palácio, e Lila estudou o seu saque. Passou um polegar pelas orlas gravadas a ouro do papel e pelas letras num arnesiano ornamentado. Olhou novamente para cima, contemplando a procissão que se encaminhava para as portas do palácio, mas não se lhe juntou. As mulheres e os homens que subiam os degraus quase brilhavam nos seus vestidos cintilantes e nos seus fatos escuros e esbeltos. Exuberantes mantos caíam-lhes dos ombros e fios de metais preciosos brilhavam-lhes nos cabelos. Lila baixou o olhar, mirando-se, o manto esfarrapado e as botas desgastadas, e sentiu-se o maior maltrapilho de sempre. Pegou na máscara que trazia no bolso, um mero tecido negro amarrotado. Mesmo com um convite e um excelente inglês, nunca conseguiria entrar, não com aquele aspeto.

Voltou a mergulhar a máscara no bolso e olhou em volta para as bancas ali perto. Mais ao fundo, as tendas encontravam-se repletas de comida e bebida, mas, ali, na extremidade mais próxima do palácio, vendiam outras mercadorias. Amuletos, sim, mas também bengalas, sapatos e outras roupagens. Tecido e luz surgiam à entrada de uma das tendas mais próximas, pelo que Lila se endireitou, entrando.

Uma centena de caras cumprimentou-a da parede diante de si, cuja superfície estava coberta de máscaras. Do austero ao elaborado, do belo ao grotesco, as caras semicerravam o olhar, faziam caretas e davam-lhe as boas-vindas. Lila aproximou-se delas e libertou uma do seu gancho. Tratava-se de uma meia máscara negra com dois chifres que espiralavam nas têmporas.

– *A tes fera, kes ile?*

Lila sobressaltou-se e viu uma mulher a seu lado. Era baixinha e redonda, uma meia dúzia de tranças enroladas quais cobras na cabeça, uma máscara em cima delas lembrando uma fita.

– Desculpe – retorquiu Lila, lentamente. – Não falo arnesiano.

A mulher limitou-se a sorrir, entrelaçando as mãos diante do amplo estômago.

– Ah, mas o seu inglês é soberbo.

– Também o seu – retorquiu ela, suspirando de alívio.

A mulher corou. Era obviamente algo de que se orgulhava.

– Sou uma das criadas do baile – explicou. – Outra coisa não seria de esperar. – Gesticulou para a máscara nas mãos de Lila. – Um pouco sombria, não acha?

Lila olhou a máscara nos olhos.

– Não – retorquiu. – Acho-a perfeita.

Foi então que a virou e viu a série de números que deveriam ser o preço. Não se encontrava em xelins ou libras, mas Lila estava certa de que, independentemente da moeda, não tinha o suficiente. Devolveu, relutante, a máscara ao gancho.

– Para quê voltar a pousá-la se é perfeita? – pressionou a mulher.

Lila suspirou. Tê-la-ia roubado, não fora a comerciante estar ali.

– Não tenho dinheiro – explicou, enfiando uma mão no bolso. Sentiu a prata do relógio e engoliu em seco. – Mas tenho isto... – Puxou do objeto e ergueu-o, diante de si, esperando que a mulher não reparasse no sangue (tentara limpar grande parte dele).

– *An, an* – disse ela, abanando a cabeça e fechando os dedos de Lila em volta do relógio. – Não posso aceitar um pagamento. Seja ele qual for.

Lila franziu o sobrolho.

– Não compreendo...

– Vi-a esta manhã. No mercado. – Os pensamentos de Lila regressaram à cena: por pouco não fora presa por roubar. Mas a mulher não se estava a referir ao roubo. – A menina e o Mestre Kell são... amigos, não é?

– De certa forma – retorquiu Lila, corando quando isso arrancou um sorriso dissimulado à mulher. – Não – corrigiu-se. – Não quero dizer...

Porém, a comerciante limitou-se a tocar-lhe ao de leve na mão.

– *Ise av eran* – disse, despreocupada. – Não me cabe a mim... – parou, procurando pela palavra – intrometer-me. Mas o Mestre Kell é *aven*, abençoado, uma joia na coroa da nossa cidade. Ora, se a menina é dele, ou ele é da menina, a minha loja também é sua.

Lila esboçou um esgar. Odiava caridade. Mesmo quando as pessoas julgavam estar a dar algo sem contrapartidas, aquilo vinha sempre com uma corrente, um peso que desequilibrava tudo. Lila preferia simplesmente roubar a ficar em dívida, mas precisava de roupas.

A mulher pareceu ler-lhe a hesitação nos olhos.

–A menina não é daqui e, por isso, não compreende. Os arnesianos pagam as dívidas de diversas formas. Nem todas com moedas. Por agora, não preciso de nada de si, pelo que me pagará numa outra altura e como achar melhor. Sim?

Lila hesitou, mas os sinos dobraram no palácio, alto o suficiente para ecoar através dela. Portanto, aquiesceu.

– Muito bem – concordou.

– *Ir chas* – disse a comerciante, sorrindo. – Agora, vamos encontrar o que lhe sirva.

*

– Hum. – A mulher, que se chamava Calla, mordeu o lábio. – De certeza que não preferiria algo com um corpete? Ou uma cauda?

Calla tentara que Lila olhasse para um cabide com vestidos, mas os olhos da rapariga tinham pousado de imediato nos casacos de homem. Coisas gloriosas, com ombros largos, colarinhos altos e botões cintilantes.

– Não – retorquiu Lila, pegando num deles. – É exatamente isto que quero.

A comerciante contemplou-a com um estranho fascínio, mas com pouco – ou, pelo menos, muito bem disfarçado – juízo de valor.

– *Anesh*. Se é assim que pretende ir, vou encontrar-lhe umas botas – disse.

Uns minutos mais tarde, Lila deu consigo num canto da tenda, oculto por uma cortina, segurando nas mais belas roupas em que alguma vez tocara, quanto mais tivera. *Emprestadas*, corrigiu-se. Emprestadas até que as conseguisse pagar.

Lila tirou os artefactos dos vários bolsos – a pedra negra, a torre branca, o relógio prateado manchado de sangue, o convite – e pousou-os no chão antes de descalçar as botas e despir o velho manto puído. Calla oferecera-lhe uma túnica negra, que se adaptou tão bem ao seu corpo que a rapariga pensou se não teria algum feitiço de costura, e um par de calças justas que ainda lhe ficavam um pouco largas. Lila insistiu em permanecer com o cinto; Calla teve a decência de não ficar boquiaberta com o número de armas que o atravessavam enquanto lhe passava as botas.

Qualquer pirata precisa de um bom par de botas. Ora, aquelas eram magníficas, de couro negro e forradas com algo mais macio do que algodão. Lila soltou um raríssimo gritinho de alegria enquanto as calçava. Mas ainda havia o casaco. Era um autêntico sonho, de colarinho alto, lindo, preto – um preto *verdadeiro*, aveludado e sumptuoso –, cintado e com uma capa curta incluída, presa por dois colchetes de um vermelho vítreo em cada lado da garganta, que se espraiava pelos ombros e ao longo das costas. Lila passou os dedos pasmados pelos botões de um negro lustroso que caíam em cascada na parte da frente. Nunca fora dada a bugigangas e adornos, nunca desejara mais do que a maresia, um barco de confiança e um mapa em branco, mas, agora que se encontrava numa tenda estrangeira, numa terra muito, muito longínqua, trajada com tecidos sumptuosos, começou a compreender o encanto.

Por fim, levantou a máscara. Imensas caras penduradas na tenda eram belas e delicadas, feitas com penas, rendas e decoradas com vidro.

Porém, aquela era-o de uma maneira diferente, oposta. Evocava em Lila não vestidos elegantes, mas facas afiadas e barcos notívagos. Parecia *perigosa*. Pousou-a na cara, sorrindo.

Havia um espelho tingido encostado num dos cantos, e Lila admirou o seu reflexo. Já pouco se parecia com ladrão nos panfletos de PROCURADO na sua Londres e nada com a rapariga magricelas que roubava uns cobres para escapar a uma vida miserável. As botas reluzentes brilhavam do joelho até à ponta do pé, alongando-lhe as pernas. O casaco alargava-lhe os ombros e abraçava-lhe a cintura. E a máscara ocultava-lhe os malares, os cornos negros enrolando-se de uma maneira elegante e monstruosa. Lançou a si mesma um olhar longo e avaliador, à semelhança do que fizera a rapariga na rua, mas já nada havia para ser ridicularizado.

Delilah Bard parecia um rei.

Não, pensou, endireitando-se. Um *conquistador*.

– Lila – surgiu a voz da comerciante por detrás da cortina. Pronunciava o nome como se estivesse cheio de es. – Serve-lhe?

A rapariga mergulhou os objetos nos bolsos do novo casaco, forrados a seda, e saiu. Os saltos das botas ecoavam orgulhosamente no chão de pedra – e, contudo, testara as solas e sabia que, se firmasse o passo na planta do pé, seria silenciosa. Calla sorriu, um brilho malicioso no olhar, apesar do som de ligeira desaprovação.

– *Mas aven* – disse ela. – Parece mais preparada para invadir uma cidade do que para seduzir um homem.

– O Kell vai adorar – assegurou Lila, e a forma como proferiu o nome dele, infundindo-lhe uma subtil suavidade, algo íntimo, fez com que a comerciante se agitasse alegremente. Naquele instante, os sinos voltaram a dobrar por toda a cidade, e Lila praguejou em silêncio.

– Tenho de ir – anunciou. – Mais uma vez, obrigada.

– Pagar-me-á de volta – disse Calla, simplesmente.

Lila anuiu.

– Assim farei.

Estava à entrada da tenda quando a comerciante acrescentou:

– Tome conta dele.

Lila sorriu e puxou o colarinho do casaco.

– Assim farei – repetiu, antes de desaparecer na rua.

II

Uma miríade de cores floresceu por cima da cabeça de Kell, manchas de vermelho, dourado e de um azul-escuro sumptuoso. De início, mais não eram do que faixas largas, mas, à medida que começou a focar, percebeu tratarem-se das tapeçarias do palácio, as que pendiam dos tetos em todos os quartos reais, desenhando, em tecido, padrões semelhantes ao céu.

Estreitando os olhos, Kell apercebeu-se de que deveria estar no quarto de Rhy.

Soube-o porque o teto do seu lembrava a noite, com tecidos ondulantes de um quase negro, guarnecidos de linha prateada; o do quarto da rainha evocava um dia sem nuvens e azul, e o do rei assemelhava-se ao pôr do Sol, as faixas de amarelo e laranja. Apenas o de Rhy era assim. Como o amanhecer. Sentiu-se zonzo, fechou os olhos e inspirou enquanto tentava perceber tudo aquilo.

Estava deitado num sofá, o corpo afundando-se nas almofadas macias. Uma música soava para lá das paredes do quarto, uma orquestra, entrecortada por risos e pândega. Mas é claro. O baile de aniversário de Rhy. Nesse preciso instante, alguém aclarou a voz, e Kell voltou a abrir os olhos, vendo o príncipe sentado mesmo à sua frente.

Encontrava-se recostado numa cadeira, um tornozelo por cima do joelho, beberricando chá e com um ar bastante incomodado.

– Mano – disse, inclinando a chávena. Estava todo vestido de negro, o casaco, as calças e as botas ornadas com dezenas de botões dourados. Uma máscara – uma coisa espalhafatosa, decorada com milhares de minúsculas e brilhantes escamas douradas – encontrava-se pousada onde era costume estar a coroa.

Kell tentou afastar o cabelo dos olhos e rapidamente descobriu que não o conseguia fazer. Alguém lhe prendera as mãos atrás das costas.

– Deves estar a brincar... – Kell arrastou-se até uma posição sentada. – Rhy, pelos reis, porque estou algemado?

As algemas não eram como os grilhões vulgares encontrados na Londres Cinzenta, feitos de elos de metal, nem como as sujeições na Londres Branca, que causavam uma dor atroz caso houvesse resistência. Não, aquelas eram feitas de uma sólida peça de ferro e talhadas com encantamentos concebidos para esmorecer a magia. Não tão severas como as espadas reais, era certo, mas eficazes.

Rhy pousou a chávena de chá numa mesa de apoio ornamentada.

– Não podia correr o risco de voltares a fugir, não é?

Kell suspirou e encostou a cabeça ao sofá.

– Isto é ridículo. Suponho que tenha sido por isso que me drogaste, também? Francamente, Rhy.

O príncipe cruzou os braços. Estava claramente amuado. Kell endireitou de novo a cabeça e olhou em volta, reparando que no quarto se encontravam dois membros da guarda real, ainda envergando a armadura formal, os capacetes postos, viseiras para baixo. Porém, conhecia todos os guardas pessoais de Rhy o suficiente para os reconhecer, com ou sem armaduras, e estes não eram nenhum dos elementos.

– Onde estão o Gen e o Parrish? – perguntou Kell.

Rhy encolheu os ombros preguiçosamente.

– A divertir-se, calculo.

Kell remexeu-se no sofá, tentando libertar-se das algemas, que estavam demasiado apertadas.

– Não achas que estás a exagerar um bocadinho?

– Onde estiveste, mano?

– Rhy – retorquiu Kell, severamente. – Tira-me isto.

A bota de Rhy deslizou-lhe pelo joelho até cair no chão. Endireitou-se, olhando Kell nos olhos.

– É verdade?

– O quê? – retorquiu o *Antari*, franzindo o sobrolho.

– Que tens um objeto da Londres Negra?

–De que estás a falar? – retorquiu Kell, subitamente hirto.

– É verdade? – insistiu o príncipe.

– Rhy – replicou Kell, devagar –, quem te contou isso?

Ninguém sabia, ninguém exceto quem desejava que o talismã desaparecesse ou quem o desejava de volta.

Rhy abanou a cabeça num trejeito triste.

– Que foste tu trazer para a nossa cidade, Kell? Que trouxeste até nós?

– Rhy, eu...

–Eu avisei-te de que isto ia acontecer. Disse-te que, se continuasses os teus negócios, ias ser apanhado e nem eu te poderia então proteger.

– O rei e a rainha sabem? – perguntou, gelado.

– Não. Ainda não – retorquiu Rhy, os olhos reduziram-se a duas fendas estreitas.

Kell soltou um pequeno suspiro de alívio.

– Não precisam de saber. Vou fazer o que é preciso. Vou levá-la de volta, Rhy. Vou devolvê-la à cidade perdida.

Rhy franziu o sobrolho.

– Não te posso deixar fazer isso.

– Porque não? – exigiu Kell. – É o único lugar onde o talismã pertence.

– Onde está agora?

– Seguro – disse Kell, desejando que fosse verdade.

– Kell, não consigo ajudar-te se não me deixares.

– Estou a tratar do assunto, Rhy. Prometo.

– Prometer não basta – disse ele, abandando a cabeça. – Já não. Diz-me onde está a pedra.

Kell ficou estático.

– Nunca te disse que era uma pedra.

Um silêncio pesado caiu entre eles. Rhy olhou-o nos olhos. Foi então que, por fim, os seus lábios esboçaram um sorrisinho sombrio, um esgar que lembrava outra pessoa.

– Oh, Kell – admoestou ele. Inclinou-se, apoiando os cotovelos nos joelhos. O *Antari* vislumbrou algo sob a gola da camisola e ficou hirto.

Tratava-se de um pendente. Um fio de vidro com as orlas vermelho-sangue. Conhecia-o, vira-o meros dias antes.

Em Astrid Dane.

O *Antari* pôs-se de pé num salto, mas os guardas já estavam em cima dele. Os seus movimentos eram demasiado iguais, as mãos demasiado esmagadoras. Compelidos. Mas é claro. Não admira que tivessem as viseiras para baixo. A compulsão via-se-lhes nos olhos.

– Olá, rapaz das flores. – As palavras saíam dos lábios de Rhy, mas a voz não era sua.

– Astrid – silvou Kell. – Compeliste toda a gente no palácio?

– Ainda não, mas estou a fazer por isso – retorquiu, soltando uma risada baixa.

– Que fizeste ao meu irmão?

– Só o pedi emprestado. – Os dedos de Rhy mergulharam na gola da camisola, retirando um pendente. Aquilo só podia ser uma coisa: um talismã de possessão. – O sangue *Antari* – explicou, orgulhosa – permite que o feitiço exista nos dois mundos.

– Vais pagar por isto – rosnou Kell. – Eu vou...

– Vais o quê? Ferir-me? Arriscar-te a magoar o teu querido príncipe? Duvido. – Uma vez mais, aquele sorriso gélido, tão estranho na cara de Rhy, aflorou-lhe aos lábios. – Onde está a pedra, Kell?

– Que estás a fazer aqui?

– Não é óbvio? – A mão de Rhy varreu o quarto. – Estou a expandir-me.

Kell lutou contra as algemas, o metal enterrando-se-lhe nos pulsos. Eram fortes o suficiente para silenciar os dons elementais e prevenir feitiços, mas não conseguiam impedir a magia *Antari*. Se ao menos conseguisse...

– Diz-me onde escondeste a pedra.

– Diz-me porque estás a usar o corpo do meu irmão – ripostou ele, tentando ganhar tempo.

Astrid suspirou dentro do invólucro que era o príncipe.

– Sabes tão pouco sobre guerra. As batalhas podem ser travadas de fora para dentro, mas as guerras ganham-se de dentro para fora. – Apontou para o corpo de Rhy. – Os reinos e as coroas são conquistados de dentro. A fortaleza mais forte aguenta qualquer ataque *de lá* das muralhas e, contudo, não suporta um ataque interno. Se tivesse subido a escadaria do vosso palácio, teria chegado aqui? Mas, agora, ninguém estará à espera. Nem o rei, nem a rainha nem o povo. Sou o príncipe amado e assim permanecerei até ao momento em que decidir deixar de o ser.

– Eu sei – retorquiu Kell. – Eu sei o que és e quem és. Que vais fazer, Astrid? Matar-me?

O rosto de Rhy iluminou-se com uma estranha alegria.

– Não – a palavra deslizou-lhe pela língua –, mas tenho a certeza de que vais desejar que o tivesse feito. Agora... – A mão de Rhy ergueu o queixo de Kell. – Onde está a minha pedra?

Kell olhou para os olhos de âmbar do irmão e mais além, para a coisa que se escondia no corpo dele. Queria implorar a Rhy, pedir-lhe que lutasse contra o feitiço. Mas não funcionaria. Enquanto ela ali estivesse, ele não estaria.

– Não sei – retorquiu Kell.

O sorriso de Rhy abriu-se, feroz e aguçado.

– Sabes... – A boca de Rhy formou as palavras enquanto erguia uma mão, contemplando os longos dedos, os nós adornados de anéis cintilantes. Aquelas mesmas mãos começaram a virar os anéis, voltando os engastes ornamentados para dentro. – Uma pequena parte de mim desejava que dissesses isso.

Foi então que os dedos de Rhy se cerraram num punho e encontraram o maxilar de Kell.

A cabeça do *Antari* voltou-se, e ele quase caiu, mas os guardas apertaram-no ainda mais, mantendo-o de pé. Kell provou sangue, mas Rhy limitou-se a esboçar aquele sorriso horrível e a massajar os nós dos dedos.

– Isto vai ser divertido.

III

Lila subiu os degraus do palácio, a capa curta do seu novo casaco esvoaçando atrás de si. O reluzente tapete da cor da noite ondulava ao de leve a cada passo, como se fosse realmente feito de água. Outros convidados subiam a escadaria em pares ou em pequenos grupos, e a rapariga tentou imitar o melhor possível a sua arrogância altiva – ombros para trás, cabeça erguida – enquanto subia, sozinha. Podia não ter nascido em berço de ouro, mas roubara o suficiente dos que haviam nascido para lhes conseguir copiar os gestos e maneirismos.

No cimo, entregou o convite a um homem de negro e dourado, que lhe fez uma vénia e se afastou, dando-lhe acesso a um átrio atapetado de flores. Mais do que Lila alguma vez vira. Rosas, lírios, peónias, narcisos, azáleas e uma série de outras que não conseguia reconhecer. Feixes de pequenas flores brancas lembrando flocos de neve e caules enormes que se pareciam com girassóis, caso estes fossem azuis como o céu. O local enchia-se com a fragrância de todas e, no entanto, não a oprimiu. Talvez se estivesse a habituar.

Música derramava por uma segunda entrada, oculta por uma cortina; o mistério fez com que Lila atravessasse a galeria de flores. Naquele instante, precisamente quando fez menção de afastar a cortina, surgiu um segundo criado do outro lado e barrou-lhe a passagem. Lila sentiu-se ficar hirta, preocupada com a possibilidade de o disfarce e o convite não serem suficientes, de ser descoberta como impostora, uma intrusa. Os dedos abriram caminho até à faca por baixo do casaco.

Porém, o homem sorriu e disse num inglês rígido:

– Quem devo apresentar?

– Desculpe? – perguntou Lila, mantendo a voz baixa e rouca.

– Que título e nome deverei usar para o anunciar, senhor? – inquiriu o criado, o sobrolho franzido.

– Ah! – Uma onda de alívio inundou-lhe o corpo, a mão repousando de novo ao seu lado. Um sorriso aflorou-lhe aos lábios. – Capitão Bard, do *Sea King*.

O homem parecia inseguro, mas virou-lhe costas e repetiu-a sem protestar.

O nome dela ecoou e foi engolido pela divisão antes mesmo que entrasse.

Quando o fez, ficou boquiaberta de espanto.

O esplendor vívido do mundo exterior empalidecia quando comparado com o mundo ali de dentro. Tratava-se de um palácio de vidro abobadado e de tapeçarias cintilantes; envolvendo tudo, como se fora uma luz, havia magia. O ar estava vivo com ela. Não a magia secreta e sedutora da pedra, mas uma coisa forte, brilhante e envolvente. Kell explicara a Lila que a magia era como um sentido extra, pousado sobre a visão, o olfato e o paladar; agora, ela compreendia. Estava em toda a parte. Em todas as coisas. E era intoxicante. Não conseguia dizer se a energia provinha das centenas de corpos na divisão, se da própria divisão, que, sem dúvida, a refletia. A *amplificava* como um som num quarto com eco.

E era estranhamente – incrivelmente – familiar.

Sob a magia, ou talvez em consequência dela, o próprio espaço estava vivo com cor e luz. Nunca entrara em St. James, mas decerto não se compararia ao esplendor daquilo. Nada na sua Londres se compararia. Naquele momento, o seu mundo parecia de facto cinzento, lúgubre e vazio, de tal maneira que Lila quase queria beijar a pedra por a ter libertado dele, por a ter transportado até ali, até àquela joia cintilante. Para onde quer que olhasse, via opulência. Os dedos estremeciam-lhe, e resistiu ao impulso de começar a roubar os convidados, lembrando-se de que o que levava nos bolsos era demasiado perigoso para arriscar ser descoberta.

A entrada com a cortina abria-se para um patamar, uma escadaria que descia até ao chão lustroso do salão, o solo de pedra escondido por botas e saias em rodopio.

Ao fundo da escadaria, encontravam-se os reis, cumprimentado cada um dos convidados. Ali, envergando os seus trajes dourados, pareciam insuportavelmente elegantes. Lila nunca estivera tão perto da realeza – Kell não contava – e sabia bem que deveria afastar-se o mais depressa possível, mas não conseguiu resistir ao impulso de pavonear o seu disfarce. Além disso, seria deselegante não cumprimentar os anfitriões. *Imprudente*, rosnou uma voz na sua cabeça, mas Lila limitou-se a sorrir e a descer os degraus.

– Bem-vindo, capitão – avançou o rei, um aperto firme na mão de Lila.

– Vossa Majestade – retorquiu ela, tentando impedir que a voz subisse de tom. Fez um aceno de cabeça, tendo o cuidado de não lhe acertar com os cornos.

– Bem-vindo – ecoou a rainha enquanto Lila lhe beijava uma mão estendida. Mas, ao retirá-la, acrescentou: – Nunca nos cruzámos.

– Sou um amigo de Kell – replicou Lila, o mais descontraidamente possível, o olhar ainda pousado no chão.

– Ah – exclamou a rainha. – Então, bem-vindo.

– Na verdade – continuou a rapariga –, Vossa Alteza, estou à procura dele. Sabeis onde poderei encontrá-lo?

A rainha analisou-a com um olhar vazio.

– Não está aqui – disse. Quando Lila franziu o sobrolho, acrescentou: – Mas não estou preocupada.

O tom era estranhamente monocórdico, como se recitasse um texto. O mau pressentimento que assaltara Lila ganhou mais força.

– Decerto aparecerá – replicou a rapariga, soltando a mão da rainha.

– Tudo ficará bem – rematou o rei, num tom igualmente vazio.

– Sim – acrescentou a rainha.

Lila franziu o sobrolho. Havia algo de errado. Levantou a cabeça, arriscando a impertinência de olhar para os olhos da monarca e reparou num brilho subtil. O mesmo que vira nos olhos do guarda depois de ter cortado a garganta a Fletcher. Algum *feitiço*. Será que ninguém reparara? Ou ninguém fora descarado o suficiente para olhar de forma tão ousada para a realeza?

O convidado seguinte aclarou a voz atrás de Lila, que desviou o olhar dos olhos da rainha.

– Peço desculpa por lhe ter tomado tanto tempo – disse ela, rapidamente se afastando dos anfitriões e entrando no salão de baile.

Contornou a multidão de dançarinos e de pessoas que bebiam, procurando sinais do príncipe, mas, a julgar pela ânsia no ar, pelo modo como os olhos se dirigiam constantemente para as portas e escadas, ele ainda não aparecera.

Saiu dali transpondo uma porta num dos cantos do salão e deu consigo num corredor. Estava vazio, excetuando um guarda e uma jovem mulher envolvidos num abraço bastante amoroso e demasiado ocupados para reparar em Lila, que passou por eles e desapareceu por uma outra porta. E, depois, por outra. Navegar pelas ruas de Londres ensinara-lhe muito sobre a natureza labiríntica dos lugares, acerca da forma como a riqueza tende a juntar-se no centro e a pobreza a fugir para os cantos. Moveu-se de corredor em corredor, contornando o coração pulsante do palácio sem se afastar demasiado. Aonde quer que fosse, encontrava convidados, guardas e criados, mas nenhum sinal de Kell ou do príncipe ou de alguma fuga naquele labirinto. Até que, por fim, se deparou com umas escadas em caracol. Eram elegantes, mas estreitas, claramente não destinadas ao uso do público. Olhou de relance para trás, na direção do baile antes de subir os degraus.

O piso de cima encontrava-se tranquilo, e ela sabia que devia estar perto, não só graças àquele silêncio, mas também porque a pedra no bolso começara a zunir. Como se conseguisse *sentir* Kell por perto e desejasse aproximar-se ainda mais. De novo, Lila tentou não ficar ofendida.

Deu consigo noutro conjunto de corredores, o primeiro dos quais se encontrava vazio; o segundo, não. Dobrou a esquina e susteve a respiração. Encostou-se a um recanto obscuro, escapando por pouco ao olhar de um guarda, postado diante de um par de portas ornamentadas. O indivíduo não estava sozinho. Na verdade, ao passo que todas as outras portas no corredor estavam sem vigilância, a do fundo era guardada por, pelo menos, três homens armados.

Lila engoliu em seco e retirou a sua mais recente faca do cinto. Hesitou. Pela segunda vez naqueles últimos dias, estava sozinha contra três. Ainda não acabara bem. Apertou com mais força a faca enquanto pensava num plano que não acabasse com ela numa sepultura. A pedra voltou a murmurar de forma rítmica, e Lila estava relutantemente a preparar-se para a tirar do casaco quando parou, reparando em algo.

O corredor tinha portas de ambos os lados e, embora a mais distante estivesse guardada, a mais próxima encontrava-se entreaberta. Conduzia a um quarto luxurioso e, no fundo, a uma varanda, as cortinas ondulando na brisa da tarde.

Lila sorriu e voltou a guardar a faca no cinto.

Tinha uma ideia.

IV

Kell cuspiu sangue para o magnífico chão embutido de Rhy, manchando o padrão intrincado. Se o verdadeiro príncipe ali estivesse, não ficaria feliz. Mas não estava.

– A pedra, minha rosa. – O tom ardente de Astrid atravessou os lábios de Rhy. – Onde está?

Kell debateu-se até ficar de joelhos, os braços ainda presos atrás das costas.

– Que pretendes fazer com ela? – rosnou, enquanto os dois guardas o levantavam.

– Tomar o trono, é claro.

– Já tens um – observou Kell.

– Numa Londres moribunda. E sabes porque morre? Por vossa culpa. Por causa desta cidade e da sua retirada cobarde. Fizeram de nós um escudo e, agora, vocês prosperam e nós perecemos. Parece-me justo ficar com ele, como compensação. Retaliação.

– E farias o quê? Abandonarias o teu irmão ao cadáver decadente do teu mundo para que pudesses apreciar o esplendor deste? – inquiriu Kell

Um risinho frio e seco escapou da garganta de Rhy.

– De todo. Isso faria de mim uma irmã terrível. Eu e o Athos vamos governar juntos. Lado a lado.

– Que queres dizer? – perguntou Kell, os olhos reduzidos a duas estreitas fendas.

– Vamos devolver o equilíbrio aos mundos. Reabrir as portas. Ou, melhor dizendo, destruí-las, criar uma nova que se mantenha aberta para que as pessoas, *todas* elas, possam atravessar. Uma fusão, se assim lhe quiseres chamar, das nossas ilustres Londres.

Kell empalideceu. Mesmo quando as portas estiveram destrancadas, haviam funcionado como *portas*. E eram mantidas fechadas. Uma porta aberta entre mundos não seria apenas perigoso, mas *instável*.

– A pedra não é forte o suficiente para conseguires isso – declarou, tentando parecer seguro. Mas não estava. A pedra fizera uma porta para Lila. Porém, criar um buraquinho num pedaço de tecido era muito diferente de o rasgar ao meio.

– Tens a certeza? – provocou-o Astrid. – Talvez tenhas razão. Talvez a tua metade da pedra não seja o suficiente.

Kell gelou.

– A minha metade?

– Não reparaste que está partida? – A boca de Rhy contorceu-se num esgar.

Kell vacilou.

– A ponta dentada.

– O Athos encontrou-a assim, partida ao meio – explicou Astrid. – Ele gosta de encontrar tesouros, sabes. Sempre gostou. Em miúdos, costumávamos remexer nas pedras da costa, em busca de algo que valesse alguma coisa. Um hábito que ele nunca perdeu. A sua procura foi-se tornando um pouco mais sofisticada. Um pouco mais direcionada. É claro que sabíamos da purga da Londres Negra, da erradicação de artefactos, mas ele tinha tanta certeza de que encontraria algo, *qualquer coisa*, que nos ajudasse a salvar o nosso mundo moribundo.

– E encontrou – disse Kell, enterrando o metal das algemas nos pulsos. As extremidades não eram afiadas. Uma dor subiu-lhe pelo braço; contudo, a pele recusava-se a rasgar-se. Contemplou o sangue que salpicava o chão, mas os guardas seguravam-no com uma força implacável.

– Ele esquadrinhou – continuou Astrid pela boca de Rhy. – Encontrou algumas coisas inúteis, um bloco de notas, um pedaço de tecido, e eis que deu com a pedra. Partida ao meio, é verdade, mas, como tenho a certeza de que já reparaste, nem assim deixou de funcionar. É magia, afinal de contas. Pode dividir-se, mas não enfraquece. As duas metades permanecem ligadas, mesmo quando separadas. Cada metade é forte o suficiente sozinha, forte o suficiente para alterar o mundo. Mas desejam-se uma à outra, sabes. Atraem-se mutuamente através da parede dos mundos. Se uma gota do teu sangue é suficiente para abrir uma porta, pensa no que será possível com as duas metades desta pedra.

Podia destruir a própria parede, pensou Kell. Rasgar a realidade.

Os dedos de Rhy passearam ao de leve pelas costas de uma cadeira.

– A ideia de te dar a pedra foi minha, devo confessar, a de permitir que a trouxesses para aqui.

Kell fez uma careta enquanto torcia os pulsos contra as algemas de ferro.

– Porque não usaram o Holland para trazer a pedra até aqui? – perguntou, tentando ganhar tempo. – É óbvio que foi ele quem deu esse fio ao Rhy.

Astrid sorriu com os lábios de Rhy e passou um dedo, gentilmente, pelo rosto de Kell.

– Queria-te a ti. – A mão do príncipe subiu-lhe pela cara, emaranhando-se-lhe no cabelo enquanto Astrid se inclinava, encostando a face que roubara à de Kell, ensanguentada, e lhe murmurava ao ouvido: – Eu disse-te que a tua vida seria minha.

Kell afastou-se, e a mão de Rhy caiu.

– Além disso – disse ela, com um suspiro –, era o que fazia mais sentido. Se as coisas corressem mal e o Holland fosse apanhado, a culpa seria toda da nossa coroa e nunca teríamos outra oportunidade. Se as coisas corressem mal e tu fosses apanhado, a culpa seria totalmente tua. Eu conheço os teus passatempos, Kell. Achas que o Scorched Bone guarda segredos? *Nada* passa despercebido na minha cidade. – Rhy emitiu um estalido com a língua. – Um criado real com o péssimo hábito de contrabandear objetos pelas fronteiras. Não é lá muito difícil de acreditar. E, se as coisas corressem *bem* e eu conseguisse tomar este castelo, este reino, não poderia ter-te por aí, desaparecido, a lutar contra mim. Queria-te aqui, onde pertences. A meus pés.

Uma energia negra começou a crepitar na palma da mão de Rhy. Kell preparou-se, mas Astrid não parecia capaz de a controlar, não com um dom tão imperfeito quanto o dele. O raio disparou para a esquerda, atingindo o poste de metal na cama do príncipe.

Kell obrigou-se a soltar uma risadinha.

– Devias ter escolhido um corpo melhor – disse. – O meu irmão nunca teve o dom da magia.

Astrid girou o pulso de Rhy, estudando-lhe os dedos.

– Não importa – retorquiu ela. – Tenho uma família inteira por onde escolher.

Kell teve uma ideia.

– Porque não experimentas em alguém um pouco mais forte? – provocou-a ele.

– Como tu? – perguntou Astrid, despreocupada. – Gostavas que desse uma volta com o *teu* corpo?

– Gostava de te ver tentar – retorquiu Kell. Se conseguisse que ela tirasse o fio e o colocasse nele...

– Até podia – sussurrou ela, acrescentando de seguida, de maneira seca: Mas a possessão não funciona num *Antari*. – Kell sentiu-se desconcertado. – Eu sei disso e tu também. Mas boa tentativa.

Kell observou o irmão virar-lhe costas e pegar numa faca pousada numa mesa ali perto.

– Já a *compulsão*... – disse ele/ela, admirando o gume cintilante. – Isso é outra conversa.

Os dedos de Rhy envolveram a lâmina, e Kell afastou-se, mas não havia para onde fugir. Os guardas seguraram-no num aperto implacável enquanto o príncipe se aproximava indolentemente, erguia a faca e lhe cortava os botões da camisola, afastando-lhe o colarinho para descobrir a pele macia e clara por cima do coração.

– Tão poucas cicatrizes... – Os dedos de Rhy levaram a ponta da faca ao queixo de Kell. – Vamos tratar disso.

– Para imediatamente – gritou uma voz da varanda.

Kell remexeu-se, e viu Lila. Estava vestida de forma diferente, com um casaco negro e uma máscara com chifres, e encontrava-se de pé, no corrimão, segurando-se na ombreira da varanda e apontando a pistola ao coração do príncipe.

– Isto é um assunto de família – avisou Astrid com a voz de Rhy.

– Ouvi o suficiente para saber que não és da família. – Lila puxou do cão da arma e apontou a Rhy. – Agora, afasta-te do Kell.

A boca de príncipe esboçou um sorriso sombrio e ele esticou a mão. Desta vez, o raio encontrou o alvo, atingindo Lila no peito. Ela arquejou e soltou-se da ombreira, as botas escorregando enquanto caía para trás e mergulhava na escuridão.

– Lila! – gritou Kell quando ela desapareceu. Libertou-se dos guardas, as algemas finalmente a cortar-lhe a pele o suficiente para sangrar. Num instante, passara os dedos em redor do metal e cuspira a ordem: – *As Orense.* – *Abrir*.

Os seus grilhões caíram, e todo o poder de Kell regressou. Os guardas atiraram-se a ele, mas as suas mãos ergueram-se e os homens voaram, um contra a parede e o outro contra a estrutura de metal da cama de Rhy. Kell libertou o punhal e enfrentou o príncipe, pronto para lutar.

Porém, Rhy limitava-se a olhá-lo, entretido.

– Que pretendes fazer agora, Kell? Não me vais magoar, enquanto estiver no corpo do teu irmão.

– Mas eu vou. – Era de novo a voz de Lila, seguida imediatamente pelo som de uma arma. Dor e surpresa surgiram em simultâneo no rosto de Rhy, e uma das suas pernas cedeu, o sangue escurecendo o tecido em volta do gémeo. Lila encontrava-se lá fora, não em cima do corrimão, mas pairando no ar, os pés sobre uma nuvem de fumo negro. Kell foi invadido por uma vaga de alívio, logo seguida de horror. Lila não só se atirara de cabeça para uma situação perigosa, como trouxera a pedra consigo. – Vais ter de fazer melhor do que isso para me matar – retorquiu, saltando para a varanda e entrando no quarto.

Rhy levantou-se.

– Isso é um desafio?

Os guardas também tinham recuperado, um deles aproximando-se por trás de Lila e o outro por trás de Kell.

– Foge – disse ele a Lila.

– Também é bom ver-te – ripostou ela, enfiando o talismã no bolso. Kell conseguiu ver a onda de fraqueza que a assolava na esteira da magia, mas apenas nos olhos e no maxilar. Ela sabia escondê-la bem.

– Não devias ter vindo– rosnou Kell.

– Não – ecoou Rhy. – Não devias. Mas aqui estás tu agora. E trouxeste-me um presente.

Lila levou a mão ao casaco e a boca de Rhy entortou-se naquele horrível esgar. Kell preparou-se para um ataque, mas, em vez disso, a mão do príncipe levou a lâmina ao próprio peito e pousou a ponta entre as costelas, mesmo por baixo do coração. Kell ficou tenso.

– Dá-me a pedra ou mato o príncipe.

Lila franziu o sobrolho, incerta, o olhar saltitando de Rhy para Kell.

– Não o matarias – desafiou Kell.

Rhy levantou uma sobrancelha negra.

– Acreditas mesmo nisso, rapaz das flores, ou só desejas que seja verdade?

– Escolheste o corpo dele porque faz parte do teu plano. Não vais...

– Nunca assumas que conheces o teu inimigo. – A mão de Rhy enfiou a faca para dentro, a ponta a afundar entre as costelas. – Tenho um armário cheio de reis.

– *Para* – exigiu Kell, vendo o sangue do irmão a escorrer. Tentou paralisar Rhy, mas a vontade poderosa de Astrid, dentro do corpo do príncipe, enfraquecia o controlo do *Antari*.

– Durante quanto tempo vais conseguir impedir a minha mão de se mover? – desafiou Astrid. – Que acontecerá quando a tua concentração começar a enfraquecer? – Os olhos da cor de âmbar de Rhy dirigiram-se a Lila. – Ele não quer que eu magoe o irmão. É melhor dares-me a pedra antes que o faça.

Lila hesitou, e a mão livre de Rhy agarrou no talismã de possessão e tirou-o, segurando-o frouxamente na palma da mão.

– A pedra, Lila.

– Não faças isso – pediu Kell, e não sabia se as palavras se dirigiam a Astrid se a Lila se a ambas.

– A *pedra*.

– Astrid, por favor – murmurou Kell, a voz incerta.

Com isso, a boca de Rhy torceu-se num sorriso triunfante.

– És meu, Kell, e vou quebrar-te. Começando pelo teu coração.

– *Astrid*.

Mas era tarde de mais. O corpo de Rhy torceu-se na direção de Lila e uma única palavra lhe saiu dos lábios, *apanha*, antes de atirar o pendente para o ar e cravar a faca no peito.

V

Aconteceu tudo tão depressa, o pendente a mexer-se ao mesmo tempo que a lâmina. Kell viu Lila afastar-se do alcance do talismã, voltando-se mesmo a tempo de assistir a Rhy cravar a faca entre as costelas.

– Não! – gritou Kell, saltando em frente.

O fio deslizou pelo chão e foi bater na bota de um dos guardas. Rhy caiu redondo, a lâmina cravada até ao punho. Kell aproximou-se dele e arrancou a faca.

Rhy – agora *era* mesmo Rhy – engasgou-se, e o *Antari* pressionou os dedos manchados de sangue contra o peito do irmão. A camisola do príncipe já estava molhada; ele estremeceu ante o toque de Kell, que acabara de falar, de ordenar à magia que curasse o príncipe, quando um guarda o atingiu de lado e ambos caíram no chão marchetado.

Vários metros à frente, Lila lutava com o outro guarda enquanto o atacante de Kell pegava no talismã com uma mão e o tentava agarrar pela garganta com a outra. O *Antari* pontapeou e lutou até se libertar; quando o guarda (e Astrid dentro dele) saltou em frente, Kell ergueu a mão. A armadura de metal – e o corpo que protegia – foi projetada para trás, não contra a parede, mas de encontro ao corrimão na varanda, que se partiu. O guarda caiu com um estrondo no pátio em baixo, o som logo seguido de gritos. Kell correu até à varanda e viu uma dúzia de convidados em volta do corpo. Um deles, uma mulher num encantador vestido verde, esticou a mão, curiosa, na direção do pendente que agora jazia no chão.

– Para! – gritou Kell, mas era tarde de mais. No momento em que a mulher o agarrou, Kell conseguiu vê-la metamorfosear-se, a possessão a atravessar-lhe o corpo num único estremeção, antes de erguer os olhos para ele, a boca esboçando um sorriso frio e sombrio. De seguida, girando sobre os calcanhares, voltou para o palácio.

– Kell! – chamou Lila, e o rapaz virou-se, analisando o quarto pela primeira vez, todo desarrumado. O segundo guarda jazia inerte no chão, um punhal trespassando-lhe a viseira do capacete. Lila estava agachada junto de Rhy, a máscara levantada e as mãos cruzadas pressionando o peito do príncipe. Encontrava-se coberta de sangue, mas não era seu. A camisola de Rhy estava ensopada.

– *Rhy* – disse Kell, num soluço, um arrepio, enquanto se ajoelhava junto ao irmão. Desembainhou o punhal e golpeou a mão, fundo. – Aguenta-te, Rhy. – Pressionou a palma ferida contra o peito do príncipe, que oscilava numa respiração rápida, e ordenou: – *As Hasari.*

Curar.

Rhy tossiu sangue.

O pátio lá em baixo fervilhava de atividade. As vozes subiam através da varanda destruída. Soaram passos pelos corredores, punhos batiam contra as portas do quarto, que Kell agora via estarem cobertas de encantamentos. Feitiços de bloqueio.

– Temos de ir – explicou a Lila. – *As Hasari* – disse de novo, pressionando a ferida. Havia tanto sangue. Demasiado.

– Desculpa – murmurou Rhy.

– Cala-te, Rhy – retorquiu Kell.

– Kell – ordenou Lila.

– Não vou sem ele – declarou simplesmente.

– Então, leva-o connosco. – Kell hesitou. – Disseste que a magia precisa de tempo para funcionar. Não temos tempo. Trá-lo connosco, se quiseres, mas temos de ir.

Kell engoliu em seco.

– Desculpa – pediu, antes de se obrigar a si mesmo e a Rhy a levantar-se. O príncipe arfou de dor. – Desculpa.

Não podiam sair pela porta. Não podiam passear-se com um príncipe ferido num palácio cheio de pessoas, que ali estavam para celebrar o seu aniversário. Mais a mais, algures entre elas, encontrava-se Astrid Dane. Mas havia um corredor privado entre o quarto de Rhy e o de Kell, que usavam em crianças. O *Antari* arrastou o irmão na direção de uma porta oculta, transpondo-a. Conduziu o príncipe e Lila por um corredor estreito, cujas paredes se encontravam cobertas por uma série de marcas estranhas, apostas, desafios e pontuações em tarefas há muito esquecidas. Um trilho pela sua estranha e resguardada juventude.

Agora, deixavam na sua esteira um rasto de sangue.

– Aguenta-te – disse Kell. – Aguenta-te. Rhy? Ouve a minha voz.

– Uma voz tão bonita – retorquiu o príncipe, calmamente, a cabeça descaindo-lhe.

– *Rhy.*

Kell ouviu corpos em armaduras forçarem a entrada no quarto do príncipe no preciso momento em que chegaram ao seu. Fechou a porta e, pressionando a mão ensanguentada contra a madeira, disse:

– *As Staro. – Selar.*

Mal a palavra lhe saiu dos lábios, metais soltaram-se-lhe dos dedos, entrecruzando-se várias vezes por cima da porta e selando-a.

– Não podemos continuar a fugir de quarto em quarto – atirou Lila. – Temos de sair deste palácio!

Kell sabia-o. Sabia que tinham de sair dali. Levou-os até ao seu estúdio privado no canto da divisão, aquele que ostentava as marcas de sangue na parte de trás da porta. Atalhos para meia dúzia de locais na cidade. Aquele que conduzia ao Ruby Fields era agora inútil, mas os outros funcionariam. Pesou as opções até encontrar uma, a única, que sabia ser segura.

– Será que isso vai funcionar? – perguntou Lila.

Kell não tinha a certeza. As portas *dentro* de um mundo eram mais difíceis de fazer, mas mais fáceis de atravessar. Só podiam ser criadas por um *Antari*, mas outras pessoas, em teoria, podiam transpô-las. Na verdade, Kell já levara Rhy por um portal – no dia em que o encontrara no barco –, mas, na altura, eram só dois e, agora, três.

– Não me largues – pediu Kell. Passou o sangue fresco sobre a marca e estreitou Rhy e Lila o mais que conseguiu, esperando que a porta – e a magia – fosse forte o suficiente para os conduzir a todos até ao santuário.

DOZE

SANTUÁRIO E SACRIFÍCIO

I

O Santuário de Londres encontrava-se onde o rio se curvava, perto da orla da cidade, uma estrutura de pedra com a elegância simples de um templo e uma atmosfera igualmente reverente. Tratava-se de um lugar onde homens e mulheres estudavam magia e a veneravam. Estudiosos e mestres passavam ali as suas vidas, procurando perceber (e conseguir atingir) a essência do poder, a origem, a fonte. Compreender o princípio fundamental da magia. A entidade que estava em tudo e não se encontrava em nada.

Em criança, Kell passara tanto tempo no santuário quanto no palácio, estudando e sendo estudado sob a tutela do Mestre Tieren, mas, embora visitasse o santuário de quando em quando, já não ali ia há anos (desde que Rhy começara a fazer birras sempre que o *Antari* se ausentava, insistindo que não era apenas um bem, mas um membro da família). Ainda assim, Tieren insistira que ele teria sempre um quarto, pelo que Kell mantivera a porta desenhada na sua parede, marcada por um simples círculo de sangue com um X.

O símbolo de santuário.

Agora, ele e Lila, com Rhy ensanguentado entre ambos, cambaleavam pela porta, abandonando a grandiosidade e o caos do palácio e entrando num modesto quarto de pedra.

A luz das velas tremeluzia contra as paredes lisas; o quarto em si era estreito, de teto alto e quase sem um vestígio de mobília. O santuário abstinha-se de distrações, pelo que os aposentos privados eram guarnecidos apenas do essencial. Kell podia ser *aven*, abençoado, mas Tieren insistira em tratá-lo como qualquer outro estudante (um facto pelo qual Kell se sentia grato). Como tal, o espaço que lhe era reservado não continha mais nem menos do que qualquer outro: uma secretária de madeira encostada a uma parede e um catre junto da outra, com uma pequena mesa ao lado. Nela, ardendo, como sempre, repousava uma vela infinita. A divisão não tinha janelas e era provida de uma única porta, tendo o ar a frescura dos lugares subterrâneos, das criptas.

Desenhado no chão, encontrava-se um círculo, com símbolos escrevinhados nas orlas. Uma esfera de intensificação que servia para meditar. O sangue de Rhy desenhou caminho através do círculo enquanto Kell e Lila o arrastavam até ao catre e o deitavam o mais gentilmente possível.

– Aguenta-te – continuou Kell a dizer, mas o baixo «sim», «está bem» e «como quiseres» dera lugar ao silêncio e a uma respiração fraca.

Quantos *As Hasaris* proferira Kell? As palavras tinham-se, uma vez mais, tornado cânticos silenciosos nos seus lábios, no pensamento, no bater do seu coração, mas Rhy não se estava a curar. De quanto tempo precisaria até que a magia funcionasse? Tinha de funcionar. O medo inundou Kell. Devia ter olhado para a arma de Astrid. Devia ter prestado atenção ao metal e às marcas nele incrustadas. Teria ela feito algo para bloquear a sua magia? *Porque não estava a funcionar?*

– Aguenta-te – murmurou ele. Rhy deixara de se mexer. Os seus olhos estavam fechados e o esforço desaparecera-lhe da linha do maxilar.

– Kell – disse Lila, delicadamente. – Acho que é tarde demais.

– Não – ripostou, agarrando-se ao catre. – Não é. A magia só precisa de tempo. Não compreendes como funciona.

– Kell.

– *Só precisa de tempo.* – O *Antari* pressionou ambas as mãos contra o peito do irmão e engoliu um soluço. O corpo não oscilava. Não conseguia sentir-lhe o bater do coração sob as costelas. – Não posso… – disse, arfando como se lhe faltasse o ar. – Não posso… – A voz vacilou-lhe e os dedos enrolaram-se à camisola ensanguentada do irmão. – Não posso desistir.

– Acabou – proferiu Lila. – Não há nada a fazer.

Mas isso não era verdade. Ainda havia algo. Todo o calor se dissipou do corpo de Kell. Mas, com ele, também a hesitação, a confusão e o medo. Sabia o que podia fazer. Sabia o que *tinha* de fazer.

– Dá-me a pedra – exigiu.

– Não.

– Lila, dá-me a porcaria da pedra antes que seja tarde demais.

– *Já* é tarde demais. Ele está…

– *Ele não está morto*! – gritou Kell. Esticou uma mão manchada e trémula. – Dá-me a pedra.

A mão de Lila dirigiu-se ao bolso e ali se manteve.

– Existe uma razão para ser eu a guardá-la, Kell – disse ela.

– Raios, Lila. *Por favor*.

A rapariga expirou, hesitante, e tirou a pedra do bolso. Kell arrancou-lha dos dedos, ignorando o pulsar de poder que lhe trepou pelo braço no momento em que se voltou para o corpo de Rhy.

– Tu mesmo mo disseste: nada de bom pode vir disto – continuou Lila quando Kell pousou o objeto por cima do coração silencioso do príncipe e pressionou a mão aberta por cima. – Eu sei que estás perturbado, mas não podes achar que isto é...

Porém, o *Antari* não a conseguia ouvir. A voz dela dissolveu-se, junto com tudo o resto, e Kell concentrou-se na magia que lhe pulsava nas veias.

Salva-o, ordenou à pedra.

O poder dançou-lhe no sangue e fumo saiu-lhe pelos dedos. Serpenteou-lhe pelo braço e em volta das costelas de Rhy, transformando-as em cordas pretas. Ligando-os um ao outro. Porém, Rhy ainda ali jazia, inerte. *A minha vida é a vida dele*, pensou Kell. *A vida dele é a minha vida. Liga-a à minha e trá-lo de volta.*

Conseguiu sentir a magia, faminta e desejosa, tentando entrar-lhe no corpo, no seu poder, na sua energia vital. Ora, dessa vez, Kell deixou-a.

Assim que o fez, a corda negra apertou-o, e o coração pareceu saltar-lhe do peito. Teve uma arritmia; o coração de Rhy encontrou a batida que lhe falhara. Por uma fração de segundo, a única coisa que sentiu foi alívio, alegria.

Depois, *dor*.

Como se estivesse a ser rasgado ao meio, um nervo de cada vez. Kell gritou, inclinando-se para a frente, sobre o príncipe, nunca o largando. As costas de Rhy arquearam, as cordas negras da magia, cercando-o. A dor só piorou, desenhando-se em pinceladas ardentes na pele de Kell, no seu coração, na sua vida.

– Kell! – A voz de Lila rompeu aquele nevoeiro e ele viu-a aproximar-se, um passo, depois dois, preparando-se para o travar, para o libertar daquele feitiço. *Para*, pensou. Não o disse, não levantou um dedo, mas a magia estava na sua cabeça e ouviu o desejo. Atravessou-o e o fumo atirou Lila para trás. Ela bateu violentamente contra a parede de pedra e desfaleceu no chão.

Algo em Kell estremeceu, distante e silenciado. *Errado*, murmurava. *Isto é…* Mas foi assolado por outra vaga de dor, que o deixou sem norte. O poder vibrava-lhe nas veias e a sua cabeça acabou pousada nas costelas do irmão enquanto a dor o atravessava, pele e músculo, osso e alma.

Rhy arfou e Kell também, o coração em arritmia.

E, depois, parou.

II

O quarto ficou silencioso.

A mão de Kell deslizou das costelas de Rhy e o seu corpo tombou do catre, embatendo no chão de pedra com um baque nauseante. Lila ainda ouvia um zumbido ensurdecedor devido à força com que batera com a cabeça na parede. Levantou-se, primeiro de gatas e, depois, totalmente.

Kell não se movia. Não respirava.

E, então, ao fim de um momento que pareceu durar horas, surgiu uma respiração, profunda e trémula. O mesmo aconteceu com Rhy.

Lila praguejou de alívio ao ajoelhar-se diante de Kell. Tinha a camisola aberta, o estômago e peito pincelados de sangue, mas, debaixo dele repousava um símbolo negro, feito de círculos concêntricos, marcado na pele, em cima do coração. Lila olhou para o catre. A mesma marca estava desenhada no peito ensanguentado de Rhy.

– O que fizeste? – murmurou ela. Não sabia muito sobre magia, mas tinha a certeza de que trazer alguém do mundo dos mortos era, sem sombra de dúvida, uma coisa muito má. Se toda a magia tinha um preço, o que teria custado tudo aquilo a Kell?

Como que em resposta, os olhos dele abriram-se. Lila sentiu alívio ao ver que um deles ainda era azul. Por instantes, durante o feitiço, ambos se haviam tingido de um negro sólido.

– Bem-vindo de volta – disse ela.

Kell gemeu, e a rapariga ajudou-o a sentar-se no chão de pedra frio. Ele olhou para a cama, onde o peito de Rhy oscilava num movimento lento, mas firme. Os olhos dele viajaram da marca na pele do príncipe para a marca gémea na própria pele. Tocou-lhe e estremeceu.

– O que fizeste? – perguntou Lila.

– Liguei a vida de Rhy à minha – explicou, rouco. – Enquanto eu sobreviver, também ele sobreviverá.

– Parece um feitiço perigoso.

– Não é um feitiço – disse ele, num fio de voz. Lila não sabia se Kell não tinha forças para falar mais alto se temia acordar o irmão.

– É chamado um vínculo da alma. Os feitiços podem ser quebrados. Este vínculo, não. Esta magia é permanente. Mas *isto* – acrescentou, passando os dedos pela marca. – Isto é...

– Proibido? – aventurou-se Lila.

– Impossível – concluiu Kell. – Este tipo de magia não existe.

Enquanto se levantava, o *Antari* parecia perturbado e distante, e Lila ficou ainda mais tensa quando viu que ele ainda segurava a pedra. Veias negras desenhavam-se-lhe pelo braço acima.

– Tens de largar isso, agora.

Kell olhou para baixo, como se se tivesse esquecido de que a segurava. Mas, quando encontrou forma de abrir a mão e esticar os dedos, o talismã não caiu. Fios negros saíam da pedra, passando-lhe pelos dedos e enrolando-se-lhe ao pulso. Kell contemplou o objeto durante longos momentos.

– Parece que não sou capaz – disse, por fim.

– Isso não é mau? – insistiu Lila.

– É – confirmou ele e a sua calma preocupava-a mais do que qualquer outra coisa.

– Mas não tive escolha... Tive de... – Deixou aquela frase morrer, virando-se para Rhy.

– Kell, estás bem?

Dadas as circunstâncias, parecia uma pergunta absurda, e o seu interlocutor lançou-lhe um olhar que transmitia isso mesmo. Por isso, Lila acrescentou:

– Quando estavas a lançar aquele feitiço, não estavas em *ti*.

– Bem, agora estou.

– Tens a certeza disso? – perguntou-lhe, apontando-lhe para a mão.

– É que isso parece-me novo.

Kell franziu o sobrolho.

– Essa pedra é magia má, foste tu que disseste. Alimenta-se de energia. De pessoas. E, agora, está presa a ti. Não me podes pedir que não fique preocupada.

– Lila – retorquiu ele, sombriamente –, não podia deixá-lo morrer.

– Mas aquilo que acabaste por fazer…

– Foi o que tinha de ser feito – concluiu. – Nem sequer importa. Já não há salvação para mim.

Lila fez uma careta.

– Que queres dizer com isso? – inquiriu, desconfiada.

O olhar de Kell suavizou um pouco.

– Alguém tem de devolver a pedra à Londres Negra, Lila. Não se pode simplesmente abrir uma porta e atirar o objeto. *Tenho de a levar até lá*, entrar com ela. – Olhou para a pedra. – Nunca esperei conseguir regressar.

– Por Deus, Kell – rosnou Lila –, se não vais tentar ficar vivo, então para quê tudo isto? Para quê ligar a vida do Rhy à tua se vais desistir dela assim?

– Enquanto eu viver, ele vive. E eu nunca disse que planeava morrer.

– Mas acabaste de dizer que…

– Disse que não vou *regressar*. As proteções na Londres Negra foram concebidas mais para impedir que alguém saísse do que para proibir alguém de entrar. Não consigo desfazer esses feitiços. E, mesmo que conseguisse, não o faria. Ora, com eles intactos, mesmo que consiga abrir uma porta para *entrar* na Londres Negra, as proteções nunca me deixarão *sair*.

– E não ias mencionar *nada* disto? Ias deixar que te seguisse numa viagem sem regresso até à…

– Disseste que querias uma aventura – ripostou Kell. – E não, nunca tive intenção de te levar…

Naquele instante, a porta abriu-se. Os dois ficaram em silêncio, a discussão ecoando nas paredes do minúsculo quarto de pedra.

Um homem idoso encontrava-se à entrada, com um manto negro, uma mão encostada à ombreira e a outra erguendo uma esfera de luz branca e pálida. Não era murcho. De facto, tinha uma postura hirta e os ombros largos, sendo traído tão-só pelo cabelo branco e as vincadas rugas no rosto, acentuadas pelas sombras que lhe lançava a esfera de luz que transportava. Kell vestiu o casaco e mergulhou a mão danificada no bolso.

– Mestre Tieren – disse, descontraidamente, como se a informalidade pudesse esconder o facto de ele e Lila estarem cobertos de sangue e diante do corpo de um príncipe quase morto.

– Kell – retorquiu o homem, o sobrolho franzido. – *Kers la? Ir vanesh mer...* – Parou a meio e olhou para Lila. Os seus olhos eram de um azul-pálido impressionante. Pareciam ver para além dela. Franziu o sobrolho e voltou a falar, desta vez em inglês. Como se conseguisse perceber, com um único olhar, que ela não era dali. – O que os traz cá? – perguntou a ambos.

– Disseste que eu teria sempre um quarto – respondeu Kell, cansado. – Infelizmente, precisei dele.

Afastou-se para que o Mestre Tieren conseguisse ver o príncipe ferido.

Os olhos do homem esbugalharam-se de espanto e tocou nos lábios num gesto que lembrava uma prece.

– Ele está...?

– Está vivo – afiançou Kell, a mão no colarinho para esconder a marca. – Mas o palácio encontra-se sob ataque. Não posso explicar tudo, não agora, mas tens de acreditar em mim, Tieren. Foi tomado por traidores. Estão a usar magia proibida, a possuir os corpos e as mentes de todos. Ninguém está seguro, *nenhum lugar* é seguro, e ninguém é de confiança – concluiu, sem fôlego.

Tieren percorreu o quarto em passos lentos, aproximando-se de Kell. Colocou-lhe as mãos no rosto, um gesto estranhamente íntimo, e olhou-o nos olhos como fizera com Lila, como se conseguisse ver além deles.

– Que fizeste a ti mesmo?

A voz de Kell estava presa na garganta.

– Apenas o que tinha de fazer.

O casaco abriu-se e o olhar do homem desceu até à marca por cima do coração.

– Por favor – implorou Kell, assustado. – Não traria perigo para este lugar, mas não tive outra alternativa.

O sábio deixou cair as mãos.

– O santuário está protegido contra a escuridão. O príncipe ficará em segurança debaixo deste teto.

Um alívio suavizou as feições de Kell. Tieren virou-se para olhar para Lila pela segunda vez.

– Não és daqui – disse, em jeito de introdução.

– Delilah Bard – apresentou-se, estendendo-lhe a mão.

O homem apertou-a e uma espécie de arrepio, quente, percorreu a pele da rapariga, que se sentiu ser invadida por uma onda de calma que lhe varreu o corpo inteiro.

– Sou o Mestre Tieren. O *onase aven*, isto é, o sumo sacerdote do Santuário de Londres. E um curandeiro – acrescentou, como que para explicar aquela sensação. Depois de a largar, Tieren dirigiu-se até junto do príncipe, pousando-lhe os dedos ossudos no peito. – Os ferimentos são graves.

– Eu sei – disse Kell numa voz trémula. – Consigo senti-los como se fossem meus.

Lila ficou tensa e a expressão de Tieren escureceu.

– Então farei de tudo para apaziguar a dor dele e a tua.

Kell anuiu, grato.

– Foi culpa minha – explicou o *Antari*. – Mas vou resolver isto.

Tieren fez menção de falar, mas Kell impediu-o.

– Não posso contar-te – silenciou-o. – Preciso da tua confiança e do teu sigilo.

A boca de Tieren era uma linha fina.

– Levar-te-ei até aos túneis – declarou. – A partir daí, conseguirás encontrar o teu caminho. Para onde quer que vás.

*

Kell mantivera-se em silêncio desde que haviam abandonado o pequeno quarto. Não fora capaz de olhar para o irmão, nem de se despedir; limitara-se a engolir em seco, anuir e virar costas, saindo com Mestre Tieren. Lila seguiu-os, limpando o sangue seco de Rhy dos punhos do seu novo casaco (sempre soubera que teria de sujar as mãos, e as mangas, mais cedo ou mais tarde).

Enquanto abriam caminho pelas entranhas do santuário, Lila observou Kell, o olhar fixo em Tieren, como que impelindo o sacerdote a dizer alguma coisa. Porém, este manteve-se em silêncio, olhando em frente. O rapaz acabou por abrandar o passo, até ficar ao lado de Lila, ambos na esteira do sacerdote.

– As roupas ficam-te bem – disse em voz baixa. – Quererei saber como as conseguiste?

– Não as roubei, se é isso que estás a perguntar. Comprei-as a uma mulher no mercado, chamada Calla.

Kell sorriu ao de leve quando ouviu o nome.

– E como pagaste?

– Ainda não paguei – replicou Lila. – O que não quer dizer que não o faça.

O olhar dela desviou-se do dele.

– Embora não saiba quando terei oportunidade...

– Terás – assegurou-lhe Kell –, porque vais ficar aqui.

– É que nem penses nisso – disparou Lila.

– Vais ficar a salvo no santuário.

– Não me vais deixar para trás.

– Nunca tive intenção de que fosses mais longe – revelou Kell, abanando a cabeça. – Quando te disse «sim», fi-lo com o intuito de te deixar aqui, na minha cidade, para comunicares o meu destino ao rei e à rainha.

Lila fez menção de falar, mas o *Antari* levantou a mão incólume.

– E para te manter segura. A Londres Branca não é lugar para uma pessoa do mundo Cinzento. Não é lugar para *ninguém*.

– Tomarei essa decisão sozinha – desafiou-o ela. – Vou contigo.

– Lila, isto não é um *jogo*. Já morreram pessoas suficientes e eu...

– Tens razão, isto não é um jogo – insistiu. – É *estratégia*. Ouvi o que a rainha disse sobre a pedra estar partida em duas. Precisas de destruir *ambas* e, por agora, só tens uma. O rei Branco tem a outra, certo? O que significa que temos metade do trabalho já feito. E é *plural,* Kell. São dois deles e isso significa que também devemos ser dois. Podes lidar com o rei que eu lido com a rainha.

– Nunca conseguirás vencer a Astrid Dane.

– Diz-me, subestimas todas as pessoas ou sou só eu? É porque sou rapariga?

– Digo-o porque és *humana* – ripostou ele. – Porque podes ser a alma mais corajosa, a mais audaciosa que conheci, mas não deixas de ser feita de carne e osso e tens muito pouco poder. A Astrid Dane é toda ela magia e malícia.

– Pois, ótimo, isso é muito bom para ela, mas a verdade é que nem sequer está no próprio corpo, ou está? Está aqui, a divertir-se imenso na Londres Vermelha. O que significa que até nem deve ser um alvo assim tão difícil. – Sorriu. – E eu posso ser humana, mas cheguei até aqui.

Kell franziu o sobrolho.

Como é que ele não tem mais rugas?, pensou Lila.

– Chegaste. Mas não irás mais longe.

– A rapariga tem poder – partilhou Tieren sem olhar para trás.

Lila esboçou um sorriso rasgado.

– Vês? – replicou, meio vaidosa. – Já to tinha dito isto uma e outra vez.

– Que tipo de poder? – perguntou Kell, curioso.

– Não sejas tão cético – disparou Lila.

– Um poder não cultivado – explicou Tieren. – Não cuidado. Ador-mecido.

– Então, vamos lá, *onase aven* – pediu ela, esticando as mãos. –, acorde-o.

– Acordará por si, Delilah Bard. Se cuidares dele, crescerá – sorriu Tieren.

– Ela vem da outra Londres – contou Kell. Tieren não se mostrou surpreendido. – Da que não tem magia.

– Nenhuma Londres está verdadeiramente desprovida de magia – observou o sacerdote.

– E, humana ou não – acrescentou Lila, perspicazmente –, lembra-te de que estás vivo graças a mim. *Eu* sou a razão pela qual a rainha Branca não te está a usar como casaco. *E* tenho algo de que precisas.

– E que é isso?

Lila tirou do bolso a torre branca.

– A chave.

Os olhos de Kell abriram-se de surpresa por uma fração de segundo, voltando, logo de seguida, a estreitar-se.

– Acreditas mesmo que conseguias ficar com ela, se eu desejasse tirar-ta?

Num instante, Lila tinha a torre numa mão e a faca na outra. A soqueira de bronze brilhou à luz da vela enquanto a pedra vibrava, baixa e firme, como que sussurrando a Kell.

– Podes tentar – provocou-o ela.

Kell estacou e contemplou-a.

– Que se passa contigo? – perguntou, honestamente surpreendido. – Dás assim tão pouco valor à vida ao ponto de abdicares dela por umas meras horas de aventura e uma morte violenta?

Lila franziu o sobrolho. É verdade que, de início, o que a motivara fora apenas a ideia da aventura, mas agora já não era esse o motivo porque insistia. Na verdade, Lila assistira à transformação de Kell, vira a sombra passar-lhe pelos olhos enquanto invocava aquela magia maldita e engenhosa, vira quão difícil fora voltar a si depois disso. Sempre que ele usava a pedra, parecia perder uma parte cada vez maior de si. Por isso, não. Lila não queria ir com ele para satisfazer uma sede de perigo. Tão-pouco para lhe fazer companhia. Ia com ele porque tinham chegado até ali e receava que ele não conseguisse chegar ao fim, pelo menos, não sozinho.

– A minha vida só a mim diz respeito – declarou ela. – E não a vou gastar aqui, por mais bela ou segura que a tua cidade possa ser. Tínhamos um acordo, Kell. E, agora, tens Tieren para guardar a tua história e curar o teu irmão. Não lhe serei útil. Deixa-me ser-te útil a ti.

Kell olhou-a nos olhos.

– Vais ficar lá presa – alertou ele. – Quando tudo terminar.

– Talvez – estremeceu ela. – Ou talvez vá contigo até ao fim do mundo. Afinal de contas, deixaste-me curiosa.

– Lila... – Os olhos do *Antari* estavam escurecidos por dor e preocupação, mas a rapariga limitou-se a sorrir.

– Uma aventura de cada vez – disse ela.

Chegaram à boca do túnel, e Tieren abriu duas portas de metal. O rio vermelho brilhava. Estavam na orla norte, o palácio cintilante no horizonte, ainda envolvido por um céu estrelado, como se nada estivesse mal.

Tieren levou uma mão ao ombro de Kell e murmurou algo em arnesiano antes de acrescentar em inglês:

– Que os santos e a fonte de tudo estejam convosco.

Kell aquiesceu e estendeu ao sacerdote a mão ilesa antes de entrar na noite. Porém, no momento em que Lila se apressava a segui-lo, Tieren agarrou-a pelo braço. Estreitou os olhos, como se procurasse um segredo.

– Que foi? – inquiriu Lila.

– Como o perdeste? – perguntou ele.

– Perdi o quê? – a rapariga franziu o sobrolho.

Os dedos ressequidos do mestre subiram-lhe pelo queixo.

– O teu olho.

Lila retraiu-se ante o toque, a mão fugindo até ao mais escuro dos seus olhos castanhos. O olho de vidro. Poucas pessoas reparavam. O cabelo curto escondia-lhe parte da cara e, mesmo quando olhava alguém nos olhos, era raro escrutinarem a diferença.

– Não me lembro – confessou. Não era mentira. – Era criança quando tive o acidente. Foi o que me contaram.

– Hum – murmurou Tieren, pensativo. – O Kell sabe?

– Isso é importante? – Fez um ar ainda mais intrigado.

Após um longo momento, o homem inclinou a cabeça.

– Suponho que não.

Kell olhava para trás, para Lila, esperando-a.

– Se a escuridão o consumir – sussurrou o mestre, entredentes –, terás de acabar com a vida dele. – Lançou-lhe um daqueles seus olhares, que a atravessavam. – Achas que consegues?

Lila não estava certa se Tieren quereria saber se ela tinha a força se a vontade para tal.

– Se ele morrer – concluiu ela –, o Rhy morre com ele.

– E então o mundo ficará como deve ser – suspirou ele, tristemente. – Ao contrário do que acontece agora.

Lila engoliu em seco e anuiu, dirigindo-se, depois, para junto de Kell.

– Vamos para a Londres Branca, então? – inquiriu, mal se aproximou e passando-lhe a torre de xadrez. Kell não se mexeu. Contemplava o rio e o palácio. Lila pensou que estivesse a olhar para a sua Londres, para o seu lar, despedindo-se, mas ele falou.

– Os ossos são iguais em todos os mundos – comentou, gesticulando para a cidade. – Mas o resto será diferente. Tão diferente como este mundo do teu.

Apontou para lá do rio, em direção ao centro de Londres.

– Para onde vamos, o castelo é ali. O Athos e a Astrid também lá estarão. Depois de atravessarmos, não te afastes de mim. É de noite aqui, o que significa que também é de noite na Londres Branca e a cidade está cheia de sombras. – Olhou para ela: – Ainda podes mudar de ideias.

Lila endireitou-se e puxou o colarinho do casaco.

– É que nem penses – sorriu.

III

O palácio estava num autêntico caos.

Os guardas reais arrastavam os convidados, confusos e preocupados, até à grande escadaria. Rumores haviam-se espalhado que nem fogo pela multidão, rumores de violência, mortos e feridos. Palavras como *traição, golpe* e *assassino* pairavam no ar, alimentando aquele frenesim.

Alguém afirmou que um guarda fora assassinado. Outro, que o tinha visto cair da varanda do príncipe, estatelando-se no pátio. Outro ainda, que uma mulher de vestido verde roubara um fio do meio daquela cena macabra e correra até ao palácio. Houve quem insistisse que vira a mulher enfiar o pendente nas mãos de outro guarda e cair-lhe, logo de seguida, aos pés. O indivíduo nem sequer pedira ajuda. Limitara-se a correr em direção aos aposentos reais.

O rei e a rainha encontravam-se aí recolhidos com uma calma estranha, o que apenas gerara mais confusão entre os convidados. O guarda desaparecera no quarto deles e, um momento mais tarde, o rei ressurgira, exaltado, a sua firmeza desfeita, gritando sobre traição. Afirmara que o príncipe fora esfaqueado e que a culpa era de Kell, exigindo que prendessem o *Antari*. Fora nesse instante que a confusão se metamorfoseara em pânico, o caos um vento pela noite.

Quando as botas de Gen se aproximaram do palácio, a escadaria encontrava-se repleta de convidados preocupados. A coisa dentro da armadura de Gen voltou os olhos negros na direção das luzes bruxuleantes e dos corpos que se moviam. Não fora a confusão que o atraíra até ali, mas o aroma. Alguém usara uma magia muito poderosa, uma magia bela e tencionava encontrar essa pessoa.

Disparou escada acima, empurrando os convidados nervosos. Ninguém reparara que a sua armadura tinha uma fenda, por cima do coração, uma mancha lembrando cera negra na parte da frente. Nem repararam no sangue, o sangue de Parrish, salpicado sobre o metal.

Chegado ao cimo da escadaria, inspirou fundo e sorriu. A noite era toda pânico e poder, a energia permeando-lhe os pulmões, alimentando-o como achas a uma fogueira. Conseguia sentir o aroma a magia. Conseguia *saboreá-la.*

E tinha fome.

Aquele seu mais recente invólucro fora uma boa escolha. Os guardas, a braços com toda aquela confusão, deixaram-no passar. Só quando se encontrava lá dentro, transposta a antecâmara repleta de flores e a meio do salão de baile vazio, uma figura de capacete o travou.

– Gen – exigiu o guarda. – Onde tens...

Mas as palavras morreram na garganta do homem quando lhe viu os olhos.

– *Mas aven...*

As palavras foram cortadas pela espada de Gen, que lhe trespassou a armadura e o espaço entre as costelas do guarda. O homem ainda inspirou uma vez, um movimento trémulo e arrastado, tentando gritar por ajuda, mas a espada moveu-se para o lado e para cima, e o ar morreu-lhe na garganta. Pousando o corpo no chão, a coisa que vestia a pele de Gen embainhou a espada e tirou o capacete do adversário, colocando-o na própria cabeça. Uma vez com a viseira para baixo, os olhos negros mais não eram que um brilho por entre a abertura de metal.

Soaram passos pelo palácio e gritos de ordem. Endireitou-se. O ar estava repleto de sangue e magia, pelo que decidiu partir em busca da sua origem.

*

A pedra cantou nas mãos de Kell, mas não exatamente como outrora. Agora, a melodia, um ribombar do poder, parecia soar-lhe nos ossos e não apenas por cima deles. Sentia-a em cada batida do coração e em cada pensamento. Agora, submergia-o numa calma, uma tranquilidade estranha, na qual confiava ainda menos do que na inicial onda de poder. A sensação dizia-lhe que tudo ia correr bem. Murmurava, apaziguava e assegurava o seu coração e fazia Kell esquecer que havia algo de errado, fazia-o esquecer, até, que estava a segurar na pedra. Isso era a pior parte. Encontrava-se presa à sua mão e, no entanto, fora do alcance dos seus sentidos. Tinha de se forçar a lembrar-se de que estava ali com ele. *Dentro* dele. Sempre que o fazia, era como se acordasse de um sonho, mergulhado em pânico e medo, apenas para ser puxado novamente para a letargia. Nesses breves momentos de clareza, queria libertar-se, partir, rasgar ou cortar aquela ligação entre a pedra e a pele. Porém, não o fazia, porque a competir com aquela urgência de abandonar a pedra havia um desejo oposto e equivalente de a segurar, de nunca largar aquele calor como se estivesse a morrer de frio. *Precisava* da sua força. Agora, mais do que nunca.

Kell não queria que Lila visse o medo que o atravessava, embora acreditasse que, ainda assim, ela o pressentia.

Ziguezaguearam até ao coração da cidade, as ruas praticamente deser-tas naquele lado do rio, mas ainda não tinham atravessado nenhuma das pontes arqueando sobre o Isle. Era demasiado perigoso, ficariam demasiado expostos. Especialmente porque, a meio caminho, a imagem de Kell ressurgiu nos quadros divinatórios pelas ruas.

Só que, desta volta, não dizia:

DESAPARECIDO

Lia-se:

PROCURADO

Por *traição*, *assassínio* e *sequestro*.

Kell sentiu um aperto no coração face às acusações, mas encontrou força na ideia de que Rhy estava seguro, o mais seguro que alguma vez poderia estar. Os dedos dirigiram-se à marca sobre o coração. Concentrando-se, conseguia sentir o eco da batida cardíaca do irmão, com um segundo de diferença da sua.

Olhou em volta, tentando imaginar as ruas não apenas como eram, mas como seriam quando estivessem na Londres Branca, sobrepondo mentalmente as imagens.

– Temos de nos contentar com isto – disse ele.

Ali, à entrada de um beco, diante de uma série de barcos (Lila escrutinara-os a todos com um olhar avaliador) estariam em frente a uma ponte na cidade para onde se dirigiam. Uma ponte que os levaria a uma rua que terminava nos muros do Castelo Branco. Enquanto caminhavam, Kell descrevera a Lila os perigos da outra Londres, desde os gémeos à sua população esfomeada e sedenta de poder. De seguida, explicara-lhe como era o castelo e expusera-lhe a parte do seu plano, porque era tudo quanto tinha.

Parte de um plano e esperança. Esperança de que fossem capazes, de que ele conseguisse manter-se são o suficiente para derrotar Athos e recuperar a outra metade da pedra e então… Kell fechou os olhos e inspirou fundo e lentamente. *Uma aventura de cada vez.* As palavras de Lila ecoaram-lhe na cabeça.

– De que estamos à espera?

Lila encontrava-se encostada a uma parede. Bateu com a mão nos tijolos.

– Vamos lá, Kell. Está na hora de fazeres uma porta – disse. E o seu ar descontraído, aquela energia desafiadora, a forma como, até mesmo agora, não parecia estar preocupada ou receosa, só o animou, dando-lhe força.

O corte na palma da mão, embora parcialmente oculto pela pedra negra, ainda se encontrava fresco. Tocou com o dedo na ferida e desenhou uma marca na parede diante de si. Lila pegou-lhe na mão, palma contra a palma, a pedra cantando entre eles, e deu-lhe a torre de xadrez branca, que o *Antari* levou até ao sangue na parede, engolindo o nervosismo.

– *As Travars* – ordenou, e o mundo ficou menos nítido, escurecendo no momento em que transpunham a porta acabada de fazer.

Ou, pelo menos, assim deveria ter acontecido.

Porém, a meio do primeiro passo, uma força puxou Kell, arrancando a mão de Lila da sua e arrastando-o para fora daquele lugar entre mundos e de regresso às pedras duras da Londres Vermelha. Kell piscou os olhos, atordoado, olhando para a noite e apercebendo-se de que não estava sozinho. Alguém se encontrava diante de si. De início, mais não era do que uma sombra a arregaçar as mangas. Depois, Kell viu o círculo prateado a brilhar no colarinho.

Holland olhou para ele e franziu o sobrolho.

– Já de partida?

IV

As botas negras de Lila aterraram na rua pálida. Sentiu-se zonza com a mudança repentina, pelo que se apoiou a uma parede. Ouviu o som dos passos de Kell atrás de si.

– Bom, sempre foi melhor desta vez – retorquiu ela, virando-se. – Pelo menos, estamos no mesmo sítio...

Mas ele não estava ali.

Lila encontrava-se diante de uma ponte, o Castelo Branco erguendo-se na distância, para lá do rio, que não era nem cinzento nem vermelho, mas uma faixa de água semicongelada da cor de pérola. Brilhava opacamente na noite que se adensava. Ao longo do rio, ardiam lanternas com um fogo azul-pálido, que davam ao mundo um tom estranho e descolorado. Ora, Lila, nas suas botas negras, novinhas em folha, destacava-se como uma luz na escuridão.

Algo brilhou a seus pés. Olhou para baixo e deu com a torre branca no chão, a superfície pálida ainda manchada do sangue de Kell. Mas nada dele. Pegou no objeto e mergulhou-o no bolso, tentando recalcar o nervosismo.

Por perto, um cão faminto olhava-a com um olhar vazio.

De súbito, Lila ficou ciente de outros olhares. Em janelas, ombreiras e nas sombras entre focos de luz fraca. A mão encaminhou-se à faca com a soqueira de metal.

– Kell? – chamou entredentes, sem obter resposta. Talvez tivesse acontecido o mesmo que da última vez. Talvez estivessem tão-só separados e ele pudesse aparecer a qualquer momento. Talvez, mas Lila sentira um puxão estranho quando atravessaram, sentira a mão dele largar a sua demasiado cedo.

Ouviu ecos de passos, virou-se lentamente num círculo, mas não viu ninguém.

Kell alertara-a para os perigos deste mundo, tinha-o apodado de *perigoso,* mas havia tanto no mundo de Lila que correspondia àquele termo que ela não lhe dera grande importância. Afinal de contas, ele crescera num palácio e ela, nas ruas. Lila conhecia muito mais becos perigosos e pessoas perigosas do que Kell. Agora, ali, sozinha, começava a pensar que deveria ter acreditado mais naquilo que ele dissera. Qualquer pessoa, até mesmo da realeza, poderia ver o perigo que ali se escondia. Conseguiria cheirá-lo. Morte, cinzas e um ar de inverno.

Lila estremeceu. Não apenas de frio, mas de medo. Uma sensação de que algo estava *errado* atravessou-lhe os ossos. Era como olhar para o olho negro de Holland. Pela primeira vez, desejou ter mais do que facas e a Flintlock.

– *Övos norevjk* – ouviu uma voz vinda do seu lado direito e voltou-se para ver um homem careca coberto de tatuagens, desde o topo da cabeça até aos dedos. Fosse qual fosse o idioma que estava a falar, não parecia arnesiano. Era rouco e gutural e, mesmo sem compreender as palavras, sentiu o tom e não gostou nem um pouco.

– *Tovach* ös *mostevna* – disse outro, surgindo-lhe pela esquerda, a pele da textura de pergaminho.

O primeiro homem riu-se. O segundo emitiu um estalido de impaciência.

– Afastem-se – ordenou, puxando da faca e esperando que aquele gesto fosse suficiente para quebrar qualquer barreira de idioma.

Os homens trocaram um olhar, após o que puxaram das suas próprias armas dentadas.

Uma brisa fria interpôs-se entre eles, e Lila esforçou-se para não tremer. Os homens esboçaram sorrisos podres. Ela baixou a faca. Então, num movimento suave, tirou a pistola do cinto, ergueu-a e disparou entre os olhos do primeiro homem, que caiu como um fardo. Lila sorriu antes de se aperceber do barulho que o disparo fizera. Não reparara no silêncio em que a cidade se encontrava mergulhada até ao disparo, até à explosão ecoar pelas ruas. Por toda a parte, portas começaram a abrir-se, as sombras movendo-se. Sussurros e murmúrios vieram dos cantos da rua. Primeiro um, depois dois, depois meia dúzia.

O segundo homem, aquele cuja pele parecia pergaminho, olhou para o morto e depois para Lila. Recomeçou a falar, num rosnar baixo e ameaçador, e a rapariga sentiu-se feliz por não perceber nada. Não queria saber o que ele estava a dizer.

Rasgos de energia negra crepitaram no ar em volta da lâmina do indivíduo. Lila conseguiu sentir gente atrás de si, as sombras ganhando forma de pessoas, esqueléticas e cinzentas.

Vá lá, Kell, pensou, erguendo uma vez mais a arma. *Onde estás?*

V

– Deixa-me passar – ordenou Kell.

Holland limitou-se a levantar uma sobrancelha.

– Por favor – pediu Kell –, eu consigo acabar com isto.

– Consegues? – desafiou Holland. – Não acho que tenhas o que é preciso. – Olhou para a mão do adversário, estudando a magia negra que nela se contorcia.

– Eu avisei-te, a magia não tem nada que ver com equilíbrio. Tem que ver com domínio. Ou tu a controlas ou ela controla-te a ti.

– Ainda estou a controlá-la – insistiu Kell entredentes.

– Não – afiançou Holland. – Não estás. Assim que deixaste a magia entrar, perdeste.

Kell sentiu-se gelar.

– Não quero lutar contra ti, Holland.

– Não tens escolha. – O *Antari* Branco trazia um anel afiado numa das mãos e usou-o para cortar uma linha na palma. Sangue pingou pela rua. – *As Isera* – murmurou. *Congelar*.

As gotas escuras bateram no chão e transformaram-se em gelo negro, que disparou pela rua. Kell tentou afastar-se, mas o gelo foi mais rápido, e eis que em segundos o *Antari* Vermelho se tentava equilibrar em cima dele.

– Sabes o que te torna fraco? – inquiriu Holland. – Nunca tiveste de ser forte. Nunca tiveste de tentar. Nunca precisaste de lutar. Decerto, nunca precisaste de lutar pela tua *vida*. Mas tudo isso muda esta noite, Kell. Esta noite, se não lutares, morres. E se tu...

Kell não esperou que o seu interlocutor terminasse. Uma rajada de vento irrompeu subitamente para a frente, quase o desequilibrando enquanto disparava, qual ciclone, na direção de Holland. Engoliu o *Antari*, envolvendo-o até não ser possível vê-lo. O vento assobiou, mas, através dele, Kell conseguiu ouvir um som baixo e assombroso. Um som que compreendeu ser um riso.

Holland ria-se.

Segundos depois, trespassando o ciclone, surgiu a mão ensanguentada do *Antari* Branco, seguida do resto do corpo, a coluna de vento a desfazer-se atrás de si.

– O ar nunca fica afiado – repreendeu ele. – Não pode magoar. Não mata. Devias escolher melhor os teus elementos. Observa. – Holland moveu-se com tal rapidez e suavidade que foi difícil seguir-lhe os movimentos, quanto mais reagir a eles. Num gesto único e fluído, ajoelhou-se e tocou no chão, dizendo: – *As Steno*.

Partir.

A laje sob a palma da mão estilhaçou-se numa dúzia de fragmentos afiados, que se puseram a pairar à semelhança do que ocorrera com os pregos, no beco. O Antari moveu o pulso e os fragmentos dispararam na direção de Kell. A pedra presa na palma da mão cantou um aviso e ele mal teve tempo de a levantar, o talismã cantando, e dizer:

– Para.

O fumo entrepôs-se entre ele e os fragmentos, desfazendo-os em poeira. O poder disparou pelo corpo de Kell com aquela ordem, seguido de imediato por algo mais sombrio, mais frio. Soltou um arquejo. Conseguia sentir a magia a subir-lhe pela pele e sob ela e ordenou que parasse, afastando-a com todas as suas forças até o fumo se dissolver.

Holland abanava a cabeça.

– Força, Kell. Usa a pedra. Vai consumir-te mais depressa, mas pode ser que ganhes.

Kell praguejou entredentes e invocou outro ciclone, agora mesmo à sua frente. Estalou os dedos da mão sem a pedra, e uma chama materializou-se na palma; ao tocar no ar que se contorcia, o ciclone agarrou-se à chama e o vento tornou-se fogo. O ciclone ardente queimou o chão, derretendo o gelo rumo a Holland, que ergueu uma mão e invocou que o solo se transformasse num escudo. Depois, no instante em que a chama morreu, o *Antari* branco lançou o escudo na direção do adversário, que ergueu as mãos, lutando por controlo sob as pedras, mas apercebendo-se tarde demais de que eram apenas uma distração para a onda de água que o atingia por trás.

A onda embateu nele, forçando-o a ficar de joelhos, mas, antes que conseguisse recuperar, envolveu-o por completo. Em instantes, Kell ficou submerso na água agitada, tentando respirar antes que fosse tragado por completo. Lutou com todas as suas forças contra a corrente.

– A Astrid queria-te vivo – disse Holland, desembainhando a lâmina curva. – Aliás, insistiu. – A mão livre cerrou-se num punho e a água apertou ainda mais o seu adversário, esmagando-lhe os pulmões e impedindo--o de respirar. – Mas estou certo de que compreenderá se não tiver outra alternativa que não matar-te para recuperar a pedra.

Holland caminhou pelo chão gelado, aproximando-se de Kell, a lâmina curva a seu lado, enquanto este se contorcia, tentando encontrar algo, qualquer coisa que pudesse usar. Experimentou tirar a faca das mãos de Holland, mas o metal estava protegido e nem se moveu um centímetro. O *Antari* estava a ficar sem ar e Holland aproximava-se a cada segundo. Foi então que, através da parede de água, viu a imagem ondulante das mercadorias de um navio, uma pilha de tábuas e postes, o metal negro de correntes enroladas nos postes junto à ponte.

Os dedos de Kell moveram-se e as correntes mais próximas voaram, enrolando-se em volta do pulso de Holland, e surpreendendo-o. A água desfez-se e Kell caiu no chão, completamente molhado e sem fôlego. Holland tentava libertar-se e Kell sabia que não tinha tempo para hesitações. Outro conjunto de correntes, saídas de outro poste, serpenteou em volta da perna do *Antari,* subindo até à cintura. Preparava-se para atirar a lâmina curva quando um terceiro conjunto de correntes lhe agarrou o braço, impedindo-lhe o movimento. Não aguentaria, pelo menos durante muito tempo. Kell fez um poste de metal erguer-se do chão das docas e voar na sua direção. A barra pairou um ou dois metros atrás de Holland.

– Não posso deixar-te vencer – disse Kell.

– Então, é melhor matares-me – rosnou Holland. – Se não o fizeres, nunca vai acabar.

Kell desembainhou a faca no antebraço e ergueu-a como se fosse atacar.

– Vais ter de fazer melhor do que isso – desafiou-o Holland quando a mão de Kell paralisou, os ossos impedidos de se moverem graças ao poder do outro *Antari*. Era exatamente aquilo que Kell esperara. No instante em que a concentração do adversário passou para a faca, atacou. Não o fez pela frente, mas por trás, puxando a barra de metal com todas as forças.

Esvoaçou pelo ar e encontrou o seu alvo, atingindo Holland nas costas com tanta força que trespassou manto, pele e osso. Rasgou-lhe o peito, o metal e o sangue a obscurecer o vínculo marcado sobre o coração. O gancho prateado partiu-se e caiu, o manto deslizando dos ombros de Holland enquanto caía de joelhos.

Kell levantou-se com esforço enquanto Holland caía na rua húmida. Foi percorrido por uma tristeza terrível ao aproximar-se do corpo do *Antari*. Tinham sido os únicos de uma espécie, uma espécie em vias de extinção. Agora, só ele restava. E, em pouco tempo, não haveria mais ninguém. Talvez assim devesse ser. Talvez assim tivesse de ser.

Kell enrolou os dedos em volta da barra de metal ensanguentada e libertou-a do peito de Holland. Lançou o poste para longe, o som abafado do seu tilintar ecoando na rua qual coração que fraqueja. Kell ajoelhou-se junto do adversário, e sangue começou a espalhar-se. Quando lhe viu a pulsação, reparou que ainda estava vivo. Mas era fraca e ameaçava parar.

– Lamento – suspirou. Parecia uma coisa estúpida e inútil de se dizer, mas a força da raiva que sentira dissipara-se, e a tristeza, o medo, a perda… tudo se fundira numa dor constante, que imaginou que nunca mais terminaria. Levou a mão à gola do *Antari* e encontrou um objeto da Londres Branca preso num cordão em volta do pescoço.

Holland *sabia*. Vira o ataque e não fizera nada para o impedir. No instante antes de o metal o atingir nas costas, parara de lutar. Fora apenas um segundo, uma fração de segundo, mas o suficiente para dar vantagem a Kell, uma oportunidade. E, naqueles instantes mesmo depois de o metal lhe atravessar o corpo e antes de cair, não fora ira ou dor que lhe passara pelo rosto, mas alívio.

Kell partiu o cordão e endireitou-se; contudo, não era capaz de deixar o *Antari* ali, naquela rua. Olhou para o objeto e para a parede que o esperava e, depois, içou o corpo de Holland.

VI

A primeira coisa que Kell viu ao entrar na Londres Branca foi Lila com uma faca em cada mão, as duas ensopadas de sangue. Conseguira abrir caminho por entre vários homens, os seus corpos caídos pela rua, mas cinco ou seis ainda a rodeavam e outros quantos mantinham-se atrás, assistindo com olhos famintos e sussurrando no seu idioma gutural.

– *Esse sangue vermelho bonito.*
– *Cheira a magia.*
– *Abre-a.*
– *Vê o que está dentro.*

Kell pousou o corpo de Holland no chão e deu um passo em frente.

– *Vös rensk torejk!* – rugiu, o chão estremecendo ao mesmo tempo. *Afastem-se dela.*

Ao vê-lo, uma onda invisível passou pela multidão. Alguns fugiram, mas outros, demasiado curiosos, apenas deram um ou dois passos atrás. Assim que Lila o viu, os olhos semicerraram-se.

– Estás *muito, muito* atrasado – rosnou-lhe. A tranquilidade habitual abandonara-a e, por baixo, de uma atitude serena, sentia-a tensa com medo. – E porque estás molhado?

Kell olhou para as roupas encharcadas. Passou os dedos por elas, ordenando que a água saísse, e, instantes depois, estava seco exceto a poça de água nas botas.

– Tive um percalço – contou, gesticulando na direção de Holland. Mas vários dos cidadãos de olhos negros já tinham começado a investigar o corpo. Um puxou de uma faca e pressionou-a contra o pulso do *Antari* moribundo.

– Para – ordenou Kell, afastando os agressores com uma rajada de vento. Pousando o *Antari* em cima do ombro.

– Deixa-o – cuspiu Lila. – Eles que o roubem e tratem dele.

Mas Kell abanou a cabeça.

– Se não o fizeres – ripostou a rapariga –, eles tratam de *nós*.

Kell girou sobre si viu os homens e mulheres a aproximarem-se.

As pessoas da Londres Branca conheciam as ordens, sabiam que os Dane cortariam a cabeça a quem tocasse no seu convidado vindo de longe, mas era de noite e a sedução de uma magia fresca, assim como o estado indefeso de Holland...

– Deixa-me fazer uma coroa a partir dele – murmurou um.

– Aposto que ainda há sangue nele – disse outro. Pareciam ter perdido todo o bom senso. Lila e Kell foram-se afastando deles, recuando até que os calcanhares tocaram na ponte.

– Lila? – interpelou Kell enquanto entravam na ponte.

– Sim? – disse ela, a voz baixa e tensa.

– *Corre.*

Lila não hesitou, girando sobre os calcanhares e correndo. A mão de Kell ergueu-se e com ela um muro de pedra, uma barricada para lhes ganhar tempo. Foi então que ele próprio largou também a correr. Fê-lo o mais depressa que conseguiu, com o corpo de Holland ao ombro e a magia negra a fervilhar-lhe nas veias.

Kell estava a meio da ponte, e Lila já quase no outro lado, quando os plebeus finalmente quebraram o muro e dispararam no seu enlaço. Assim que chegou à margem contrária, o *Antari* baixou-se e tocou com a mão sangrenta na superfície da estrutura.

– *As Steno* – ordenou, tal como Holland fizera, e, num ápice, a ponte começou a ruir, atirando pedra e corpos ao gélido Sijlt. Kell arfou com dificuldade, a pulsação aceleradíssima. Lila estava junto dele, o olhar fixo no corpo de Holland.

– Está morto?

– Quase – disse Kell, levantando-se e içando o corpo do *Antari*.

– Espero que o tenhas feito sofrer – cuspiu ela, virando-se para o castelo diante deles.

Não, pensou Kell enquanto avançavam. *Ele já sofreu o suficiente.*

Conseguia sentir as pessoas a observá-los enquanto abriam caminho pelas ruas, mas nenhuma saiu de casa. Estavam demasiado perto do castelo e o castelo tinha olhos. Não tardou até que surgisse à sua frente, a cidadela de pedra oculta pelo muro alto, a entrada em arco qual boca aberta que os levava até ao pátio escuro e às suas estátuas.

A pedra zumbiu na palma de Kell, que se apercebeu de que, agora, não chamava apenas por ele. Chamava pela sua outra metade. Lila retirou outra faca de baixo do manto. Mas não se tratava de uma lâmina qualquer. Era uma meia-espada real da Londres Vermelha.

– Onde foste buscar isso? – perguntou, espantado.

– Roubei-a ao guarda que me tentou matar – retorquiu ela, admirando a arma. Kell conseguia ver as marcas desenhadas ao longo do gume. Metal que inutilizava magia. – Como te disse, nunca se tem facas a mais.

Kell esticou a mão.

– Podes emprestar-ma?

Lila estudou-o durante um momento, encolheu os ombros e passou--lhe a arma. Kell agarrou o punho; a rapariga pegou na pistola e começou a recarregá-la.

– Estás pronto? – perguntou ela, rodando o canhão da arma.

Kell olhou para o castelo que os esperava.

– Não.

– Ótimo – disse ela, um sorriso mordaz nos lábios. – Aqueles que se julgam prontos acabam sempre mortos.

– Obrigado, Lila – agradeceu, sentindo-se sorrir.

– Por?

Mas Kell nada disse, limitando-se a dar um passo em frente rumo à escuridão que por eles esperava.

TREZE

O REI QUE ESPERA

I

Uma nuvem de fumo negro pairava no ar da sala do trono branco, um pedaço de noite contra um cenário pálido. As extremidades desvaneciam, enrolavam-se e diluíam-se, mas o centro era liso e lustroso, tal qual o fragmento de pedra na mão de Athos ou a superfície de um quadro divinatório, que fora exatamente o que o rei convocara com o talismã.

Athos Dane encontrava-se sentado no trono, o corpo da irmã a seu lado, girando a pedra na mão uma e outra vez enquanto observava uma imagem em constante mutação de Kell e da sua companheira a atravessarem o pátio do castelo.

Para onde tivesse ido a outra metade da pedra, também fora o seu olhar.

A Londres longínqua fora pouco mais do que uma mancha desfocada. Porém, à medida que Kell e a sua companheira se aproximavam, a imagem na superfície fora-se tornando mais nítida. Athos assistira ao desenrolar dos eventos nas várias cidades: a fuga de Kell, a astúcia da rapariga, o falhanço do seu servo e a insensatez da irmã, o príncipe ferido e o *Antari* abatido.

Os seus dedos estreitaram-se ainda mais em volta do talismã.

Athos assistira a tudo com um misto de divertimento, irritação e, havia que o admitir, entusiasmo. Irritava-o a perda de Holland, mas um arrepio de prazer percorrera-lhe o corpo ante a ideia de matar Kell.

Astrid ficaria furiosa.

Athos voltou a cabeça e contemplou o corpo da irmã, pousado no respetivo trono, o amuleto pulsando-lhe no pescoço. Numa outra Londres, poderia andar a semear o caos, mas, ali, encontrava-se sentada, inerte e pálida como a pedra esculpida sob o seu corpo. As mãos prendiam os braços da cadeira e mechas de cabelo branco caíam-lhe sobre os olhos fechados. Athos silvou de irritado.

– *Ös vosa nochten* – disse ele. – Deveria ter sido eu a ir ao baile. Agora, o meu brinquedo está morto e o teu acaba de armar uma grande confusão. Que tens a dizer em tua defesa?

É claro que ela não respondeu.

Athos bateu com os longos dedos na extremidade do trono, pensativo. Se quebrasse o feitiço e a acordasse, só iria complicar tudo. Não, ela já tivera a sua oportunidade de lidar com Kell e falhara. Agora, era a sua vez.

O rei sorriu, levantando-se. Os dedos apertaram a pedra, e a imagem de Kell dissolveu-se em fumo e nada. O poder ecoava-lhe pelo corpo, a magia sedenta de mais, mas ele manteve-a em xeque, alimentando-a com moderação. Era uma coisa a ser controlada, e Athos nunca fora um mestre muito clemente.

– Não te preocupes, Astrid – disse à rainha enfeitiçada. – Eu vou resolver as coisas.

Alisou o cabelo, ajustou o colarinho do manto branco e partiu para dar as boas-vindas aos seus convidados.

II

A fortaleza da Londres Branca erguia-se numa brilhante coluna de luz saída da escuridão do pátio de pedra. Lila entrou na floresta de estátuas para cumprir a sua parte do plano enquanto Kell seguia até aos degraus da entrada. O *Antari* pousou o corpo de Holland num banco de pedra e subiu as escadas, uma das mãos a envolver a lâmina real e a outra apertando o talismã da Londres Negra.

Força, Kell, provocara-o Holland. *Usa a pedra. Vai consumir-te mais depressa, mas poderás vir a ganhar.*

Não a usaria. Jurou não o fazer. O seu uso só tivera como efeito o avanço daquela escuridão. Agora, fios negros serpenteavam-lhe bem para lá do cotovelo, rumo ao ombro, e Kell não se podia dar ao luxo de perder mais partes de si. O próprio pulsar do seu coração já lhe parecia espalhar aquele veneno.

O peito batia-lhe descompassadamente enquanto galgava a escadaria. Kell não era louco a ponto de pensar que conseguiria entrar sem que Athos o visse, não ali. Decerto, saberia que estava a chegar. No entanto, deixou-o aproximar-se ileso. Os dez guardas de olhar vazio que, por norma, flanqueavam a escadaria tinham desaparecido, e o caminho estava livre. Ora, um caminho sem obstáculos era, por si só, um desafio. Um ato de arrogância condizente com o rei da Londres Branca.

Kell preferia enfrentar um exército a dar consigo diante de portas sem vigilância e perante o que quer que o aguardasse do outro lado. Cada passo em frente isento de obstáculos, desimpedido, só o deixava mais nervoso. Quando chegou ao patamar no topo, as mãos tremiam-lhe e tinha o peito apertado.

Levou os dedos trémulos às portas e forçou uma última inspiração de ar frio. Depois, empurrou-as. Abriram, sem que fosse preciso força ou magia, e a sombra de Kell derramou-se diante de si, na direção do corredor. Transpôs as portas, e os archotes da divisão acenderam-se num fogo pálido que se alongava pelo teto abobadado e se repetia por todo o corredor, revelando as caras dos doze homens que ali mantinham guarda.

Kell susteve a respiração, preparando-se, mas os soldados não se moveram.

– Não te tocarão – declarou uma voz argêntea –, a menos que tentes fugir.

Athos Dane surgiu das sombras, trajando o seu habitual branco imaculado, os contornos incolores à luz dos archotes.

– O prazer de te matar será meu. Só meu. – Athos segurava com ligeireza a outra metade da pedra negra, e, vendo-a, uma vibração percorreu o corpo de Kell. – A Astrid vai amuar, é claro. Ela queria-te para bicho de estimação, mas sempre defendi que davas muito mais trabalho vivo do que morto. E acho que os últimos acontecimentos provam-no bem.

– Acabou, Athos – disse Kell. – O teu plano falhou.

O rei branco sorriu, sombriamente.

– És igual ao Holland – retorquiu. – Sabes porque não conseguiu ele tomar a coroa? Nunca gostou de guerra. Via a carnificina e as batalhas como meios para atingir um fim. Um destino. Mas eu sempre adorei a viagem. E posso prometer-te que vou saborear tudo isto.

Os dedos envolveram a sua metade da pedra e um fumo materializou-se. Kell não hesitou. Forçou as armaduras (e os guardas dentro delas) a sair dos seus postos, criando uma barreira entre si e o rei. Mas não foi suficiente. O fumo passou por cima, por baixo e pelo meio, e chegou a Kell, tentando enrolar-se-lhe nos braços. O *Antari* forçou o muro de guardas na direção de Athos e trespassou o fumo com a espada real. Mas o rei não largou a pedra; a magia era engenhosa e moveu-se em redor da lâmina, apanhando o pulso de Kell e transformando-se, num ápice, em correntes de metal forjado que se alongaram não até ao chão, mas às paredes, em cada um dos lados daquela antecâmara.

O metal puxou com força, esticando os braços de Kell, e Athos saltou por cima dos guardas, aterrando suavemente, sem esforço, mesmo diante dele. As correntes apertaram, rasgando os pulsos já feridos do *Antari*, e a espada roubada tombou-lhe dos dedos no instante em que Athos materializou um chicote prateado. Desenrolou-se da sua mão, caindo em cascata no mosaico, a ponta bifurcada lambendo as pedras.

– Vamos ver se sabes sofrer com dignidade.

Mal Athos se preparava para erguer o chicote, Kell enrolou os dedos em volta das correntes. O sangue na palma das mãos estava quase seco, mas agarrou o metal com tanta força que as feridas reabriram.

– *As Orense* – declarou um instante antes de o chicote estalar no ar. As correntes libertaram-no mesmo a tempo de se desviar da ponta bifurcada. Rebolou no chão, pegando na lâmina que deixara cair e pressionou a palma ensanguentada contra o solo, recordando o ataque de Holland.

– *As Steno* – disse. O chão estalou numa dúzia de fragmentos afiados sob os seus dedos. Kell ergueu-se, os fragmentos imitando-o, e, quando esticou a mão para a frente, os estilhaços voaram na direção do rei. Athos ergueu uma mão em resposta, a pedra no punho, e criou um escudo diante de si. Os pequenos pedregulhos estilhaçaram-se contra o escudo.

O rei sorriu, sombriamente.

– Oh, sim – insistiu, baixando o escudo. – Vou adorar isto.

*

Lila serpenteou pela floresta de estátuas, as suas cabeças baixas em rendição, as mãos erguidas em súplica.

Circundou a fortaleza abobadada. Parecia uma catedral, se esta fosse feita de estacas, sem vitrais e apenas de aço e pedra. Ainda assim, a fortaleza era longa e estreita, lembrando uma igreja, uma série de portas no lado norte e três mais pequenas, mas igualmente impressionantes, a sul, este e oeste. O coração de Lila batia-lhe descompassado no peito enquanto se aproximava da entrada sul, o trilho até às escadas pautado por suplicantes feitos de pedra.

Preferiria escalar as paredes e entrar por uma janela no andar de cima, algo mais discreto do que marchar pela escada, mas não tinha corda nem gancho e, mesmo que tivesse o equipamento necessário para tal excursão, Kell aconselhara-a a não o fazer.

Os Dane, dissera-lhe ele, não confiam em ninguém, e o castelo era tanto um trono quanto uma armadilha.

– As portas principais estão a norte – explicara-lhe ele. – Eu entro por aí. Tu entras pelas portas a sul.

– Isso não é perigoso?

– Neste lugar – respondera ele –, tudo é perigoso. Mas, se as portas se recusarem abrir, pelo menos não cais de tão alto.

Por isso, Lila concordara em entrar por ali, apesar do receio incontornável de se tratar de uma armadilha. Tudo era uma armadilha. Chegou à escadaria a sul e cobriu o rosto com a máscara antes de se decidir a subir. Quando alcançou o topo, as portas abriram-se sem resistência e, uma vez mais, o instinto de Lila disse-lhe para partir, para fugir dali para fora. Pela primeira vez na vida, ignorou o avisou e deu um passo em frente. O espaço estava escuro, mas, mal transpôs a ombreira, lanternas brilharam e ela paralisou. Dezenas de guardas pontilhavam as paredes lembrando armaduras vivas. As cabeças voltaram-se para a porta aberta, para ela, que se preparou para o assalto iminente.

Mas nada aconteceu.

Kell explicara-lhe que a Londres Branca tinha um trono tomado (e mantido) pela força e que aquele tipo de reinado tendia a não inspirar lealdade. Não restavam dúvidas de que os guardas se encontravam compelidos por magia, encurralados por algum feitiço que os controlava. Porém, aí residia o problema de forçar as pessoas a fazerem o que não desejam. É necessário ser-se específico. Não tinham qualquer outra escolha que não seguir ordens, mas era provável que não se sentissem inclinados fazer mais do que isso.

Um sorriso lento aflorou-lhe aos lábios.

Qualquer que tenha sido a ordem que o rei Athos tivesse dado aos guardas, não parecia ter nada que ver com ela. Os seus olhares vazios seguiram-na enquanto percorria o corredor o mais calmamente possível. Como se pertencesse. Como se não tivesse ali entrado com o intuito de lhes matar a rainha. Lila questionou-se, ao passar por eles, quantos desejariam que o fizesse.

Os corredores no palácio vermelho eram labirínticos. Porém, ali, tudo parecia uma grelha simples de linhas e interseções, reforçando a ideia de que o lugar fora outrora algo similar a uma igreja. Um corredor deu lugar a outro antes de a encaminhar até à sala do trono, tal como Kell lhe dissera que aconteceria.

Mas Kell também tinha dito que o corredor estaria vazio.

E não estava.

Um rapaz encontrava-se diante da porta da sala do trono. Era mais novo do que Lila e tão magro que lembrava um arame. Ao contrário do olhar vazio dos guardas, o dele era negro e estava vermelho e febril.

Quando a viu aproximar-se, desembainhou a espada.

– *Vösk* – ordenou. – Lila franziu o sobrolho. – *Vösk* – repetiu. – *Ös reijkav vösk.*

– Tu! – gritou ela, brusca. – Sai da frente.

O rapaz começou a falar, num tom baixo e urgente, no seu próprio idioma. Lila abanou a cabeça e desembainhou a faca com a soqueira de metal.

– Sai-me da frente.

Sentindo que se fizera entender, Lila avançou na direção da porta. Mas o rapaz ergueu a espada, travando-lhe o caminho, e disse:

– *Vösk.*

– Ouve – disse, bruscamente –, não faço ideia do que estás a dizer... – O jovem guarda olhou em volta, exasperado. – Mas aconselhava-te mesmo a sair daqui e a fingir que este encontro nunca aconteceu... Olha lá, mas que raio pensas que estás a fazer?

O rapaz abanara a cabeça, murmurara algo entredentes, levando a espada ao braço, e começara a cortar-se.

– Para – ordenou Lila, uma vez mais, e o rapaz rangeu os dentes e desenhou uma segunda linha e, depois, uma terceira. – Para com isso.

Lila fez menção de lhe agarrar o pulso, mas ele parou de cortar aquele padrão e olhou-a nos olhos.

– Vai embora – disse.

Por um instante, a rapariga julgou ter ouvido mal. Depois, apercebeu--se de que ele estava a falar em inglês. Quando baixou o olhar, viu que o rapaz desenhara uma espécie de símbolo na pele.

– Vai-te embora – pediu, outra vez. – Agora.

– Sai-me da frente – ripostou Lila.

– Não posso.

– Rapaz... – avisou ela.

– Não posso – repetiu. – Tenho de guardar a porta.

– E se não o fizeres? – desafiou ela.

– Não existe um *se* ou um não.

Puxou o colarinho para baixo para mostrar um símbolo negro que lhe fora tatuado sem grandes cerimónias na pele.

– Ele ordenou que guardasse a porta e, por isso, tenho de guardar a porta.

Lila franziu o sobrolho. A marca era diferente da de Kell, mas compreendeu o que deveria ser: alguma espécie de vínculo.

– Que acontece se fores embora? – perguntou ela.

– Não posso.

– Que acontece se te tirar daí?

– Morro.

Disse ambas as coisas com tristeza e certeza. *Que mundo louco*, pensou Lila.

– Como te chamas? – perguntou ela.

– Beloc.

– Quantos anos tens?

– Suficientes.

Havia um indício de orgulho no seu maxilar e um fogo nos olhos que Lila reconheceu. Desafio. Mas ainda era muito novo. Demasiado novo para tudo aquilo.

– Não te quero magoar, Beloc – explicou a rapariga –, não me obrigues a fazê-lo.

– Gostava que isso fosse possível. – Endireitou o corpo diante dela, segurando a espada com ambas as mãos, os nós dos dedos brancos. – Terás de passar por mim.

Lila rosnou e pegou na faca.

– Por favor – acrescentou ele –, por favor, passa por mim.

Lila olhou-o, longa e arduamente.

– Como? – disse ela, por fim.

As sobrancelhas dele levantaram-se, como que duvidoso.

– Como queres morrer? – clarificou ela.

O fogo que lhe ardia no olhar vacilou por uma fração de segundos, mas ele recuperou e disse:

– Depressa.

Lila anuiu. Levantou a faca, e o rapaz baixou ligeiramente a espada, o suficiente. Depois, fechou os olhos e murmurou algo para si. Lila não hesitou.

Sabia como usar uma faca, como ferir e como matar. Aproximou-se e enterrou a lâmina entre as costelas de Beloc, puxando-a para cima antes mesmo de ele terminar a reza. Havia piores maneiras de morrer, mas, ainda assim, Lila praguejou entredentes. Contra Athos, Astrid e toda aquela maldita cidade enquanto pousava o corpo do rapaz no chão.

Limpou a lâmina na bainha da camisola e guardou a faca, dando um passo em frente na direção das portas da sala do trono. Cravado na madeira encontrava-se um círculo com símbolos, doze marcas no total. Lila levou a mão ao disco, lembrando-se das instruções de Kell.

– Pensa naquilo como num relógio – dissera ele, desenhando um círculo no ar. – Um, sete, três, nove.

Lila desenhou com o dedo, tocando no símbolo da primeira hora e movendo-o para baixo, até à sétima, após o que o subiu, para a terceira, arrastando-o em linha reta pelo meio, até à nona.

– Tens a certeza de que decoraste? – perguntara Kell, e Lila suspirara e soprara o cabelo dos olhos.

– Eu disse-te que aprendo depressa.

De início, nada aconteceu. Depois, algo lhe passou entre os dedos e a madeira e, dentro da porta, uma fechadura abriu-se.

– Bem te disse – murmurou ela, empurrando a porta.

III

Athos ria-se. Era um som hediondo.

O corredor em volta estava num alvoroço, os guardas caídos num monte, as tapeçarias desfeitas e os archotes, ainda acesos, espalhados pelo chão. Uma nódoa negra nascia sob o olho de Kell, e o manto branco do rei encontrava-se queimado e salpicado de sangue negro.

– Outra vez? – incentivou Athos. Antes de as palavras lhe saírem dos lábios, um raio de energia negra disparou qual relâmpago do escudo do rei. Kell ergueu uma mão e o chão interpôs-se entre eles, mas não foi rápido o suficiente. A eletricidade embateu-lhe no corpo, lançando-o para trás, contra as portas do castelo, com tanta força que a madeira rachou. Tossiu, ofegante e zonzo, mas não teve oportunidade para recuperar. O ar zuniu e ganhou vida. Kell foi atingido com tanta força por um novo raio que as portas deram de si, e o *Antari* tombou em direção à noite.

Por um instante, tudo ficou negro. Quando recobrou os sentidos, estava a cair.

O ar subiu para o apanhar ou, pelo menos, para lhe amparar a queda, mas não foi o suficiente, e Kell bateu com força na pedra do pátio, no fundo das escadas, os ossos estalando-lhe. A lâmina real rodopiou, aterrando ao seu lado. O sangue escorria-lhe do nariz, manchando as pedras.

– Ambos temos espadas – admoestou Athos ao descer as escadas, o manto branco ondulando majestosamente na sua esteira. – E, no entanto, escolhes lutar com um alfinete.

Praguejando, Kell levantou-se a custo. O rei parecia intocado pela magia da pedra negra. As suas veias sempre haviam tido aquela cor e os olhos mantinham-se do habitual azul glacial. Decerto, detinha o controlo e, pela primeira vez, Kell questionou-se se Holland não teria razão. Se não seria verdade que não havia qualquer equilíbrio, apenas vencedores e vítimas. Será que já perdera aquela luta? A magia negra vibrava-lhe pelo corpo, implorando-lhe para ser usada.

– Vais morrer, Kell – avisou Athos ao chegar ao pátio. – Mais vale morreres a tentar.

Fumo materializou-se da pedra de Athos, disparando em frente, na direção de Kell, os fios de escuridão metamorfoseando-se em pontas de faca negras e lustrosas. Kell ergueu a mão vazia e tentou forçar as lâminas a pararem, mas elas eram feitas de magia e não de metal, pelo que não cederam, não abrandaram. Foi então que, no instante antes de a parede de facas o desfazer, a sua outra mão – a reclamada pela pedra – se ergueu, como que provida de vontade própria, e uma ordem lhe ecoou na mente.

Protege-me.

Mal o pensamento se havia formado, tornou-se real. Uma sombra envolveu-o, chocando contra o fumo aguçado. O poder percorreu o corpo de Kell, fogo, água gelada e energia, tudo junto, e ele arfou ao sentir a escuridão espalhar-se-lhe sob a pele e por cima dela, rodopiando para fora da pedra, subindo-lhe pelo braço, serpenteando-lhe o peito enquanto a parede de magia desviava o ataque e o virava contra Athos.

O rei esquivou-se, desviando as lâminas com um movimento da sua pedra. Grande parte delas caiu no chão do pátio, mas uma encontrou o alvo e enterrou-se-lhe na perna. O rei silvou e arrancou a faca do corpo. Atirou-a para longe, um sorriso sombrio nos lábios enquanto se levantava.

– Agora, sim.

*

Os passos de Lila ecoaram pela sala do trono. O espaço era cavernoso, circular e branco como a neve, interrompido apenas por um anel de pilares nas orlas e os dois tronos numa plataforma no meio, lado a lado e talhados de uma única peça de pedra pálida. Um deles estava vazio.

No outro, encontrava-se Astrid Dane.

O cabelo dela – tão louro que parecia não ter cor – enrolava-se-lhe na cabeça lembrando uma coroa, mechas tão finas como teias de aranha caindo-lhe pela cara que se inclinava num sono profundo. Astrid era pálida como a cal e vestia-se de branco, mas não do branco suave de uma rainha de conto de fadas, aveludado ou rendado. Não. As roupas desta rainha estreitavam-se-lhe em volta do corpo qual armadura, fechando-se severamente no colarinho e nos pulsos. Ora, ao passo que as outras rainhas ostentavam vestidos, Astrid Dane trajava calças justas que se enfiavam dentro de botas de um branco puro. Os seus dedos compridos apertavam os braços do trono, metade deles cobertos de anéis, embora a única cor em toda ela viesse do pendente que lhe embelezava o pescoço, orlado de sangue.

Lila observou a rainha imóvel. O pendente era tal qual o que Rhy usara na Londres Vermelha, quando não era Rhy. Um talismã de possessão.

E, pelos vistos, Astrid Dane ainda se encontrava sob aquele encantamento.

Lila deu um passo em frente, encolhendo-se mal as botas ecoaram pela sala vazia. *Engenhoso*, pensou. A configuração do espaço não fora uma simples decisão estética. Fora concebido para elevar os sons. Perfeito para um governante paranoico. Contudo, apesar do barulho, a rainha nem estremeceu. Lila seguiu em frente, já esperando que guardas lhe surgissem de cantos escuros – cantos esses que não existiam – e se apressassem em defesa de Astrid.

Porém, ninguém veio.

Só tens o que mereces, pensou Lila. *Centenas de guardas e o único capaz de levantar uma espada queria morrer. Bela rainha que és.*

O pendente cintilava no peito de Astrid, pulsando ao de leve. Algures noutra cidade, num outro mundo, ela capturara outro corpo – talvez o do rei ou da rainha, quiçá o capitão da guarda –, mas ei-la ali, indefesa.

Lila sorriu, sombriamente. Gostaria de levar o seu tempo, de fazer a mulher pagar pelo que fez a Kell, mas sabia que não deveria pôr a sua sorte à prova. Retirou a pistola do coldre. Um tiro. Rápido, fácil e limpo.

Ergueu a arma, apontou-a à cabeça da rainha e disparou.

O tiro ressoou pela sala do trono, seguido imediatamente por uma onda de luz, um ribombar qual trovão e uma dor estridente no ombro de Lila. O impacto atirou-a para trás e a arma caiu-lhe da mão. Agarrou o braço, arquejando, e praguejou com todas as forças enquanto o sangue escorria, ensopando-lhe a camisola e o casaco. Tinha levado um tiro.

A bala fizera ricochete, mas em quê?

Lila semicerrou os olhos, observando Astrid no trono, e apercebeu-se de que o ar em volta da mulher não estava tão límpido como parecia. Ondulara depois do tiro, tremendo e brilhando, manchado por estilhaços de luz vítrea, após aquele assalto direto. *Magia.* Lila rangeu os dentes enquanto a mão lhe caía do ombro ferido (e do casaco estragado) e pousava junto à cintura. Retirou a faca, ainda manchada com o sangue de Beloc, e aproximou-se com cuidado até estar mesmo diante do trono. A sua respiração embatia numa barreira quase invisível.

Devagar, levantou a faca, levando a ponta da lâmina à extremidade do feitiço. O ar estalou em volta do gume, brilhando como geada, mas não cedeu. Lila praguejou entredentes, o olhar caindo no corpo da rainha e, por fim, no chão aos seus pés. De súbito, os seus olhos reduziram-se a duas fendas estreitas. Na pedra, na base do trono, encontravam-se símbolos. Não os conseguia ler, é claro, mas o modo como se entreteciam, como se entrelaçavam em redor do trono e da rainha revelava bem a sua importância. Elos numa corrente de um feitiço.

Ora, os elos podiam ser quebrados.

Lila agachou-se e levou a lâmina à extremidade do símbolo mais próximo. Susteve a respiração e arrastou a faca, raspando uma marca até apagar uma tira estreita de tinta, sangue ou o que quer que fosse, com que fora escrito o feitiço (era coisa que não queria sequer saber).

O ar em redor do trono perdeu brilho, obscurecendo. Lila levantou-se, estremecendo de dor, e soube que o encantamento que protegia a rainha desaparecera.

A rapariga agarrou melhor a faca.

– Adeus, Astrid – disse, apontando a lâmina ao peito da rainha.

Mas, antes que a ponta pudesse rasgar a túnica branca, uma mão agarrou-lhe o pulso. Lila baixou o olhar e deparou-se com os olhos azuis--pálidos de Astrid Dane fitando-a. Estava acordada. A rainha esboçou um ligeiro sorriso aguçado.

– Ladrazinha de meia tigela – murmurou, apertando-a, e uma dor escaldante disparou pelo braço da rapariga. Ouviu alguém gritar e só passado um momento compreendeu que o som vinha da sua garganta.

*

Havia sangue no rosto de Athos.

Kell estava ofegante.

O manto branco do rei encontrava-se rasgado e Kell exibia cortes superficiais na perna, no pulso e no estômago. Metade das estátuas do pátio encontrava-se caída e partida enquanto a magia embatia nelas, uma e outra vez, atirando faíscas para o ar.

–Vou arrancar-te esse olho preto – disse Athos. – E usá-lo ao pescoço.

Lançou a magia uma vez mais, e Kell contra-atacou, a vontade dos dois em confronto, uma pedra contra a outra. Mas o *Antari* travava duas lutas, uma contra o rei, a outra contra si. A escuridão não parava de alastrar, conquistando o seu corpo a cada momento, a cada movimento. Não conseguiria ganhar. Como as coisas estavam, ou perderia a luta ou perder-se-ia a si próprio. Algo tinha de ceder.

A magia de Athos encontrou uma fissura no escudo de sombra de Kell e atingiu-o violentamente, partindo-lhe as costelas. Kell tossiu e provou sangue enquanto tentava focar o rei. Tinha de fazer alguma coisa e depressa. A espada real cintilava no chão ali ao pé. Athos ergueu a pedra para voltar a atacar.

– Só isso? – incitou Kell entredentes. – Os mesmos velhos truques? Falta-te a criatividade da tua irmã.

Os olhos de Athos estreitaram-se. Foi então que levantou a pedra e invocou algo novo.

Não era uma parede, uma lâmina ou uma corrente. Não, o fumo enrolou-se à sua volta, transformando-se numa sombra encurvada e sinistra. Uma imensa serpente prateada, de olhos negros e a língua bifurcada que se agitava no ar, ergueu-se acima do próprio rei.

Kell obrigou-se a soltar uma risada rouca e trocista, apesar de lhe ferir as costelas partidas. Pegou na espada real. Encontrava-se lascada e coberta de poeira e sangue, mas ainda ostentava os símbolos ao longo do gume.

– Era de esperar que fizesses algo assim – retorquiu ele. – Criasses uma coisa forte o suficiente para me matar, porque é mais do que óbvio que não consegues sozinho.

Athos franziu o sobrolho.

– Que importa como morres? Não deixa de ser às minhas mãos.

– Disseste que querias ser tu a matar-me – contra-argumentou Kell. – Mas suponho que assim seja o mais perto que consegues de chegar a isso. Força, esconde-te por detrás da magia da pedra. Diz que é tua.

Athos rosnou.

– Tens razão – replicou. – A tua morte deve e será minha.

Estreitou os dedos em redor da pedra, tencionando desfazer a serpente. A cobra, que deslizava em volta do rei, parou, mas não se dissolveu. Em vez disso, voltou os olhos negros e lustrosos para Athos, tal como a imagem espelhada de Kell fizera no quarto de Lila. O rei encarou a serpente, ordenando-lhe que se desfizesse. Quando esta não lhe obedeceu em pensamento, deu voz à ordem.

– Submete-te *a mim* – ordenou, e a serpente emitiu um estalido. – És a minha criação e eu sou o teu...

Nunca teve oportunidade de terminar.

A serpente reclinou-se e atacou. As suas mandíbulas fecharam-se em volta da pedra na mão de Athos e, antes que o rei tivesse tempo para gritar, já ela o envolvera por completo. O seu corpo prateado enrolou-se-lhe nos braços e peito, antes de avançar para o pescoço, que partiu com um som audível.

Kell susteve a respiração, e a cabeça de Athos Dane tombou para a frente, o terrível rei reduzido a nada mais nada menos do que um boneco de trapos. A serpente desenrolou-se, libertando o cadáver que tombou redondo no chão partido. De seguida, o animal voltou os olhos negros e brilhantes para Kell. Deslizou até ele com uma velocidade assustadora, mas o *Antari* estava preparado.

Mergulhou a espada real mesmo na barriga da serpente. A lâmina rasgou-lhe a pele dura, o feitiço no metal a brilhar por instantes, antes de os movimentos violentos da criatura partirem a espada ao meio. A cobra estremeceu e caiu, reduzida a uma sombra aos pés de Kell.

Uma sombra e, no meio dela, um pedaço de pedra negra partida.

IV

As costas de Lila bateram violentamente contra o pilar.

Caiu no chão de pedra da sala do trono, e sangue escorreu-lhe para o olho de vidro enquanto tentava pôr-se de gatas. O ombro gritava de dor, tal como o resto do corpo. Tentou não pensar nisso. Entretanto, Astrid parecia estar a divertir-se imenso. Sorria indolentemente a Lila, qual gato que encurralou um rato numa cozinha.

– Vou arrancar-te esse sorriso da cara – rosnou Lila, levantando-se, cambaleante.

Envolvera-se em muitos confrontos com muitas pessoas, mas nunca lutara com alguém como Astrid Dane. A mulher movia-se com uma velocidade tremenda e uma graça delicada, ora lenta e suave, ora tão rápida que a única coisa que Lila conseguia fazer era manter-se de pé. Viva.

A rapariga sabia que ia perder.

Sabia que ia *morrer*.

Mas, com um raio, iria contar para alguma coisa.

A julgar pelo estrondo nos terrenos do castelo, Kell estava mais do que ocupado. O mínimo que ela podia fazer era entreter um dos Danes. Comprar-lhe algum tempo.

Sinceramente, que lhe teria acontecido? A Lila Bard do sul de Londres preocupava-se consigo. Essa Lila nunca desperdiçaria a sua vida por outra pessoa. Nunca escolheria o certo em detrimento do errado, se isso significasse manter-se viva. Nunca voltaria atrás para ajudar o estranho que a ajudara. Cuspiu sangue e endireitou-se. Talvez nunca devesse ter roubado o raio da pedra. No entanto, mesmo ali, naquele instante, com a morte à sua frente, sob a forma de uma rainha pálida, não se arrependia. Quisera liberdade. Quisera aventura. E não se importava de morrer por isso. Só gostaria que morrer não doesse tanto.

– Já te intrometeste no meu caminho tempo suficiente – disse Astrid, erguendo as mãos diante de si.

A boca de Lila torceu-se.

– Parece que tenho talento para isso.

Astrid começou a falar no idioma gutural que Lila ouvira nas ruas. Porém, na boca da rainha, aquelas palavras soavam diferentes. Estranhas, duras e belas, derramaram-se-lhe dos lábios, sussurradas como uma brisa entre folhas apodrecidas. Lembravam a música que envolvia a multidão no desfile de Rhy, um som tangível. *Poderoso.*

Ora, Lila não era parva a ponto de ficar ali a ouvi-lo. A pistola, agora sem balas, jazia a uns metros; a sua mais recente faca encontrava-se tombada aos pés do trono. Ainda tinha um punhal nas costas e levou uma mão até ele, libertando a arma. Contudo, antes de a lâmina ter tempo de lhe abandonar os dedos, Astrid terminou o encantamento e uma onda de energia embateu contra a rapariga, roubando-lhe o ar dos pulmões, atirando-a ao chão e empurrando-a vários metros.

Rebolou agachada e ofegante. A rainha estava a brincar com ela.

Os dedos de Astrid subiram, enquanto preparava um novo ataque, e Lila sabia que era a sua única oportunidade. Agarrou no punhal e lançou--o, forte e rápido, direto ao coração da rainha. Voou em linha reta na direção de Astrid, que, em vez de se desviar, se limitou a pegar no metal enquanto pairava. Com a própria mão. Lila sentiu-se desanimada quando a rainha partiu a lâmina ao meio, atirando os dois pedaços ao chão, sem sequer interromper o feitiço.

Merda, pensou Lila, mesmo antes de o piso de pedra sob os seus pés começar a ressoar e estremecer. Tentou manter o equilíbrio e só por pouco não foi atingida por uma vaga de pedras. Choveram pedregulhos do teto, e Lila afastou-se mesmo no instante em que este deu de si e colapsou. A rapariga era rápida, mas não o suficiente. Uma dor forte rasgou-lhe a perna direita, do joelho ao calcanhar, que ficou soterrado nos destroços, o chão pálido salpicado por fragmentos de pedra branca.

Não, não era pedra branca, apercebeu-se Lila, horrorizada.

Eram ossos.

A rapariga libertou a perna, mas Astrid já lhe deitara mão, arrastando-a e deitando-a de costas, após o que se ajoelhou sobre o seu peito. De seguida, baixou-se e arrancou a máscara do rosto de Lila, atirando-a para longe. Pegou-lhe no maxilar e aproximou a cara dela da sua.

– Que coisa bonitinha – disse a rainha. – Debaixo de todo esse sangue.

– Vai para o inferno – cuspiu Lila.

Astrid limitou-se a sorrir. Depois, as unhas da sua outra mão mergulharam no ombro ferido de Lila, que engoliu um grito e se debateu para se libertar, embora de nada lhe tenha valido.

– Se me vais matar – desafiou ela. – Despacha-te com isso.

– Oh, e vou... – disse Astrid, soltando o ombro dorido de Lila. – Mas ainda não. Quando tiver tratado do Kell, voltarei para ti e levarei o tempo que me apetecer para te despojar dessa vida. Quando terminar, acrescento-te ao chão. – Astrid ergueu a mão entre elas, mostrando a Lila as pontas dos dedos, agora tingidas de sangue. Era um vermelho tão vívido em contraste com a pele pálida da rainha. – Mas, primeiro...

Astrid levou um dedo sangrento a um ponto entre os olhos de Lila, onde desenhou um padrão.

A rapariga debateu-se o mais que conseguiu para se libertar, mas Astrid era uma força inabalável, prendendo-a enquanto desenhava uma marca sangrenta na própria testa pálida. Começou a falar, baixo e depressa, naquele outro idioma. Lila lutou, frenética, tentou gritar, interromper o feitiço, mas os longos dedos da rainha pousaram-lhe na boca, e o feitiço de Astrid materializou-se no ar entre elas. Uma estaca de gelo trespassou Lila, a pele formigando no momento em que a magia a percorria. E, em cima, o rosto da rainha começou a *alterar-se*.

O queixo aguçou-se, as bochechas suavizaram, passando de um branco marmóreo para um tom mais saudável. Os lábios ruborizaram, os olhos escureceram de azul para castanho (de dois tons diferentes) e o cabelo, outrora branco como a neve e entrançado em volta da cabeça, caía-lhe agora pelo rosto, castanho-escuro e cortado pela altura do maxilar. Até as próprias roupas estremeceram e se transformaram, adquirindo uma forma demasiado familiar. A rainha sorriu, e o sorriso era afiado como facas. Lila olhava, horrorizada, não para Astrid Dane, mas para uma cópia perfeita de si.

Quando a rainha falou, a voz de Lila saiu-lhe dos lábios.

– É melhor ir indo – disse ela. – De certeza que o Kell precisa de ajuda.

Lila atacou, um derradeiro e desesperado murro, mas Astrid apanhou--lhe o pulso como se nada fosse e empurrou-o contra o chão. Inclinou a cabeça, aproximando-se de Lila e levou os lábios ao seu ouvido.

– Não te preocupes – sussurrou ela. – Eu dou-lhe os teus cumprimentos.

Foi então que a rainha bateu com a cabeça de Lila de encontro ao chão estragado, e o mundo escureceu.

*

Kell encontrava-se no pátio, rodeado de estátuas partidas, um rei morto e um pedaço de pedra negra. Sangrava, estava dorido, mas continuava vivo. Deixou que a espada real inutilizada lhe tombasse dos dedos e tilintasse no chão, após o que inspirou, estremecendo, o ar frio queimando-lhe os pulmões e saindo numa névoa frente aos lábios ensanguentados. Algo se movia dentro de si, quente e fresco, convidativo e perigoso. Queria parar de lutar, queria desistir, mas não podia. Ainda não terminara.

Metade da pedra pulsava-lhe de encontro à palma da mão. A outra metade cintilava no chão, onde a serpente a deixara. Chamava por ele, e o corpo de Kell moveu-se por iniciativa própria na direção da peça em falta. A pedra conduziu-lhe os dedos e fechou-os em volta do fragmento que esperava por ele. No momento em que as duas metades se encontraram, Kell sentiu palavras formarem-se-lhe nos lábios.

– *As Hasari* – disse, a ordem surgindo espontaneamente numa voz que era e não era a sua. Na mão, os dois fragmentos começaram a *curar--se*. As pedras fundiram-se numa só, as fissuras desaparecendo, até que a superfície ficou de um negro liso e imaculado. Um poder imenso, límpido, esplendoroso e doce envolveu o corpo de Kell, trazendo consigo uma sensação de que tudo estava bem. Uma sensação de *completude*. Encheu--o de calma. De tranquilidade. O ritmo da magia, simples e constante, arrastava-o como o sono. E tudo o que Kell queria fazer era deixar-se ir, desaparecer naquele poder, naquela escuridão e paz.

Deixa-te ir, disse uma voz na cabeça dele. Os seus olhos fecharam--se, e Kell balançou.

Foi então que ouviu a voz de Lila chamá-lo.

Aquela serenidade agitou-se quando Kell se forçou a abrir os olhos e viu Lila descer a escadaria. Parecia tão distante. Tudo parecia estar tão, tão distante.

– Kell – disse ela, uma vez mais, aproximando-se dele. Os olhos contemplando o cenário que os envolvia: o pátio destruído, Athos morto, Kell ferido e o talismã, agora completo. – Já acabou – disse ela. – Está na hora de a largares.

Kell baixou o olhar para o talismã, para os fios negros que haviam engrossado, transformando-se em cordas em volta do seu corpo.

– Por favor – disse Lila. – Eu sei que consegues. Sei que me conse-gues ouvir. – Estendeu uma mão, os olhos muito abertos, preocupados. Kell franziu o sobrolho, o poder ainda a atravessar-lhe o corpo, a toldar--lhe a visão, os pensamentos. – *Por favor* – repetiu ela.

– Lila – disse ele, a voz suave, desesperada. Esticou um braço e apoiou-se no ombro dela.

– Estou aqui – sussurrou a rapariga. – Dá-me a pedra.

Kell contemplou o talismã. Fechou o punho em volta dele, e o fumo surgiu. Não teve de falar. A magia estava-lhe na cabeça, agora, e sabia todos os seus desejos. Numa fração de segundos, o fumo metamorfoseou--se numa faca. Kell olhou para a ponta cintilante do metal.

– Lila – disse ele, outra vez.

– Sim, Kell?

Os dedos dele estreitaram a arma.

– Apanha.

E, então, afundou-lhe a lâmina no estômago.

Lila soltou um arquejo de dor. Todo o seu corpo estremeceu, ondulou e se transformou no de outra pessoa. Ganhou a forma de Astrid Dane, sangue negro irrompendo pelas roupas brancas.

– Como é que... – rosnou ela, mas Kell obrigou o corpo a ficar inerte, o maxilar a manter-se fechado. Nenhuma palavra, nenhum feitiço, a poderia salvar agora. Kell queria matar Astrid Dane. Mas, mais do que isso, queria que ela *sofresse*. Pelo irmão. O seu príncipe. Porque, naquele momento, enquanto olhava para os olhos azuis dela, a única coisa que via era Rhy.

Rhy com o talismã.

Rhy com um sorriso demasiado cruel e frio para ser o dele.

Rhy fechando os dedos em volta da sua garganta e sussurrando-lhe ao ouvido palavras de outra pessoa.

Rhy afundando uma faca no estômago.

Rhy, o Rhy *dele*, a cair inanimado no chão de pedra.

Rhy a sangrar.

Rhy a morrer.

Kell queria *esmagá-la* por tudo o que fizera. E, nas suas mãos, o desejo fizera-se vontade; a escuridão começou a escapulir-se da faca que mergulhava no estômago dela. Arrastou-se pelas roupas, sob a pele, transformou tudo aquilo em que tocou numa pálida pedra branca. Astrid tentou abrir a boca, falar, gritar, mas, antes de o mais pequeno som lhe escapar por entre os dentes, a pedra atingiu-lhe o peito, a garganta, os lábios de um vermelho esbatido. Envolveu-lhe o estômago, desceu-lhe pelas pernas, sobre as botas, antes de disparar diretamente pelo chão partido. Kell manteve-se estático, olhando para a escultura de Astrid Dane, os olhos congelados, abertos em choque, os lábios retesados num rosnar eterno. Parecia o resto do pátio.

Mas não era suficiente.

Por mais que Kell desejasse deixá-la ali no jardim destruído, junto ao cadáver do irmão, não podia. A magia, como tudo o resto, desvanecia. Os feitiços podiam ser quebrados. Astrid poderia libertar-se novamente, um dia. E ele não o podia deixar acontecer.

O *Antari* pegou no ombro de pedra branca. Tinha os dedos em sangue, assim como o resto do corpo, e a magia surgiu-lhe com facilidade.

– *As Steno* – disse ele.

Fissuras profundas formaram-se em volta da cara da rainha, fissuras que encontraram caminho pelo seu corpo e, quando Kell apertou a pedra entre as mãos, a estátua de Astrid Dane estilhaçou-se.

V

Kell estremeceu, uma estranha calma pousou-lhe em cima outra vez.

Parecia mais pesada, agora. Então, alguém o chamou, tal como fizera momentos antes, e o *Antari* ergueu a cabeça, dando com Lila agarrada ao ombro enquanto corria, coxeando escada abaixo; ferida e ensanguentada, mas viva. A máscara negra pendia-lhe dos dedos tingidos de vermelho.

— Estás bem? – perguntou ao aproximar-se.

— Nunca estive melhor – retorquiu, embora precisasse de todas as suas forças para manter o olhar e a mente focados nela.

— Como é que sabias? – perguntou a rapariga, contemplando os destroços da rainha. – Como sabias que ela não era eu?

Kell encontrou forças para um sorriso exausto.

— Porque disse «por favor».

Lila olhou-o, perplexa.

— Estás a gozar, certo?

Kell encolheu ligeiramente os ombros. Custou-lhe imenso.

— Sabia, apenas – confessou.

— Sabias, apenas – ecoou ela.

Kell aquiesceu. Lila observou-o com olhos cuidadosos, e ele imaginou como estaria naquele momento.

– Estás com um aspeto horrível – troçou ela. – É melhor desfazeres-te da pedra.

Kell aquiesceu.

– Posso ir contigo.

– Não. Por favor. Não quero que venhas – pediu, abanando a cabeça. Era uma resposta honesta. Kell não sabia o que o esperava do outro lado, mas, independentemente do que fosse, queria enfrentá-lo sozinho.

– Muito bem – retorquiu Lila, engolindo em seco. – Fico aqui.

– Que vais fazer? – perguntou ele.

Lila encolheu os ombros.

– Vi uns quantos navios engraçados nas docas quando estávamos a fugir. Acho que um deles servirá.

– Lila...

– Eu vou ficar bem – garantiu ela, simplesmente. – Agora, despacha-te antes que reparem que matámos os monarcas.

Kell tentou rir e sentiu algo trespassar-lhe o corpo, uma dor... mas mais escura. Inclinou-se para a frente, a visão desfocada.

– Kell? – Lila ajoelhou-se diante dele. – Que foi? Que está a acontecer?

Não, implorou ele ao corpo. *Não. Agora, não.* Estava tão perto.

Tão perto. Só tinha de...

Outra onda forçou-o a cair de joelhos.

– Kell! – exigiu Lila. – Fala comigo.

Ele tentou responder, tentou dizer alguma coisa, qualquer coisa, mas o maxilar estava fechado, os dentes colados uns aos outros. Lutou contra a escuridão, mas a escuridão ripostou. E estava a ganhar.

A voz de Lila chegava-lhe de longe, cada vez mais longe.

– Kell, consegues ouvir-me? Aguenta-te. Aguenta-te.

Para de lutar, disse a voz na sua cabeça. *Já perdeste.*

Não, pensou Kell. *Não. Ainda não.* Foi capaz de levar os dedos ao corte superficial que tinha no estômago e começou a desenhar uma marca no chão. Mas, antes que conseguisse pressionar a mão com a pedra de encontro à marca, uma força lançou-o de costas ao chão. A escuridão serpenteou-lhe pelo corpo e arrastou-o para baixo. Lutou contra a magia, mas ela já estava dentro dele, percorrendo-lhe as veias. Tentou libertar-se, afastá-la, mas era demasiado tarde.

Inspirou uma última vez e, depois, deixou a magia arrastá-lo para o fundo.

Kell não se mexia.

Sombras serpentearam à volta dos seus membros, segurando-o como pedra, impedindo-o de se mexer. Quanto mais lutava, maior era a força com que o apertavam, roubando-lhe todas as forças. A voz de Lila chegava-lhe de longe, muito longe, até que desapareceu e Kell se viu sozinho num mundo coberto de escuridão.

Uma escuridão que permeava tudo.

E, então, eis que de súbito essa escuridão já não estava em tudo. Dobrou-se, enrolou-se diante dele, coalescendo até se transfigurar numa sombra e ganhar a forma de um homem. Lembrava Kell, da altura ao cabelo, passando pelo casaco, mas cada centímetro era do negro macio e lustroso da pedra recuperada.

– Olá, Kell – disse a escuridão, as palavras surgindo não em inglês ou arnesiano ou maktahn, mas no idioma nativo da magia. Só então Kell compreendeu. Aquilo era *Vitari*. A coisa que puxara sempre por ele, forçando a entrada, tornando-se mais forte enquanto enfraquecia a sua vontade e se alimentava da sua vida.

– Onde estamos? – perguntou ele, a voz rouca.

– Estamos em ti – disse *Vitari*. – Estamos a tornar-nos tu.

Kell debateu-se, sem sucesso, contra as cordas negras.

– Sai do meu corpo – rosnou.

Vitari sorriu um sorriso sombrio, negro, e deu um passo na direção de Kell.

– Deste uma boa luta – disse –, mas o tempo de lutar chegou ao fim. – Aproximando-se de Kell, levou-lhe uma mão ao peito. – Foste feito para mim, *Antari* – disse ele. – Um hospedeiro perfeito. Vou usar a tua pele para todo o sempre.

Kell torceu-se ante o toque. Tinha de lutar. Chegara tão longe. Não podia desistir agora.

– É tarde demais – retorquiu *Vitari*. – Já tenho o teu coração. – Ao dizer isto, as pontas dos seus dedos tocaram em Kell, que arquejou enquanto a mão de *Vitari* lhe passava pelo peito. Sentiu-lhe os dedos fecharem-se em volta do seu coração pulsante, sentiu-o entrar em arritmia, a escuridão alastrando pela camisola como sangue.

– Acabou, Kell – disse a magia. – És meu.

*

O corpo do *Antari* estremeceu no chão. Lila agarrou-lhe a cara. Estava a arder em febre. As veias na garganta e nas têmporas haviam-se tornado negras, e as linhas do maxilar revelavam o esforço em que estava, mas não se movia nem abria os olhos.

– Luta contra isto! – gritou Lila, assistindo aos espasmos dele. – Chegaste até aqui. Não podes desistir.

As costas de Kell arquearam no chão, e Lila abriu-lhe a camisola, vendo o negro tingir-lhe o peito sobre o coração.

– Raios – praguejou ela, tentando arrancar-lhe a pedra, que não se moveu nem um centímetro. – Se morreres, que acontece ao Rhy?

As costas de Kell bateram no chão e ele soltou uma expiração instável.

Lila recuperou as armas e libertou a faca, pesando-a na palma da mão. Não queria ter de o matar. Mas seria capaz. E não queria ter de lhe cortar a mão, mas consegui-lo-ia decerto.

Um gemido passou pelos lábios dele.

– Não te atrevas a desistir, Kell. Estás a ouvir-me?

*

O coração de Kell estremeceu.

– Pedi tão educadamente – disse *Vitar*i, a mão ainda enterrada no peito do *Antari*. – Dei-te a oportunidade de me deixares entrar. Obrigaste-me a usar a força.

Um calor atravessou os membros de Kell, deixando na sua esteira um estranho frio. Ouviu a voz de Lila. Muito longe e tão ao de leve, que as palavras, um eco de um eco, mal lhe chegaram. Mas ouviu um nome. Rhy.

Se morresse, o Rhy também morreria. Não podia deixar de lutar.

– Não te vou matar, Kell. Não propriamente.

Kell cerrou os olhos, a escuridão envolvendo-o.

– Não há uma palavra para isto?

A voz de Lila ecoou-lhe na cabeça.

– Qual era? Vá lá, Kell. Diz o raio da palavra.

Kell obrigou-se a concentrar-se. Mas é claro. Lila tinha razão. Havia uma palavra. *Vitari* era magia pura. Toda a magia se regia por regras. Por ordens. *Vitari* era a criação, mas tudo o que podia ser criado podia ser também destruído. Desfeito.

– *As Anasae* – proferiu Kell. Senti uma réstia de poder. Mas nada aconteceu.

A mão livre de *Vitar*i fechou-se em volta da sua garganta.

– Acreditavas mesmo que isso ia funcionar? – troçou a magia metamorfoseada em Kell, mas algo na sua voz e naquela forma se retesara. Medo. Poderia funcionar. Funcionaria. Tinha de funcionar.

Porém, a magia *Antari* era um pacto verbal. Nunca fora capaz de a invocar apenas com o pensamento e, ali, na sua mente, tudo era pensamento. Kell precisava de verbalizar a palavra. Concentrou-se, tentando alcançar todos os seus sentidos enfraquecidos até conseguir sentir o corpo, não como se apresentava naquela ilusão, naquele plano mental, mas como se encontrava, de facto, na realidade, jazente no chão implacavelmente frio do pátio, com Lila inclinada sobre si. Agarrou-se a esse frio, concentrando-se na forma como lhe pressionava as costas. Debateu-se para sentir os dedos, enrolados com tanta força em volta da pedra, que lhe doíam. Concentrou-se na boca, fechada, dorida, e forçou-a a abrir-se. Forçou os lábios a moverem-se.

A formarem as palavras.

– *As an...*

O coração vacilou com um aperto redobrado de *Vitari*.

– Não – rosnou a magia, o medo mais do que aparente agora, a impaciência rasando a fúria. Kell compreendeu aquele medo. *Vitar*i não era apenas um feitiço. Era a fonte de todo o poder da pedra. Desfazê-lo equivaleria a desfazer o próprio talismã. Tudo terminaria.

O *Antari* fez de tudo para voltar a controlar o corpo. Voltar a controlar-se a si mesmo. Forçou ar aos pulmões e para fora da boca.

– *As Anas...*

E mais não conseguiu porque a mão de *Vitari* lhe fugiu do coração rumo aos pulmões, esmagando todo o ar que neles existia.

– Não és capaz – replicou a magia, desesperada. – Sou a única coisa que ainda mantém o teu irmão vivo.

Kell hesitou. Não sabia se era verdade, se o laço forjado entre ele e o irmão poderia ser quebrado, mas sabia que Rhy nunca lhe perdoaria o que fizera e que nada daquilo importaria a menos que ambos conseguissem sobreviver.

Kell chamou a si os últimos resquícios de força e concentrou-se não no *Vitari*, que lhe esmagava a vida, nem na escuridão que lhe atravessava o corpo, mas na voz de Lila e no frio do chão, na dor nos dedos e nos lábios ensanguentados enquanto formavam as palavras.

– *As Anasae.*

VI

Por toda a Londres Vermelha, os corpos caíram.

Homens e mulheres que haviam sido beijados, raptados, atraídos ou forçados, os que deixaram a magia entrar e aqueles em quem ela foi forçada, todos desfaleceram no momento em que a chama negra dentro de si morreu. Desfeita.

Por toda a parte, a magia deixou um rasto de corpos.

Nas ruas, cambalearam e antes de jazer pelo chão. Alguns, desfizeram-se em cinzas, incinerados, outros ficaram reduzidos a invólucros, ocos, e outros ainda, os mais sortudos, caíram, ofegantes e fracos, mas, ainda assim, vivos.

No palácio, a magia que se metamorfoseara em Gen tinha acabado de chegar aos aposentos reais, a mão enegrecida tocando na porta no preciso momento em que a escuridão morreu, levando-o consigo.

No santuário, bem longe das paredes do castelo, numa cama por fazer, num quarto à luz da vela, o príncipe da Londres Vermelha estremeceu e ficou estático.

CATORZE

A ÚLTIMA PORTA

I

Kell abriu os olhos e viu estrelas.

Pairavam bem acima das paredes do castelo, pontos de luz branca e pálida nos confins do céu.

A pedra caiu-lhe dos dedos, embatendo no chão com um baque monótono. Já nada havia nela, nenhum vibrar, nenhum impulso, nenhuma promessa. Era apenas um pedaço de pedra.

Lila dizia-lhe algo e, pela primeira vez, não parecia zangada, ou tão zangada como habitualmente, mas Kell não a conseguiu ouvir; o coração batia-lhe demasiado forte. Levou uma mão trémula ao colarinho da camisola. Não queria mesmo olhar. Não queria mesmo saber. Mas, ainda assim, afastou a gola e olhou para a pele no peito, para o lugar onde a marca ligava a sua vida à de Rhy.

O traço negro da magia desaparecera.

Mas a cicatriz ainda lá estava. A marca permanecia intacta. O que significava que não fora apenas preso à *Vitar*i. Estivera preso a ele.

Kell soltou um pequeno soluço de alívio.

E, por fim, o mundo à sua volta recuperou a nitidez.

A pedra fria do pátio, o corpo de Athos, os fragmentos de Astrid e Lila, os braços pousados nos ombros dele por um instante. Apenas um instante, desfeito antes que tivesse oportunidade de apreciar aquele toque.

– Saudades minhas? – sussurrou Kell, sentindo a garganta seca.

– Claro – retorquiu ela, os olhos vermelhos. Afastou o talismã com a bota. – Está morta?

Kell pegou na pedra e só lhe sentiu o peso.

– Não é possível matar magia – declarou Kell, levantando-se devagar. – Apenas desfazê-la. Mas está desfeita.

Lila mordeu o lábio.

– Ainda vais ter de a enviar de volta?

Kell contemplou a pedra oca e anuiu lentamente.

– Por segurança – disse.

Mas, agora que já não era refém do talismã, talvez não tivesse de ser ele a transportá-lo. Kell olhou para o pátio até encontrar o corpo de Holland. Durante a luta, o *Antari* caíra do banco de pedra e jazia agora no chão, sendo o manto ensanguentado o único sinal de que não se encontrava apenas a dormir.

Kell levantou-se, e cada músculo do corpo protestou. Aproximou-se de Holland, ajoelhou-se e pegou-lhe numa das mãos. A pele estava fria; a pulsação, fraca; o coração arrastando-se nas últimas palpitações. Porém, ainda estava vivo.

É mesmo muito difícil matar um Antari, dissera ele em tempos. Parecia que afinal tinha razão.

Kell sentiu Lila atrás de si. Não sabia se aquilo funcionaria, se um *Antari* podia dar uma ordem por outro, mas pousou os dedos na ferida no peito de Holland e desenhou uma linha simples no chão, ao lado dele. De seguida, levou a pedra oca até ao sangue e postou-a sobre a linha, posicionando a mão de Holland em cima.

– Encontra paz – disse, suavemente, as últimas palavras dirigidas a um homem destroçado. Depois, pressionou a mão sobre a de Holland e disse: – *As Travars*.

O chão sob o *Antari* abriu-se, dobrando-se em sombras. Kell afastou-se enquanto a escuridão, e o que quer que estivesse do outro lado, engolia o corpo de Holland e a pedra, deixando na sua esteira apenas o chão tingido de sangue.

Kell manteve o olhar no chão manchado, incapaz de acreditar que resultara. Que tinha sido poupado. Que estava vivo. Que podia ir para casa.

Girou nos calcanhares e Lila segurou-o.

– Aguenta-te – disse ela.

Kell aquiesceu, tonto. A pedra ocultara a dor e, agora ausente, a visão de Kell começou a desfocar. As feridas de Rhy sobrepunham-se às dele e, quando tentou engolir um gemido, provou sangue.

– Temos de ir – alertou Kell. Agora que a cidade tinha menos um (ou, neste caso, dois) governante, os confrontos recomeçariam. Alguém traçaria o seu caminho a sangue até ao trono. Assim acontecia sempre.

– Vamos levar-te para casa – concordou Lila, e um alívio envolveu--lhe o corpo numa onda mesmo antes de a realidade se impor.

– Lila – disse ele, tenso. – Não sei se te consigo levar comigo.

A pedra garantira-lhe a passagem através dos mundos, fizera-lhe uma porta onde não deveria ter existido nenhuma. Sem ela, as hipóteses de o mundo permitir a sua entrada...

A rapariga pareceu compreender. Olhou em volta e cruzou os bra-ços diante do peito. Estava ferida e sangrava. Quanto tempo duraria ali, sozinha? No entanto, ainda era a Lila de sempre. Era provável que sobrevivesse a qualquer coisa.

– Bom – retorquiu –, não perdemos nada em tentar. – Kell engoliu em seco. – Qual a pior coisa que pode acontecer? – acrescentou enquanto se aproximavam da parede do pátio. – Ficar desfeita em mil pedacinhos entre mundos? – Disse-o com um sorriso irónico, mas Kell conseguia ver-lhe o medo no olhar. – Estou preparada para ficar. Mas quero tentar sair.

– Se isto não funcionar...

– Então, sigo a minha vida – disse Lila.

Kell anuiu e levou-a até à parede do pátio. Desenhou uma marca nas pedras pálidas e pegou na moeda da Londres Vermelha que trazia no bolso. Depois, estreitou Lila contra si, o seu corpo dorido no dela, pousando a testa na sua.

– Lila – murmurou, querendo diminuir a distância entre os dois.

– Sim?

Pressionou a boca à dela por breves instantes, o calor do gesto presente e, de seguida, desaparecido. Lila franziu o sobrolho, mas não o largou.

– Para que foi isso? – perguntou

– Sorte – disse ele. – Não que precises.

Foi então que pressionou a mão contra a parede e pensou em casa.

II

A Londres Vermelha materializou-se em volta de Kell, coberta pela noite. Cheirava a terra, a fogo, a flores e a chá com especiarias; por detrás de tudo, cheirava a casa. Nunca se sentira tão feliz por estar de volta. Mas entristeceu-se ao perceber que os braços estavam vazios.

Lila não viera com ele.

Não fizera a travessia.

O *Antari* engoliu em seco e baixou o olhar para o objeto na mão ensanguentada. Lançou-o para longe com todas a força. Fechou os olhos e inspirou fundo, tentando acalmar-se.

Foi então que ouviu uma voz. A voz dela.

– Nunca pensei ficar tão feliz com o aroma a flores.

Kell piscou os olhos e girou sobre os calcanhares para ver Lila atrás de si. Viva e inteira.

– Não é possível – exclamou.

– Também é ótimo ver-te – retorquiu ela, um meio sorriso nos lábios.

Kell abraçou-a. E, por um segundo, apenas um segundo, ela não se afastou nem ameaçou esfaqueá-lo. Por um segundo, apenas um segundo, devolveu-lhe o abraço.

– Quem és tu? – perguntou ele, deslumbrado.

Lila limitou-se a encolher os ombros.

– Uma pessoa teimosa.

Mantiveram-se ali por alguns momentos, inclinados um contra o outro, apoiando-se um no outro, embora nenhum dos dois estivesse certo de qual precisava de maior apoio. Ambos sabiam apenas que se sentiam felizes por ali estar, por estarem vivos.

Foi então que Kell ouviu o som de botas e de espadas e viu o cintilar de luzes.

– Acho que estamos a ser atacados – sussurrou-lhe Lila ao ouvido.

Kell levantou a cabeça do ombro dela para ver uma dúzia de membros da guarda a rodeá-los, lâminas desembainhadas. Por entre os capacetes, os olhos deles olhavam-no com um misto de medo e raiva. Kell conseguiu sentir Lila, tensa, contra o seu corpo, pronta para pegar na pistola ou na faca.

– Não lutes – sussurrou ele ao afastar lentamente os braços das suas costas. Pegou-lhe na mão e virou-se para os homens da sua família. – Rendemo-nos.

*

Os guardas forçaram Kell e Lila a permanecer de joelhos perante o rei e a rainha, impedindo-os de se levantarem apesar das pragas rogadas por Lila.

Os seus pulsos haviam sido manietados, atrás das costas, tal como acontecera a Kell horas antes nos aposentos de Rhy. Teriam mesmo passado apenas algumas horas? Pesavam em Kell como anos.

– Deixai-nos – ordenou o rei Maxim.

– Senhor – protestou um guarda real, olhando de soslaio para Kell –, não é seguro...

– Eu disse, deixai-nos – troou ele.

O guarda ausentou-se, deixando Kell e Lila de joelhos no salão de dança vazio, os monarcas em pé à sua frente. Os olhos do rei Maxim estavam avermelhados, a pele, manchada de raiva. A seu lado, a rainha Emira ostentava a cor da morte.

– Que foste fazer? – exigiu o rei.

Kell retraiu-se, mas contou-lhes a verdade. Falou-lhes do amuleto de possessão, de Astrid e do plano dos gémeos Dane, referindo também a pedra e como esta lhe viera parar às mãos (mencionou, naturalmente, os hábitos que tivera antes). Contou-lhes o que descobrira e que quisera devolvê-la ao único local onde seria seguro. O rei e a rainha escutaram, mais horrorizados do que descrentes, o monarca cada vez mais vermelho e a rainha mais pálida a cada explicação.

– A pedra já foi devolvida ao seu devido lugar – rematou Kell. – E a magia partiu com ela.

– Os Dane pagarão pelo que fiz...– O rei bateu com o punho num corrimão.

– Os Dane estão mortos – retorquiu Kell. – Eu próprio os matei.

Lila aclarou a voz.

Kell revirou os olhos.

– Com a ajuda da Lila.

O rei pareceu reparar na rapariga pela primeira vez.

– Quem és tu? Que espécie de loucuras trouxeste para esta história?

– O meu nome é Delilah Bard – replicou ela. – Conhecemo-nos há pouco, esta noite. Quando estava a tentar salvar a vossa cidade e vós estivestes ali, de olhar vazio sob um qualquer feitiço.

– Lila – irrompeu Kell, horrorizado.

– A vossa cidade ainda está de pé, em parte graças a mim.

– A nossa cidade? – inquiriu a rainha. – Não és daqui, então?

Kell pôs-se hirto. Lila abriu a boca, mas, antes que conseguisse responder, Kell explicou:

– Não. A Lila é de longe.

– Quão longe? – perguntou o rei, franzindo o sobrolho.

Antes que Kell conseguisse responder, Lila endireitou os ombros.

– O meu navio atracou há uns dias – anunciou. – Vim a Londres porque ouvi dizer que as festividades do seu filho eram imperdíveis e porque tinha assuntos a tratar com uma mercadora chamada Calla, aqui no mercado perto do rio. O Kell e eu já nos tínhamos cruzado uma ou duas vezes e, quando percebi que ele precisava de ajuda, não hesitei. – O *Antari* olhou para Lila, estupefacto, e a rapariga lançou--lhe um olhar altivo, acrescentando: – Prometeu-me uma recompensa, é claro.

O rei e a rainha estudaram Lila, também eles pasmados, como que tentando decidir que parte da sua história soava menos plausível (se ser capitã de um navio se o facto de uma estrangeira falar um inglês tão perfeito), mas, por fim, a rainha cedeu.

– Onde está o nosso filho? – implorou ela. O modo como disse, como se tivesse apenas um filho, fez Kell estremecer.

– O Rhy está vivo? – exigiu o rei saber.

– Graças ao Kell – intrometeu-se Lila. – Passámos o último dia a tentar salvar o vosso reino e nem vos dignais a...

– Está vivo – contou Kell, interrompendo-a. – E assim se manterá enquanto eu viver – acrescentou, olhando o rei nos olhos.

Havia um ténue desafio naquela frase.

– Que queres dizer?

– Senhor – disse Kell, quebrando o olhar –, limitei-me a fazer o que tinha de ser feito. Se pudesse dar-lhe a minha vida, tê-lo-ia feito. Em vez disso, partilhei a minha com ele.

Kell contorceu-se nas amarras, a orla da cicatriz visível sob o colarinho. A rainha tomou fôlego. O rosto do rei pôs-se sombrio.

– Onde está ele, Kell? – perguntou o monarca, a voz mais suave.

Os ombros de Kell afrouxaram, o peso saindo de cima deles.

– Libertai-nos – pediu. – E eu trá-lo-ei para casa.

III

– Entrai.

Kell nunca se sentira tão feliz ao ouvir a voz do irmão. Abriu a porta e entrou no quarto de Rhy, tentando não se recordar do seu aspeto da última vez que ali estivera, o sangue espalhado pelo chão.

Tinham passado três dias desde aquela noite e todos os sinais do caos já haviam sido eliminados. A varanda fora reconstruída, o sangue esfregado da madeira incrustada, a mobília e as tapeçarias remodeladas.

Rhy estava deitado em cima da cama. Tinha olheiras, mas parecia mais aborrecido do que doente, e isso já era progresso. Os curandeiros haviam tratado dele o melhor que conseguiram (tinham tratado de Kell e Lila, também), mas o príncipe não estava a recuperar como seria de esperar. Kell sabia o motivo, claro.

Rhy não fora apenas ferido, como lhes tinha dito. Morrera.

Dois criados encontravam-se junto a uma mesa e um guarda estava sentado numa cadeira ao lado da porta, e todos os três fixaram o olhar em Kell quando ele entrou.

Parte do mau humor de Rhy prendia-se com o facto de o guarda não ser nem Parrish nem Gen. Tinham ambos sido encontrados mortos, um deles ferido com uma espada e o outro vítima da febre negra, o nome que rapidamente encontraram para o acontecimento que assolara toda a cidade. Ora, isso preocupava Rhy tanto quanto a sua própria saúde.

Os criados e o guarda observaram Kell com redobrado cuidado enquanto se aproximava da cama do príncipe.

– Não me deixam levantar, os patifes – resmungou Rhy, fixando o olhar neles.

– Se não posso sair daqui – disse-lhes. – Então façam a cortesia de saírem vocês.

O peso da perda e da culpa, aliado aos seus ferimentos e ao enclausuramento, deixara Rhy de péssimo humor.

– Estejam à vontade – acrescentou, mal os criados se levantaram. – E montem a vossa guarda lá fora. Façam-me sentir ainda mais prisioneiro do que já sou.

Quando saíram, Rhy suspirou e deixou-se encostar contra as almofadas.

– Eles só querem ajudar – disse Kell.

– Talvez até nem fosse tão mau – disse ele. – Se fossem mais agradáveis à vista.

Mas aquele ataque juvenil soou estranhamente oco. Os olhos encontraram os de Kell e o seu semblante enegreceu.

– Conta-me tudo – disse ele. – Mas começa por isto.

Rhy pousou a mão por cima do coração, onde tinha a cicatriz igual à de Kell.

– Que loucura foste cometer, meu irmão?

Kell olhou para os tecidos de vermelho-vivo na cama e puxou o colarinho para lhe mostrar a cicatriz idêntica.

– Fiz apenas o que tu terias feito, se estivesses na mesma situação.

Rhy fez uma careta.

– Eu adoro-te, Kell, mas não tinha qualquer interesse em partilhar uma tatuagem.

Kell sorriu, triste.

– Estavas a morrer, Rhy. Salvei-te a vida.

Não conseguia encontrar coragem para contar a Rhy toda a verdade, que a pedra não só lhe salvara a vida, como lha restaurara.

– Como? – exigiu o príncipe. – A que custo?

– Um custo que paguei – disse Kell. – E que pagaria de novo.

– Sê direto, deixa-te de rodeios!

– Liguei a tua vida à minha – disse Kell. – Enquanto eu viver, tu também viverás.

Rhy esbugalhou os olhos.

– Fizeste o quê? – murmurou, horrorizado. – Eu devia sair desta cama e torcer-te o pescoço.

– Não te aconselharia – avisou Kell. – A tua dor é a minha, e a minha é a tua.

As mãos de Rhy enrolaram-se em punhos.

– Como foste capaz? – inquiriu, e Kell ficou preocupado ante a ideia de que o príncipe se sentisse ofendido por estar preso a ele. Em vez disso, Rhy disse: – Como foste capaz de arcar com tal peso?

– É o que é, Rhy. Não pode ser desfeito. Por isso, peço-te, por favor, que te sintas grato e não fales no assunto.

– Como posso não falar mais no assunto? – insistiu Rhy, o tom brincalhão a pontilhar a conversa. – Está talhado no meu peito.

– Há amantes que gostam de homens com cicatrizes – ripostou Kell, esboçando um sorriso rasgado. – Foi o que ouvi dizer.

Rhy suspirou, inclinando a cabeça e os dois caíram em silêncio. De início, era um silêncio simples, mas depois começou a tornar-se pesado e, no instante em que Kell se preparava para o quebrar, Rhy falou.

– Que fiz eu? – murmurou, os olhos cor de âmbar voltados para o teto trabalhado. – Que fiz eu, Kell? – Olhou para o irmão. – O Holland trouxe-me o pendente. Disse-me que era um presente, e eu acreditei. Garantiu-me que era desta Londres e eu acreditei.

– Cometeste um erro, Rhy. Todos cometemos erros. Até mesmo os príncipes. Eu já cometi muitos. É justo que também te calhe um em sorte.

– Devia ter visto para lá daquilo. Eu vi para lá daquilo... – acrescentou, a voz vacilante. Tentou levantar-se e estremeceu. Kell obrigou-o a deitar-se novamente.

– Porque aceitaste? – perguntou ele quando o príncipe se recostou.

Pela primeira vez, Rhy não o olhou nos olhos.

– O Holland disse que me daria força.

Kell franziu o sobrolho.

– Já és forte.

– Não como tu. Quer dizer, eu sei que nunca vou ser como tu. Mas não tenho qualquer aptidão para magia, e isso faz-me sentir fraco. No futuro, serei rei. Quero ser um rei forte.

– A magia não torna uma pessoa forte, Rhy. Acredita no que te digo. E tu tens algo melhor. Tens o amor do teu povo.

– É fácil ser amado. O que quero é ser respeitado, e pensei que... – A voz de Rhy era pouco mais do que um sussurro. – Aceitei o pendente. Só isso importa. – Lágrimas tombavam-lhe nos caracóis negros. – E podia ter estragado tudo. Podia ter perdido a coroa antes de a usar. Podia ter condenado a minha cidade à guerra, ao caos, ao colapso.

– Que filhos os nossos pais têm – contrapôs Kell, gentilmente. – Entre os dois, acabaremos por destruir o mundo.

Rhy soltou um som vacilante, um misto de riso e soluço.

– Será que nos perdoarão?

Kell conseguiu mostrar um sorriso.

– Já não estou algemado. Acho que é um progresso.

O rei e a rainha tinham enviado ordens pela cidade, através de guardas e dos quadros divinatórios, explicando que Kell estava inocente de todas as acusações. Porém, os olhares, nas ruas, ainda pesavam sobre ele, uma desconfiança, um medo e uma suspeita entretecida na reverência. Talvez quando Rhy estivesse melhor e pudesse falar diretamente com as pessoas, talvez então acreditassem que tudo estava bem e que Kell não tivera mão na escuridão que assolara o palácio naquela noite. Talvez... embora o *Antari* duvidasse de que as coisas voltassem a ser tão simples como dantes.

– Esqueci-me de te dizer – continuou Rhy. – O Tieren veio visitar. Trouxe algumas...

Foi interrompido por uma batida na porta. Antes que Rhy, ou Kell, tivesse oportunidade de responder, Lila entrou de rompante. Ainda trazia o novo casaco (com remendos nas partes em que fora rasgado por balas, lâminas e pedras), mas, pelo menos, tomara um banho e um gancho dourado afastava-lhe o cabelo dos olhos. Ainda lembrava um pássaro esfomeado, mas estava limpa, alimentada e cuidada.

– Não gosto da forma como os guardas me olham – anunciou antes de levantar o olhar e o pousar nos olhos dourados do príncipe, fixos nela.

– Desculpa – acrescentou. – Não era minha intenção interromper.

365

– Então qual era a tua intenção? – desafiou Kell.

Rhy levantou uma mão.

– Não interrompes, de forma alguma – disse ele, sentando-se na cama. – Embora tema que me conheças, por certo, longe do meu habitual estado de graça. Como te chamas?

– Delilah Bard – disse ela. – Já nos conhecemos. Estavas com muito pior aspeto.

Rhy riu em silêncio.

– Peço desculpa por tudo o que possa ter feito. Não estava em mim.

– E eu peço desculpa por te ter dado um tiro na perna – ripostou Lila. – Estava completamente em mim.

Rhy esboçou um sorriso rasgado.

– Gosto desta – comentou com Kell. – Posso levá-la emprestada?

– Podes tentar – retorquiu Lila, erguendo uma sobrancelha. – Mas ficarás um príncipe sem dedos.

Kell fez uma careta, e Rhy limitou-se a rir. O riso depressa se dissolveu num estremecer, e Kell apressou-se a ajudar o irmão, mesmo enquanto a dor ecoava no próprio peito.

– Guarda os teus namoricos para quando te sentires bem – admoestou-o.

Kell levantou-se e encaminhou Lila para fora do quarto.

– Voltarei a ver-te, Delilah Bard? – inquiriu o príncipe.

– Talvez os nossos caminhos se voltem a cruzar.

– Se tiver palavra no assunto, decerto que sim – retorquiu, um sorriso voltando-lhe as comissuras dos lábios.

Kell revirou os olhos, mas quase jurava que apanhara Lila a corar enquanto a escoltava para fora do quarto e fechava a porta, deixando o príncipe a descansar.

IV

– Podia tentar levar-te de volta – disse Kell. – Até à tua Londres.

Caminhavam os dois ao longo da margem do rio, afastados do mercado noturno, onde os olhares seriam demasiado intensos, aproximando-se das docas. O sol desaparecia no horizonte, atrás, lançando diante deles sombras compridas, traçando caminhos.

Lila abanou a cabeça e tirou o relógio prateado do bolso.

– Nada me espera – confessou, abrindo e fechando o relógio. – Agora, já não.

– Também não pertences aqui – lembrou-lhe ele.

– Encontrarei o meu caminho – retorquiu a rapariga. Encolheu os ombros e, levantando o queixo, olhou-o nos olhos. – E tu vais encontrar o teu?

Sentiu uma pontada na cicatriz sobre o coração, um eco de uma dor. Massajou o ombro.

– Vou tentar.

Mergulhou uma mão no bolso do casaco (desta vez, o preto com botões de prata) e tirou uma pequena caixa.

– Comprei-te uma coisa.

Passou o objeto para as mãos de Lila, que rapidamente desfez o embrulho. A caixa abriu-se-lhe na mão, revelando um pequeno jogo de tabuleiro e um punhado de elementos.

– Para praticares – explicou ele. – O Tieren diz que tens magia em ti. É melhor encontrá-la.

Sentaram-se num banco e ele mostrou-lhe como o jogo funcionava; ela repreendeu-o por se exibir e, depois, guardou a caixa, agradecendo-lhe. «Obrigada» parecia-lhe algo difícil de proferir, mas lá conseguiu. Levantaram-se, nenhum deles determinado a seguir caminho, e Kell olhou para Delilah Bard, assassina e ladra, parceira corajosa e rapariga estranha e assustadora.

Voltaria a vê-la. Tinha a certeza disso. A magia dominava o mundo. Dava-lhe forma. Existiam pontos fixos. A maior parte, lugares. Porém, por vezes, muito raramente, podiam ser pessoas. Para alguém sempre em movimento, Lila parecia um desses pontos fixos no mundo de Kell. E ele nunca a deixaria escapar.

Não sabia o que lhe dizer. Por isso, limitou-se a proferir:

– Não te metas em sarilhos.

Um sorriso surgiu no rosto da ladra, que garantiu que nunca o faria. Depois, ajeitando o colarinho, mergulhou as mãos nos bolsos e partiu.

Kell viu-a afastar-se.

Lila nunca olhou para trás.

*

Finalmente, Delilah Bard era livre.

Recordou-se do mapa em Londres, na Londres Cinzenta, a Londres dela, a velha Londres. Deixara o pergaminho naquele quarto minúsculo no cimo das escadas do Stone's Throw. O mapa que levava a qualquer lugar. Não era exatamente isso que ela agora tinha?

Os ossos cantavam com a promessa de tudo.

Tieren dissera que havia algo nela. Algo incultivado. Lila não sabia que forma esse algo teria, mas desejava vir a descobrir. Se era o mesmo tipo de magia que corria nas veias de Kell ou algo totalmente diferente, algo novo, de uma coisa estava certa: o mundo era dela. *Os mundos* eram dela.

E iria conquistá-los a todos.

Contemplou os navios na ponta mais longínqua do rio, os seus costados brilhantes e os mastros talhados, altos e afiados o suficiente para cortar as nuvens mais baixas. Bandeiras e velas ondulavam na brisa, vermelhas e douradas, mas também verdes, roxas e azuis.

Embarcações com os estandartes reais e sem eles. Embarcações de outras terras além-mares, de perto e de longe, vindas de qualquer parte.

E, entre todos elas, viu um navio negro e orgulhoso, os costados polidos e um estandarte prateado, as velas cor da noite, de um negro que podia ser azul quando apanhava a luz no ângulo certo.

É aquele, pensou Lila com um sorriso.

É aquele mesmo.

AGRADECIMENTOS

Vemos os escritores como criaturas corcundas, debruçadas sobre o seu trabalho, em quartos minúsculos. Apesar de a escrita ser, sem dúvida, uma viagem maioritariamente solitária, um livro não é a expressão de apenas uma mente e duas mãos, mas de muitas. Não tenho páginas suficientes para agradecer a toda a gente, mas existem pessoas que é impossível não mencionar. São tão responsáveis por este livro quanto eu.

À minha editora, Miriam, minha cúmplice, por adorar Kell, Lila e Rhy tanto quanto eu, e por me ajudar a estruturar os alicerces desta saga com sangue, sombras e um vestuário cheio de estilo. Um grande editor não tem todas as respostas, mas coloca as questões certas, e és *verdadeiramente* uma grande editora.

À minha agente, Holly, por seres uma defensora acérrima desta fantasia estranha, mesmo quando mencionei piratas, ladrões, reis sádicos e uma magia violenta. Ao meu agente de cinema, por igualar a paixão de Holly. Melhores cavaleiros seria impossível.

À minha mãe, por percorrer as ruas de Londres comigo em busca das peugadas de Kell; ao meu pai, por me levar a sério quando lhe contei que queria escrever sobre ladrões e magos com casacos espetaculares. Agradeço aos dois, por nunca se terem rido do meu desejo de ser escritora.

À Lady Hawkins, pelas caminhadas nas ruas de Edimburgo, e a esta cidade, pela sua magia. Aí pertenço.

À Patricia, por conhecer este livro como eu, e por ter sempre um olhar atento, mesmo nas páginas mais complicadas.

À Carla e à Courtney, a melhor claque – e as melhores amigas – que uma autora viciada em cafeína poderia ter.

À comunidade creativa de Nashville – Ruta, David, Lauren, Sarah, Sharon, Rae Ann, Dawn, Paige, e muitos outros – que me receberam como se estivesse em minha casa, com muito amor e margaritas.

À Tor e à Irene Gallo, Will Staehle, Leah Withers, Becky Yeager, Heather Saunders e a todos os que trabalharam neste livro, preparando-o para o mundo.

Aos meus leitores, aos que já me conheciam e aos novos nos meus universos. Sem vocês, era apenas uma rapariga a falar com os seus botões em público.

Este livro é para vocês.

Coleção Fénix

1. Uma Magia Mais Escura, V. E. Schwab